中国—中东欧研究院丛书
CHINA-CEE INSTITUTE

中东欧国家2019年回顾

Central and Eastern European Countries in 2019

陈新◎主编

中国社会科学出版社

图书在版编目（CIP）数据

中东欧国家2019年回顾/陈新主编．—北京：中国社会科学出版社，2021.9
（中国—中东欧研究院丛书）
ISBN 978-7-5203-7679-2

Ⅰ.①中⋯　Ⅱ.①陈⋯　Ⅲ.①中欧—研究—2019②东欧—研究—2019
Ⅳ.①D751

中国版本图书馆CIP数据核字（2021）第161833号

出 版 人	赵剑英
责任编辑	范晨星
责任校对	王　龙
责任印制	王　超

出　　版	中国社会科学出版社
社　　址	北京鼓楼西大街甲158号
邮　　编	100720
网　　址	http://www.csspw.cn
发 行 部	010-84083685
门 市 部	010-84029450
经　　销	新华书店及其他书店
印　　刷	北京君升印刷有限公司
装　　订	廊坊市广阳区广增装订厂
版　　次	2021年9月第1版
印　　次	2021年9月第1次印刷
开　　本	710×1000　1/16
印　　张	17
插　　页	2
字　　数	275千字
定　　价	89.00元

凡购买中国社会科学出版社图书，如有质量问题请与本社营销中心联系调换
电话：010-84083683
版权所有　侵权必究

前　言

本报告是中国—中东欧研究院出版的第三本年度国别分析报告。同前两本年度国别分析报告相比，中国—中东欧研究院的国别研究范围首次实现了对中东欧16国以及希腊的全覆盖。

本报告从国内政治、经济状况、社会发展以及对外关系4个方面对相关国家在2019年的主要发展状况进行回顾。所有报告均由中东欧国家的学者们在2019年年底撰写而成，所有报告均为原创成果，对于我们了解中东欧国家在2019年的发展状况提供了很好的文献。英文版已经第一时间在中国—中东欧研究院网站进行了发布。中文版的出版，虽然在时间上有所滞后，但考虑到这些报告所进行的分析，对于我们理解中东欧国家的内政外交仍有很大的参考价值，因此，决定予以出版。文中表达的观点均为作者个人观点，并不代表中国—中东欧研究院的立场。

中国—中东欧研究院非营利有限责任公司由中国社会科学院于2017年4月在匈牙利首都布达佩斯注册成立，是中国在欧洲首家独立注册的新型智库。中国—中东欧研究院坚持务实合作的原则，稳步而积极地寻求与中东欧国家智库合作，并以匈牙利为依托，在中东欧乃至欧洲开展实地调研、合作研究、联合出版、人员培训、系列讲座等学术和科研活动。

中国—中东欧研究院成立之后，联系中东欧国家的智库和高校，邀请中东欧学者参与研究，迅速建立起针对中东欧国家的国别研究网络，依据第一手的研究信息，出版了大量的原创成果，并在中国—中东欧研究院的英文网站（www.china-cee.eu）及时发布。中文信息通过"中国—中东欧研究院"微信公众号进行发布。

希望本报告，以及随后的系列年度国别分析报告，在推动国内外对中东欧的国别研究方面成为有价值的文献。

陈新博士
中国—中东欧研究院执行院长
中国社会科学院欧洲研究所副所长

目　　录

第一章　阿尔巴尼亚 ………………………………………………（1）
　第一节　2019年的阿尔巴尼亚政治：表演、表演者和观众 ………（1）
　第二节　2019年阿尔巴尼亚经济回顾 ……………………………（6）
　第三节　2019年的阿尔巴尼亚社会：动荡、不幸和注定
　　　　　不值得怀念的一年 …………………………………………（13）
　第四节　西线无战事：2019年阿尔巴尼亚对外关系回顾 …………（20）

第二章　爱沙尼亚 …………………………………………………（27）
　第一节　2019年的爱沙尼亚内政 …………………………………（27）
　第二节　2019年爱沙尼亚经济发展回顾 …………………………（30）
　第三节　2019年的爱沙尼亚：伟大的"小"社会 …………………（33）
　第四节　2019年的爱沙尼亚外交：试图在纷繁的困境中保持
　　　　　坚定的立场 ………………………………………………（36）

第三章　保加利亚 …………………………………………………（39）
　第一节　保加利亚2019年政治概述 ………………………………（39）
　第二节　2019年保加利亚经济发展概况 …………………………（43）
　第三节　保加利亚2019年人口形势概述 …………………………（47）
　第四节　2019年保加利亚外交政策的主要趋势及特点 …………（51）

第四章　波黑 ………………………………………………………（56）
　第一节　2019年波黑政治发展概况：没有中央政府的一年 ……（56）
　第二节　2019年波黑经济总体指标 ………………………………（60）

第三节　波斯尼亚种族灭绝与种族间和解进程 …………………… (64)
　　第四节　2019年波黑外交发展概况 ………………………………… (69)

第五章　波兰 …………………………………………………………… (74)
　　第一节　2019年波兰国内政治总结 ………………………………… (74)
　　第二节　2019年波兰养老金改革 …………………………………… (77)
　　第三节　2019年波兰教育制度改革 ………………………………… (81)
　　第四节　2019年的波兰—美国关系 ………………………………… (84)

第六章　黑山 …………………………………………………………… (89)
　　第一节　2019年黑山政治发展回顾 ………………………………… (89)
　　第二节　2019年黑山经济发展 ……………………………………… (92)
　　第三节　2019年黑山主要社会问题 ………………………………… (95)
　　第四节　2019年黑山对外关系发展 ………………………………… (97)

第七章　捷克 …………………………………………………………… (101)
　　第一节　2019年捷克国内政治的特点和决定性问题 ……………… (101)
　　第二节　2019年捷克国民经济的重点 ……………………………… (105)
　　第三节　2019年捷克社会发展动态 ………………………………… (108)
　　第四节　2019年捷克对外关系的重点 ……………………………… (113)

第八章　克罗地亚 ……………………………………………………… (118)
　　第一节　2019年影响克罗地亚政治形象的重要政治事件 ………… (118)
　　第二节　2019年克罗地亚经济概述 ………………………………… (123)
　　第三节　2019年克罗地亚社会发展回顾：人权保护的衰弱 ……… (126)
　　第四节　影响克罗地亚2019年政治环境的主要外交事务 ………… (130)

第九章　拉脱维亚 ……………………………………………………… (135)
　　第一节　拉脱维亚：首批引入5G网络 ……………………………… (135)
　　第二节　拉脱维亚与中国的经济、科学合作不断加强 …………… (139)
　　第三节　拉脱维亚：越来越受欢迎的健康旅游目的地 …………… (142)

第四节　拉脱维亚森林:拉脱维亚的绿色黄金 …………………（146）

第十章　立陶宛 ………………………………………………………（149）
　　第一节　2019 年立陶宛政坛变革 ……………………………（149）
　　第二节　2019 年立陶宛经济发展回顾 ………………………（152）
　　第三节　2019 年立陶宛社会发展 ……………………………（155）
　　第四节　立陶宛根据地缘政治战略优先实施外交政策 ……（157）

第十一章　罗马尼亚 …………………………………………………（161）
　　第一节　2019 年罗马尼亚政治发展概况 ……………………（161）
　　第二节　2019 年罗马尼亚经济发展回顾 ……………………（164）
　　第三节　2019 年罗马尼亚社会发展概况 ……………………（167）
　　第四节　2019 年罗马尼亚外交领域取得的进展 ……………（170）

第十二章　北马其顿 …………………………………………………（174）
　　第一节　2019 年北马其顿政治发展概况 ……………………（174）
　　第二节　2019 年北马其顿经济回顾 …………………………（179）
　　第三节　北马其顿社会 2019 年的关键话题 …………………（183）
　　第四节　北马其顿 2019 年外交回顾 …………………………（186）

第十三章　塞尔维亚 …………………………………………………（190）
　　第一节　塞尔维亚的 2019 年:成功之年还是失败之年? ……（190）
　　第二节　塞尔维亚 2019 年经济成就总结 ……………………（193）
　　第三节　2019 年塞尔维亚的社会发展 ………………………（197）
　　第四节　2019 年塞尔维亚外交发展回顾 ……………………（200）

第十四章　斯洛伐克 …………………………………………………（204）
　　第一节　斯洛伐克 2019 年政治回顾 …………………………（204）
　　第二节　2019 年斯洛伐克经济发展概况 ……………………（208）
　　第三节　2019 年斯洛伐克的社会问题 ………………………（212）
　　第四节　2019 年斯洛伐克外交回顾 …………………………（214）

第十五章　斯洛文尼亚 ……………………………………………… (222)

第一节　2019年斯洛文尼亚政治回顾：少数党新政府
　　　　步履蹒跚、寻求平衡 …………………………………… (222)

第二节　2019年斯洛文尼亚经济发展回顾 ……………………… (225)

第三节　2019年的斯洛文尼亚社会发展 ………………………… (229)

第四节　2019年的斯洛文尼亚对外关系概况 …………………… (232)

第十六章　希腊 …………………………………………………… (236)

第一节　2019年希腊政治总结 …………………………………… (236)

第二节　2019年的希腊经济 ……………………………………… (239)

第三节　2019年的希腊社会情况 ………………………………… (241)

第四节　2019年的希腊外交政策 ………………………………… (244)

第十七章　匈牙利 ………………………………………………… (248)

第一节　2019年匈牙利政治回顾 ………………………………… (248)

第二节　2019年匈牙利经济增幅居欧盟成员国之前列 ………… (251)

第三节　2019年匈牙利劳动力市场趋势回顾 …………………… (255)

第四节　匈牙利2019年外交回顾 ………………………………… (259)

第 一 章

阿尔巴尼亚

第一节 2019年的阿尔巴尼亚政治：表演、表演者和观众

引言

2019年阿尔巴尼亚政治舞台呈现出多变性和结果导向性。所有政治派别的行动和反应的变化再次表明，相关政党正处于一个永恒的"纸牌屋"中。政治权力不再是政府的执行力和影响力，而是达到目的的某种手段。总理拉马（Rama）的政治资本和影响力有所增加，在社会党（PS）内部巩固了自己的意志和领导风格。他的对手党阿尔巴尼亚民主党（PD）和社会主义融合运动（LSI）被难堪地置于自我毁灭的境地。然而，有关这个故事还有很多可说。

一年预览

2019年1月，在拉马政府的14位新成员中，有7位是新任部长。社会党内部进行了大刀阔斧的改革，而这些改革都是总理亲自指示并实施的。政府的所有部门（金融、运输、基础设施、教育、文化、外交、农业以及创业或业务发展部门）都有了新的领导人，但是这种轮换并没有阻止反对派选择自己的道路。

1月19日，在阿尔巴尼亚民主党全国代表大会上，巴沙（Basha）宣布了未来几个月的行动方针，以及反对派准备如何施加影响。他呼吁2月举行全国性抗议，主要诉求是"撤销拉马政府"。正如2月16日所宣布的，民主党将支持者聚集在地拉那（Tirana）的主干道上。这项宣告以针

对政府的不成熟政治宣传开始，不幸的是很快演变成激进的破坏行为。在要求总理辞职的同时，抗议者开始攻击总理府大楼，并以一种压抑已久的愤怒表达其失望。抗议活动在国际报道中播出，成为阿尔巴尼亚公众话题中的唯一亮点。

2月18日，民主党领导小组宣布，所有成员都将辞去议会议员的职务，废除4年有效任期并离开立法机关。一天后，LSI成员也参与了这项行动。行动的下一步是呼吁在2月21日举行另一场抗议活动（在国会大厦前）。民主党和LSI将在那里告诉他们的支持者：从那天起抗议将会在大街上举行。

最大的抗议活动是在3月16日举行的。在4个多小时的时间里，成千上万人涌上街头，并象征性地在民主党大楼周围游行了3次。地拉那的主干道因这次抗议再次被封锁，抗议者从出发地点（民主党大楼）前往议会，与州警察发生了首次冲突。抗议活动的起因和动机在于反对派的主张，即：社会党在议会拥有多数席位是政府与有组织犯罪分子勾结的结果。他们声称，检察官没有对选举舞弊进行适当调查，因此政府的存在是非法的。

在集体拒绝反对派的授权后，议会出现了57个空缺。议会主席在中央选举委员会（KQZ）上的发言中要求填补这57个空缺，并且很快实现了这一愿望。即使对新议员（非人民选出的）的所有评论都引发了争议，但事实仍然是，宪法是可以变更的，而且这是之前从未被探索的政治领域。

这场争议之中，共和国总统呼吁采取可能的解决方法，并夸张地在媒体上露面，从而使自己陷入危机。阿尔巴尼亚总统办公室由于职务和职责有限，主要是一种象征性的存在。然而，梅塔（Meta）采取非常规的政治行为，力图使他的存在比任何前任更具意义。时间证明，由于他的权力太小、过去的争议太多，无法使双方联合起来。反对派挑起的这场人为政治危机成为该国现在和未来的两个主要担忧。关于当下，是让全国人民抵制执政党，且不参与他们建立的体制；对于未来，毫无疑问，它为后代政客和反对派开创了先例。

抗议活动和社会动荡在2019年春季持续不断。反对派于5月11—13日再次走上街头，以同样的方式不断采取不必要的破坏行为。在抗议活动严重影响政界的方方面面之后，全国性的激烈政治辩论在抗议后的数周乃至数月内持续进行。

2019年上半年，阿尔巴尼亚不断扩大的政治危机是主观而非客观的。如果存在一个真正稳固、全面且得到大多数人支持的政府，双方都将采取不一样的行动。反对派的抗议活动仅仅是通过集会和动乱提高其政治资本的一种工具，因此局势的严重性与少数右派狂热分子的激烈行为不相上下。在5月11日的集会上，民主党一度表明自己有能力（并愿意）使暴力行为和混乱局面得以扩散。地拉那街头的这枚燃烧弹并不代表阿尔巴尼亚人的普遍情绪和正常行为。暴力行为表现出的不过是一种愤怒并夹杂着对权力永恒诉求的情绪。

2019年年中，阿尔巴尼亚处于宪法危机的边缘，其主要原因有三点：抗议、泄露的录音带和地方选举。直至5月8日下午，一件令人震惊的事件几乎成为转折点——梅塔总统取消了即将于6月30日举行的选举。激烈的辩论是可预料的，但结果并非如此。反对派的另一场抗议活动（6月13日）表现出截然不同的态度和高度满足感。巴沙向与会人员宣布他们的斗争胜利了——共和国总统取消了选举，他认为此举是自己政治斗争的巨大优势！

显而易见，共和国总统及其妻子（穿着LSI领导人的官方马甲）和巴沙拥有共同目标——扰乱选举进程。另外，社会党开始准备以议会三分之二票数罢免总统的程序。尽管该决定应在生效之前获得宪法法院的确认，并且截至2019年12月，宪法法院仍未开始运作。在这种情况下，梅塔可能成为一个被议会罢免的总统。但在宪法法院开始运作之前，他仍将继续任职。

6月30日，阿尔巴尼亚人在4年后又重新被召集参加地方选举（选举该国61个市镇的新市长）。与其他所有选举不同，这次反对派及其候选人没有参与，并声称该选举不合法。7月1日，选举结果揭晓：社会党获胜，在61个市镇中，社会党成员当选60个市长。根据这次投票，阿尔巴尼亚98.4%的选民支持拉马及其政党。地方选举是参与人数最少的选举。根据政府机构的数据，有21.6%的选民参与了地方选举，但反对派声称有资格投票的人只占15%—16%。尽管进行了投票，但并不存在真正意义上的选举。

对于社会党来说，这场胜利很快就被粉碎了，因为有关候选人和选举过程的争议随即出现。夏季的结束标志着有关地方治理的新辩论即将展开，而新当选的斯库台市市长瓦尔丁·彼得里（Valdin Pjetri）成了新的政治热点。提交给当局的一份文件显示，瓦尔丁·彼得里曾在意大利受到犯罪指控。根据《阿尔巴尼亚共和国非刑事化法》，他不能担任公职。这并不是一个孤立事件，而是代表着阿尔巴尼亚政治中一个更深层次的惯例和众所周知的权力脚本。这一事件发生后出现了"多米诺效应"，新当选市长的过往经历纷纷被审查，但结果并不乐观。提交给中央选举委员会的文件表明，在61名当选市长中，有7人承认曾被定罪。此外，有8人曾改名换姓，分别是沃拉、沃德耶、卡瓦亚、梅马利艾、波格拉德茨、普雷尼亚斯、萨兰达和科洛涅市市长。事实上，几个月后，沃拉市市长阿吉姆·卡伊马库辞去了职位。截至2019年12月，他是一名通缉犯。

暑假之后，当阿尔巴尼亚政客展开一场涉及更高利益的新冲突时，宪法法院完全处于一种被忽视的状态。这一次，"战斗"是在总统和总理之间展开。

梅塔和拉马是过去20年阿尔巴尼亚政坛的两位关键人物。两人曾在2000年结为盟友，而后在2009年成为对手；2013年又成为盟友，而现在又再一次成为对手——他们总是在为领导权而斗争。宪法法院成员提名成为他们的下一个战场。被提名者已被证实存在政治偏见，当选者必须来自另一个名单，而这一名单是由上述两人提出的。有关宪法法院的斗争是严峻的，具有决定性的作用。梅塔希望进行全民公投，而拉马已经成立了一个议会小组进行调查，准备随后罢免总统。这样，他便能争取议会新成员的支持，组成所谓的"新反对派"。

阿尔巴尼亚最高法律机构是《阿尔巴尼亚宪法》的保障者。新宪法法院的诞生导致了前所未有的混乱，两位法官想要争夺同一个位置。看上去似乎是针对宪法的冲突，但实际上对总统和总理来说，远不止于此。梅塔和拉马的政治命运掌握在新的宪法法院手中。在确定法定人数时，法院至少需要考虑两个非常重要的问题。首先是6月30日的投票过程。在反对派不在场的情况下，它是否合法？梅塔的法令会被推翻吗？如果拉马得到了宪法法院大多数成员的支持，即使没有反对派在场，也能确保一个有利的裁决并使进程合法化。只有正在成立的这个新机构才能对违法行为进行核实或确认宪法的决定。第二个问题是总统的个人命运。议会成立了一个调查委员会，最后将提交一份有关罢免梅塔的报告。如果获得的票数达到 94 票，宪法法院就需要做出是否罢免国家元首职务的决定。舆论认为，这是在挥舞可怕的宪法大旗。而政界和媒体私下议论的是：能影响宪法法院就能掌控对手的政治命运，以及最重要的是，受政治掌控的宪法法院将危及整个司法改革。

2019 年 11 月 26 日，阿尔巴尼亚的政治冲突因该国发生的致命地震而停止。地震造成 51 人死亡，损失约 5 亿欧元——不过政治骚动刚刚停止，却又很快恢复了。

结语

阿尔巴尼亚的政治路线与埃迪·拉马的命运密切相关。2019 年年底，该国不再存在反对派，而总统已失去控制权。脱离体制的极端措施变成了民主党和 LSI 的回旋飞镖——这种"全有或全无"的做法正威胁着处于政治十字路口的政党的生存。放弃议会对于反对派来说适得其反，看来他们没有足够的影响力来胁迫拉马，又或者他们不想这么做？

从外部看，局势似乎相当混乱；但从内而外分析，所有的这些过渡已被消除并被描述成一种"新常态"。人们不禁还要问，这一切是否都是各方为了自己的政治（和公众）生存而达成的内部或默契交易？似乎如此！

表演：阿尔巴尼亚的政治不仅仅是决定国家命运的政治事件的阵地，看起来更像是一个戏剧舞台。在这里，演员的个人经历以廉价肥皂剧的模式被病态地披露出来。许多人认为，在执政党和反对党之间存在内部交易。然而，在被证实之前，它仍然只是猜测。

表演者：阿尔巴尼亚的男主角毫无疑问是埃迪·拉马。所有的注意力都集中在他身上，所有的事件都指向他。宣传是迅速并无处不在的，他接二连三地控制立法机构和行政机构，并存在继续影响宪法法院（从而影响司法改革）执法的可能性。不管是好是坏，至少在下次大选之前，拉马的权力依然不会动摇。

观众：那些为观看这个节目花钱买票的人——阿尔巴尼亚公民。虽然阿尔巴尼亚公民为维持生计而奋斗，但政治"娱乐"从来都不枯燥乏味。这个节目充满了羞辱、阴谋、愤怒和尴尬，当然还有大量的表演。两个政党互相指责，然而，在 30 年的多元化执政中，国家从未进行过问责。2019 年只是拉大了政治和阿尔巴尼亚公民之间的距离。就此看来，数十万人离开祖国，将他们的命运掌握在自己手中也就不足为奇了。政治已经变得遥不可及并太过利己主义，令人无法接受。因此，无法再依赖于它了。

（作者：Marsela Musabelliu；翻译：尤诗昊；校对：郎加泽仁；审核：刘绯）

第二节　2019 年阿尔巴尼亚经济回顾

引言

根据世界银行的官方数据，截至 2018 年年底，阿尔巴尼亚的国内生产总值（GDP）以 150.59 亿美元位居世界排名第 118 位，人均 GDP 为 5252 美元。由于充足的降雨增加了电力输出，2018 年的经济增长相当可观（增长率为 4.2%），而 2019 年的增长则低于预期。由于官方的年度数据尚未公布，阿尔巴尼亚经济学家通过分析前三个季度的数据（增长率分别为 2.21%、2.31% 和 2.9%），乐观地认为年度增长率将达到 2.9%。为了更好地了解阿尔巴尼亚 2019 年国民经济的发展状况，本节将分析以下几个指标：GDP 增长、进出口（贸易平衡）、外国直接投资（FDI）、商业环境、通货膨胀、工资和财政/金融状况，并分析它们的年度表现及其贡献。

GDP 增长

2019 年年初，国家和国际机构对阿尔巴尼亚经济增长率进行了预估，其预估数据分别为：世界银行 3.6%、国际货币基金组织 3.7%、欧洲复兴开发银行 3.9%、阿尔巴尼亚官方 4.3%。到 2019 年 12 月，事实证明所有机构都高估了当地经济的潜力，因为阿尔巴尼亚的 GDP 增长率不超过 3%。最可靠的数据来源预估为 2.8%—2.9% 的增长率。

根据最终数据，2019 年经济增长减缓的主要原因有三个：降雨量低、2019 年博彩业关停以及跨亚得里亚海管道（TAP）项目进展放缓。

造成经济增长率下降的主要原因是降雨急剧减少，从而导致水力发电产量下降。实际上，由于长期干旱，2019 年的电力产量急剧下降，工业、能源和水力等方面受到的影响最为显著。电力输出既是 2018 年年增长率达到 4.06% 的主因，也是 2019 年 GDP 下降的主因。工、电、水三大类总量下降 1.89%。隶属于电力、制造和基础金属加工业的次级领域活动也对 GDP 的下降产生了影响。次级电力和制造业领域的 GDP 分别下降了 27.54% 和 4.79%。施工活动也减少了 1.75%，这主要是受跨亚得里亚海管道（TAP）项目的影响。该项目目前已进入最后阶段，不需要分包公司进一步参与。

2019 年，阿尔巴尼亚通过一项特别法律严禁赌博——整个博彩业被关停。前一年，有 14 家公司获得了经营博彩活动的许可，营业额约为 1.5 亿欧元——在 2019 年的国内生产总值中不复存在。事实上，在官方数据中，艺术、娱乐和娱乐服务业的收入下降了 19.35%。

这一举措的积极趋势是：农林渔业活动增长了 1.78%；贸易、运输、住宿和食品服务业增长了 4.75%（主要受批发业的推动，增长了 6.37%）；信息通信业增长了 10.73%；金融保险业增长了 13.92%，房地产业增长了 8.01%，专业服务和行政服务业增长了 2.32%。公共行政、教育和卫生等部门增长了 4.05%，而产品净税增长了 4.15%。[①]

从整体上看，最新的官方数据如下。

进出口额

出口总值比上年同期下降了 10.3%，进口总值比上年同期增长了 1.6%。截至 2019 年 11 月，贸易逆差比 2018 年同期增长了 14.3%。

出口方面的年度变化主要受以下行业的影响：建筑材料和金属出口量下降 3.2%；机械、设备、备件出口量下降 2.8%；矿产、燃料、电力出口量下降 2.3%。化工塑料业和皮革业的贡献率分别为 0.2% 和 0.04%。

影响进口年度变化的主要行业是：矿产品、燃料、电力进口量增长了 1.4%；化工塑料进口量增长了 1.1%；机械、设备备件进口量增长了 1.1%。然而，以下行业为负增长：纺织和鞋类进口量下降了 1.3%，建

---

① 所有数据检索自：http://www.instat.gov.al。

筑材料和金属进口量下降了 1.2%，木材和纸张进口量下降了 0.5%。[1]

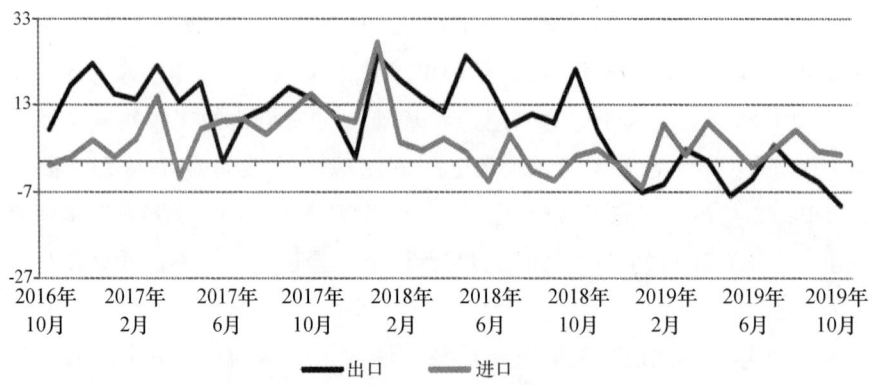

图1—1　外贸领域的年度变化（单位：%）

资料来源：阿尔巴尼亚国家统计局。

2019 年前 10 个月，与欧盟国家的贸易额占总额的 64.2%。在此期间，对欧盟国家的出口额占总出口量的 76.4%，从欧盟国家进口的进口额占总进口量的 58.5%。主要贸易伙伴是：意大利（32.7%）、希腊（7.2%）、中国（6.9%）和土耳其（6.4%）。

2019 年前 11 个月，出口贸易指标出现以下波动：与 2018 年同期相比，阿尔巴尼亚出口增幅最大的国家和地区是：中国（+13.7%）、科索沃（+12.9%）和德国（+5.8%）；而出口减少的国家是：意大利（-2.6%）、西班牙（-13.3%）和希腊（-4.6%）。

进口方面：2019 年前 11 个月，与 2018 年同期相比，阿尔巴尼亚从以下几个国家的进口额增长最快：中国（+14.5%）、土耳其（+11.2%）和希腊（+8.1%）；从以下几个国家的进口量有所减少：意大利（-6.0%）、德国（-7.5%）和俄罗斯（-12.4%）。[2]

---

[1] 完整数据见：http://www.instat.gov.al/en/themes/industry-trade-and-services/short-term-statistics/publicationss/2019/sort-term-statistics-services–q2–2019/。

[2] 完整数据见：http://www.instat.gov.al/en/themes/industry-trade-and-services/short-term-statistics/publicationss/2019/sort-term-statistics-services-q2–2019/。

外国直接投资

12月12日，财政和经济部部长通过新闻稿公布了阿尔巴尼亚银行2019年四季度外国直接投资的历史统计数据。[①] 阿尔巴尼亚的外国直接投资在2019年的前9个月中增长了7.3%，达到8.1亿欧元，为阿尔巴尼亚外国投资的历史最高水平。财政和经济部部长指出："外国直接投资的增加印证了政府对年预算超过10亿欧元的预期。同样，仅在2019年第三季度，这些投资就创造了2.722亿欧元的价值，同比2018年第三季度的2.686亿欧元增长了1.3%。"[②] 图1—2显示了2008年以来外国直接投资存量的年度发展趋势。

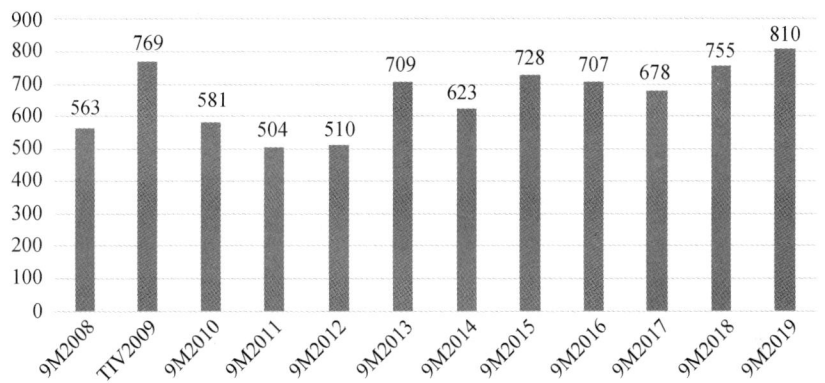

图1—2　按3个季度划分的外国直接投资存量（单位：百万欧元）

资料来源：monitor.al。

然而，除了这些令人乐观的数据外，还需要更好地了解这些投资的构成。事实上，得益于德沃尔河（Devoll River）TAP管道和水电站建设等项目，近年来外国直接投资的数额一直处于较高水平。该投资项目价值15亿欧元，涉及阿尔巴尼亚段管道的建设，其中包括工程所需的管道、压缩机及其他设备和机械的成本。工程于2017—2018年集中作业。2019

---

① 阿尔巴尼亚电信局，全文见：http://ata.gov.al/2019/12/11/niveli-me-i-larte-historik-rriten-me – 73 – investime-e-huaja-direkte-per – 9 – mujorin-e – 2019/。

② 阿尔巴尼亚电信局，全文见：http://ata.gov.al/2019/12/11/niveli-me-i-larte-historik-rriten-me – 73 – investime-e-huaja-direkte-per – 9 – mujorin-e – 2019/。

年12月，95%的土方工程已经完工，其中包括管道本身、隔断阀站、计量和压缩机站、修复、排气口以及阿尔巴尼亚水域的工程活动。除此之外，另一项主要投资，即由斯塔克夫公司（Statkraft）投资5.9亿欧元在德沃尔河上建设的水电站也即将竣工。Banja水电站已经投入运行，而Moglica水电站已经完工并处于测试阶段。来自斯塔克夫的官方消息称，2018年投资约8600万欧元，2019年预计投资约7300万欧元。① 阿尔巴尼亚银行报告称，在第三季度，投资主要集中在能源（23%）、碳氢化合物（21%）和金融中介（13%），这些行业主要与上述两个项目有关。一方面，情况很乐观，因为这些投资一直是创造当地就业机会的重要来源；另一方面，阿尔巴尼亚经济严重依赖这些项目，可能会出现反弹。投资缺乏多样性是近期的主要风险。

商业环境

根据世界银行最新的年度评级，阿尔巴尼亚在190个经济体中的经商便利度排名为第82位，而2018年为第63位。从2008—2019年，阿尔巴尼亚的经商便利度平均值为78.33，2013年达到历史高点108，2016年达到历史低点58。

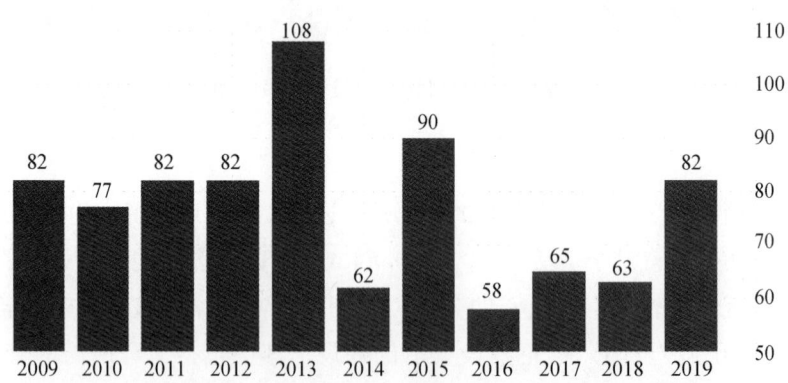

图1—3 阿尔巴尼亚在世界"经商便利度"中的排名

资料来源：世界银行。

---

① 2019年，外国直接投资达到8.9亿欧元。翻译自：https://www.monitor.al/investime-e-huaja-rriten-me-7-3-per-9-mujorin-arrijne-ne-810-milione-euro/。

2019年，阿尔巴尼亚的排名下降了19位，这表明对企业的监管更加不友好。小企业（特别是微型企业）一直面临着重重困难，企业主或其他有关代表表示担忧。问题逐渐堆积如山，许多企业已经倒闭。这种现象起初是由立法的变化引起的，后来又因市场状况而恶化。更加严格的税收政策与腐败交织在一起，使得阿尔巴尼亚的商业环境在质量和拓展方面的情况恶化。

通货膨胀

根据世界银行的数据，与2018年年底相比，阿尔巴尼亚的通货膨胀有所下降，扭转了过去持续走高的趋势。宽松的货币政策和良好的贷款组合促进了私营部门信贷增长。[①] 从数量上看，在价格稳定的情况下，阿尔巴尼亚银行将在中期实现消费价格通胀率保持在3.0%的目标。通胀目标根据消费者价格指数的年度变化制定，由阿尔巴尼亚国家统计局测算并公布。阿尔巴尼亚银行认为，若将通货膨胀率维持在3.0%左右，那么货币政策将继续对阿尔巴尼亚的经济发展做出积极贡献。

根据阿尔巴尼亚银行2019年年终报告，阿尔巴尼亚年平均通胀率为1.4%，并在前一个季度的水平附近波动。服务业和加工食品价格上涨最快，但是几乎被未加工食品的低价所抵消。消费商品价格总体上对该时期

Groups/ Time	01-19 01-18	02-19 02-18	03-19 03-18	04-19 04-18	05-19 05-18	06-19 06-18	07-19 07-18	08-19 08-18	09-19 09-18	10-19 10-18	11-19 11-18
Total of all items	1.9	1.7	1.1	1.4	1.5	1.3	1.5	1.4	1.3	1.3	1.4
Food, and non-alcoholic beverages	4.3	3.8	2.0	2.7	3.1	2.7	2.8	2.4	2.5	3.0	3.2
Alcoholic beverages and tobacco	1.8	1.6	1.0	1.0	1.4	1.4	1.3	1.5	1.5	1.4	1.1
Clothing and footwear	-0.8	-0.3	0.0	0.3	0.5	0.2	0.2	0.2	0.2	-0.1	-0.3
Rent, water, fuel and power	0.8	0.9	1.0	1.2	1.1	0.8	0.8	0.9	0.8	0.1	0.1
Furniture household and maintenance	0.1	0.2	0.5	0.7	0.7	1.3	1.7	1.5	1.4	1.4	1.5
Medical care	-0.6	-0.5	-0.4	-0.3	-0.5	0.0	-0.1	-0.1	0.0	-0.1	0.0
Transport	0.0	0.1	0.5	0.4	-0.1	-0.6	-0.1	1.2	-0.6	-2.0	-1.6
Communication	0.4	0.1	0.1	0.2	0.2	0.2	0.1	0.1	0.1	0.1	0.1
Recreation and culture	1.8	2.1	1.1	-1.1	-0.6	-0.1	1.1	2.2	0.5	1.2	2.1
Education service	0.7	0.7	0.7	0.7	0.7	0.7	0.8	0.9	0.9	0.7	0.7
Hotels, coffe-house and restaurants	1.1	1.1	1.2	1.1	1.1	1.3	1.1	1.1	1.1	1.2	1.3
Miscellaneous goods and services	0.2	0.1	0.1	0.0	0.0	0.0	0.1	0.1	0.3	0.3	0.2

图1—4 消费者价格指数的年度变化（%）

资料来源：阿尔巴尼亚国家统计局（自制图表）。

---

① https：//www.worldbank.org/en/country/albania/overview#3.

的年度通货膨胀做出了一定的贡献。从宏观经济角度看，低通胀率反映了国内经济通胀压力增长的不足和进口通胀压力疲软。核心通货膨胀的轻微上升趋势表明，抑制通胀的压力估计会增加。

工资

2019年第三季度，阿尔巴尼亚员工的月平均总工资为51870列克（425欧元），与2018年同期相比增长了3.7%。但是，各类别之间的薪酬差距仍然很大。

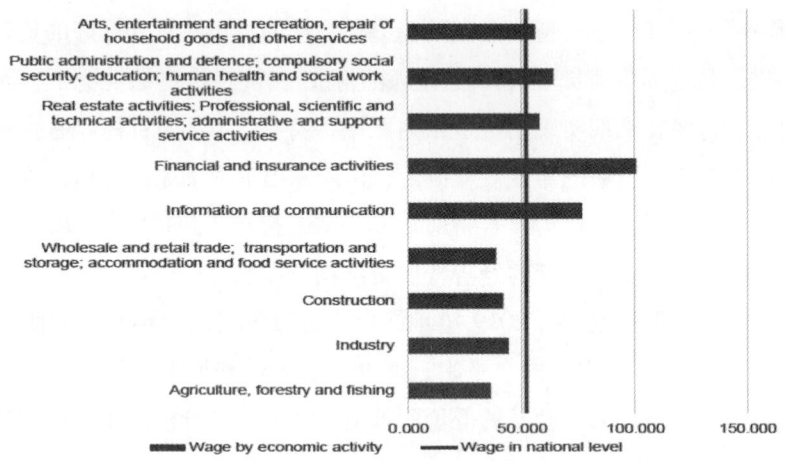

图1—5 按经济活动划分的月均总工资（单位：阿尔巴尼亚列克，1欧元=122列克）

资料来源：阿尔巴尼亚税务总局。

财务状况

尽管阿尔巴尼亚的财政状况在2019年有所改善，但是来自国有企业或负债企业的风险仍然很高。2019年，财政收入增长受到了国内生产总值增长放缓的限制。预计2019年预算赤字将扩大至GDP的2.2%，而包括担保和欠款在内的公共债务预计将降至GDP的68.4%。有关金融稳定的最新声明表示，在稳定的环境中，金融体系整体活动仍在继续，关键绩效和弹性指标保持在良好水平。金融系统资产在GDP中的份额下降了近

2.1%。下降的主要原因是：在将国外银行分支机构转变为子公司后，银行部门的资产价值下降。列克汇率的升值对银行业资产的外币报表价值产生了负面影响，但影响很小。在财务稳健性方面，银行业资本值和盈利状况良好。在银行业内部，不良贷款的主要风险在这段时间内保持总体稳定，总计630亿列克。不良贷款率为11.2%。从2018年开始，不良贷款下降了18%，不良贷款比率则下降了2%左右。[①]

结语

阿尔巴尼亚经济学家认为，2019年的干旱暴露了整个国家经济的脆弱性。当一个国家的经济增长大规模地依赖于自然现象（主要依靠降雨带来的大量电力）时，就不能控制或正确地预测未来的发展。因此，健全的经济政策至关重要，经济政策及相关专业知识是实现发展来源多样化的唯一途径。

此外，对本已负担沉重的阿尔巴尼亚家庭来说，2019年不仅意味着经济停滞/放缓，而且影响很大。由于11月26日的地震，51人不幸丧生、大量房屋被毁，因此需要紧急预算来安置受自然灾害影响的家庭。数百万欧元从世界各地流入阿尔巴尼亚，以前所未有的声援帮助不幸者。然而，人们普遍认为，政府将不得不提供大部分资金。

（作者：Marsela Musabelliu；译者：徐圣明；校对：郎加泽仁；审核：刘绯）

第三节　2019年的阿尔巴尼亚社会：动荡、不幸和注定不值得怀念的一年

引言

对阿尔巴尼亚人而言，2019年不是一帆风顺的一年。除了过去的社

---

① 阿尔巴尼亚银行．检索自：https://www.bankofalbania.org/Fin ancial_Stability/Financial_Stability_Reports/Fin ancial_Stability_Statement/Financial_Stability_Statement_for_2019_H1_25212_1.html．

会负担，新的负面趋势已经达到了前所未有的峰值。对于仍然在努力满足最基本需求的国家而言，这种负面趋势影响到了人们生活的方方面面。整个社会都在从困惑走向沮丧，从沮丧走向屈服。意见和担忧未得到重视，导致人们对国家机构丧失信心。整个社会在不同程度上面临着各种问题，主要包括：反对派持续抗议、移民造成人口下降、医疗保健和贫困/低收入家庭的风险、高等教育和研究，以及11月的地震及其影响。

六个月的抗议活动

正如2019年1月宣布的，阿尔巴尼亚反对派2—6月在首都的大街小巷开展了抗议活动，而在其他城市持续到8月。政治不稳定和社会动荡一直持续到9月，这些抗议活动时常会演变成暴力活动。在反对派要求撤换政府的号召下，抗议者用随手可得的"作案工具"（石头、铁棒、木矛和鞭炮等）和激愤的言辞与地方警察发生冲突。在国际新闻报道中，阿尔巴尼亚社会抗议中央政府的活动连续几个月成为头条新闻。反对派传递出的信息是响亮且明确的，从字面上理解即：与政府机构及其最忠实的支持者对抗。这个国家见证了一群歇斯底里的人，他们感到痛苦和不快。在这个社会中，少数派的声音更大（而且更倾向于暴力），而其他人不得不为这一小部分人付出巨大代价。所有动乱结束后，一切都没有改变，他们的要求也没有得到满足。当某一群体的要求很荒谬，如同煽动和资助他们的领导人的言辞一样荒谬时，这种结果是正常的。如果反对派的主张能引起大多数民众的共鸣，结果肯定会有所不同，但显然他们未能引起民众的共鸣。抗议的呼声并不吸引阿尔巴尼亚人，因为他们深知，这种抗议只是出于对权力的贪欲，与国家的真正问题无关。这也是更深层社会问题的一个表现，即：公民的对抗情绪体现在他们自己的政治偏好中。

政治危机令社会付出了代价。暴力抗议活动给市民的日常生活增加了更多不确定因素。除了所有阿尔巴尼亚人都面临的核心问题外，悲观和绝望的情绪导致全国各地的局势更加脆弱。实际上，夏季旅游人数明显下降使得地拉那的小企业营业额增长缓慢，阿尔巴尼亚在国际上受损的形象给外国投资者增加了更多的担忧。

移民对人口数量下降的影响

在阿尔巴尼亚，人民背井离乡被普遍认为是所有抗议活动中最让人痛心的。副总理公开承认了民众长期以来所担心的事情：2013 年以来，超过 50 万阿尔巴尼亚人离开本国，去寻求更好的生活。离开的主要人群是新组建的家庭、经验丰富的专业人员（大多属于中产阶级）以及 18—29 岁的年轻人和受过教育的人。专家一致认为，年轻人和受过教育的人离开本国，是教育水平低下和高失业率造成的后果。据阿尔巴尼亚国家统计局的最新数据，2019 年前三季度，青年失业率为 22.2%。弗里德里希·艾伯特基金会（FES foundation）在东南欧的一项研究指出，许多国家的青年移民潮已开始减弱，但在巴尔干地区，尤其是在阿尔巴尼亚，情况并非如此。仍有 28.5 万阿尔巴尼亚人计划在未来几年离开该国，其中大部分为年轻一代。阿尔巴尼亚人离开国家的愿望不但没有消失，反而死灰复燃。根据欧洲庇护支持办公室 1—7 月的数据，阿尔巴尼亚在某个欧盟成员国的庇护申请总数约为 1.4 万份，较 2018 年同期增长 24%。阿尔巴尼亚社会老龄化速度很快。阿尔巴尼亚曾是欧洲人口最年轻的国家，然而其平均年龄逐渐从 27 岁增加到 35.4 岁。其后果是显而易见的：生育率降低，每名妇女的子女人数从 2.7 人减少到 1.6 人以下，养老金和社会保障需求的增加使医保及社保领域都出现了问题。

移民给阿尔巴尼亚社会带来了严重的打击，年轻人强烈希望离开这个国家，有资质的工人在外寻求工作，年长的父母孤苦伶仃。多年来，人口年轻化一直被学者视为阿尔巴尼亚经济快速发展的最大希望，然而这种希望正在烟消云散！

医疗保健

阿尔巴尼亚的全民医疗保健模式基于强制性和自愿性出资，并由国家预算做补充。最新数据表明，总的卫生支出占国内生产总值的 6.7%，估计为 8.7 亿欧元，其中 41.3% 为政府支出。仅从这些数据就可以看出，大多数阿尔巴尼亚人选择在公共医疗系统之外接受治疗，而那些选择接受公共服务的人却要额外付费。根据欧洲健康消费者指数，阿尔巴尼亚是欧洲国家中非官方医疗支付最多的国家。公民要承受双重负担，他们要向政府支付强制性的健康保险费，而当他们真正需要医疗服务时还要再付钱。对需要医疗服务的阿尔巴尼亚人来说有三种困难：一是自付费用（贿赂），即国家医疗保健部门有限的公共开支（与其他巴尔干或东欧国家相比）导致了住院和门诊病人对自付费用的依赖度增加。调查数据显示，在收入最低的家庭中，住院服务的自付支出总额占家庭月支出总额的比例已经上升到60%。二是药品质量，2015年以来，所有与医疗保健相关的国家和国际组织都指出，阿尔巴尼亚销售的药品质量较低。受此影响最大的是老年人（退休人员），虽然社保免费为他们提供了一些基本药物，但是他们得到的大部分是二手药。任何一家药房的药品泛滥，都会致使主要医院的药品质量下降，给这些医院带来重重困难。三是医疗人才流失，即：最强烈要求医疗系统改革的是那些有意离开本国的医生和护士。根据最近的一项研究，有78%的阿尔巴尼亚医生准备离开，其中24%的人希望立刻离开，而如果有机会的话，有54%的人会考虑离开。从最新的可用数据也不难看出这种情况，阿尔巴尼亚每千名居民中配有1.2名医生和3.2名护士，此比例在欧洲排名末位。受此现象影响最大的是农村地区，农村没有医疗中心，也没有医生，健康出现问题时，人们必须走几公里到最近的医院。2019年10月公布了另一个令人震惊的统计数据：过去9个月，有550名护士离开阿尔巴尼亚到欧盟工作。

上述因素仅仅是阿尔巴尼亚卫生保健的核心问题，而这些因素的影响在逐渐扩大，影响到每一位公民。不幸的是，如今已经形成了一个恶性循环，并且仍在持续。无能的立法者实施的破坏性政策导致效率低下，低效率容易受到操纵，操纵是腐败的根源，腐败很容易在一个堕落的体制中滋生泛滥。

贫困/低收入家庭的风险

阿尔巴尼亚国家统计局最近进行的一项调查评估了该国家庭的生活条件、相对贫困和物质匮乏情况，结果显示，有四分之一的阿尔巴尼亚人生活在贫困中。调查的主要指标是贫困风险（相对贫困），该指标反映出收入低于中等收入60%（相对贫困线）的人群所占的百分比。该相对贫困率并不表示处于贫困中的人数，而是其中有多少人的收入低于规定的贫困线，并面临贫困风险。

阿尔巴尼亚的贫困风险率是23.4%，即67.1万人。把核心问题分组细分后发现，那些不幸的人面临着更加令人沮丧的前景。单人家庭的贫困风险线为16742列克（每月137欧元），这一基本衡量标准已经非常低了。严重物质匮乏的定义是：在9个物质匮乏项中至少占4项的人口百分比，阿尔巴尼亚这一人群的占比估计为38.3%。9个物质匮乏项分别是抵押或租金、物业费、分期付款或贷款购房、离家度假、偶然但必要的开支（大约250欧元）、无力购买电话（包括移动手机）、无力购买彩电和洗衣机、无力购买汽车、无力购买空调。家庭工作强度是指所有家庭成员工作的月数（即有收入的月数）与理论上全年（12个月）工作总月数的比例。较低的家庭工作强度比率一般为20%。

阿尔巴尼亚总的贫困风险率为23.4%，但贫困风险或社会排斥风险才是更为全面的指标，即有贫困风险、严重物质匮乏或劳动强度很低的家庭和个人，在阿尔巴尼亚这一指标估计为49%。这也表明，阿尔巴尼亚有一半的人处于财务危机之中，情况令人担忧。

高等教育和研究

阿尔巴尼亚高等教育体系发展滞后，这在不久的未来仍然是一个负担。一年前，学生抗议从另一个角度揭露了许多问题。他们希望政府支持自己的要求，让阿尔巴尼亚大学的研究机构变得更加正规和体面。然而，一年过后，阿尔巴尼亚大学没有任何改变。尽管表面上通过了建新宿舍和设施的倡议并罢免了教育部部长，但实际上，大学生仍面临着与以往相同的困难。

2019年，另一场公开辩论引起了各大媒体的关注：据说，有望吸引可观资助资金的"改革派"阿尔巴尼亚科学院（ASA）已不再只是一个名誉机构，有权设立特定领域的研究中心。然而，半年之后，人们遗憾地发现，阿尔巴尼亚的研究发展完全靠学者个人，那些在众多场合代表科学院的人与政治有密切联系，却没有做出国际认可（或可索引）的贡献。虽然阿尔巴尼亚的科学研究成果微乎其微，但值得注意的是，海外的阿尔巴尼亚研究人员在特定的专业领域颇有建树。当然，他们都隶属外国。但是，这表明阿尔巴尼亚科学发展潜力巨大，只是尚未充分开发。30多年来，这种现象已成为一种常态。

11 月 26 日的地震

11 月 26 日凌晨 3 时 54 分,阿尔巴尼亚人在里氏 6.4 级的强烈地震中惊醒。地震持续了 30 秒,首都地拉那和距震中 370 公里远的地方都有震感。这是该地区在 3 个月内发生的第二次地震。这是 40 多年来阿尔巴尼亚遭受的最强烈地震,是 99 年来最致命的地震,也是 2019 年以来世界上最致命的地震。

在 52 名丧生者中,25 人来自杜拉斯(Durrës),24 人来自图曼拉(Thumanë),库尔宾(Kurbin)、勒热(Lezhë)和地拉那分别有 1 人。死者中有 7 名 2—8 岁的儿童。11 月 30 日,总理拉马宣布搜救行动结束,预计瓦砾下不会有更多的尸体。3000 多人受伤,12000 人无家可归,阿尔巴尼亚全境 7900 座建筑物遭到破坏。

阿尔巴尼亚政府制订了一项财政补偿计划,向死难者家属发放子女助学金、老年养老金和每户约 8000 欧元的抚恤金。国家重新配置预算,以应对地震后的局势。拉马曾表示,2020 年的预算草案将为房屋建设提供建设资金,费用约为 6000 万欧元。随着世界各地数百万人向受害者和流离失所者表示声援和巴尔干邻国的大力支持,以及私人和国家筹款活动的展开,资金、食物、衣物等捐赠物品涌入阿尔巴尼亚。

这场悲剧揭露了什么?

前所未有的团结。这场自然灾难发生后,切实的援助和支持随即流入受灾地区,这是数十年未曾目睹过的现象:志愿者、各类组织、搜救队、食物、衣物、为捐赠设立募捐点以及阿尔巴尼亚所有社交媒体都动员起来帮助流离失所者。除了国际社会通过政府捐款提供的支持外,还有 3 个决定性的救助来源让整个国家铭记于心:阿尔巴尼亚侨民;来自科索沃、北马其顿和黑山的阿尔巴尼亚人;以及意大利、希腊、塞尔维亚、保加利亚等邻国。生活在国外的阿尔巴尼亚人一直是这个国家生存的重要源泉。通过这次地震,阿尔巴尼亚侨民再次用自己的行动表明,他们随时准备为祖国提供帮助。当第一批搜救队从科索沃抵达阿尔巴尼亚时,数以百计的救援人员以难以置信的人道主义精神和空前力量与当地人合作,成千上万的科索沃家庭向流离失所者敞开了大门。而阿尔巴尼亚的邻国同样令人难忘，在震后的前期，塞尔维亚和科索沃消防队员通力合作，共同寻找阿尔巴尼亚幸存者。这表明在灾难面前，人性和团结仍然可以遍布整个巴尔干地区。

阿尔巴尼亚人的住房反映了该国目前的经济状况。地震过后，聚光灯和摄像机都前所未有地聚焦于阿尔巴尼亚人简陋的房屋。遗憾的是，出现在人们面前的只有岌岌可危的建筑物、简陋的住房、匮乏的基本设施和极度缺乏的家庭基本财政资源。这是大多数阿尔巴尼亚人令人心酸的生活现实。这一现实也呈现在那些只知道地拉那而不知阿尔巴尼亚其他地区的人面前。

城市规划与腐败。阿尔巴尼亚专家非常清楚，该国地处一个活跃的地震带上。除此之外，地震造成的大部分损失都可归咎于腐败、违反法规和不合格的建筑，这些现象自20世纪90年代初政权更迭后屡见不鲜。阿尔巴尼亚检察官已发起起诉，调查建筑行业内违反法规和非法建筑的行为。有消息称，12月中旬，有9人因谋杀和滥用职权被拘捕，其中包括2名倒塌酒店的业主。另外还有8人涉嫌不遵守安全规定。

这类自然灾害再次凸显了严谨的城市规划的重要性。城市规划源于国家层面的建设规划，即中央政府根据专家的建议来管理人口分布。然而，到目前为止，很少就这一问题征求专家意见，大多数城市规划都由政府官员管理。

结语

回顾历史，阿尔巴尼亚人绝对不会认为2019年值得怀念。2019年的巨大损失和人祸使得国民苦不堪言，并给这个国家带来了一系列悲惨的教训。艰苦的生活条件和结构性问题似乎还不够，天灾也给阿尔巴尼亚人带来了苦难。尽管所有人的情感和祈祷都献给了灾区人民，但未受地震影响的民众还是以典型的阿尔巴尼亚方式（追求美好生活的决心和渴望）迎接2020年。

（作者：Marsela Musabelliu；译者：徐圣明；校对：郎加泽仁；审核：刘绯）

第四节　西线无战事：2019年阿尔巴尼亚对外关系回顾

引言

不全面分析其他国家的存在和影响，就不可能完全理解阿尔巴尼亚政治局势的复杂性。的确，驻该国的外国外交官、代表、使团和使馆不仅在国内事务中具有重要发言权，而且在许多重要事务上，对于应该采取怎样的行动有决定权。同时他们也对影响整个国家的重大事件及其结果有话语权。这些影响对阿尔巴尼亚政客或统治阶级来说从来都不是问题。相反，强大的国际行为体对其诸多立场的支持，已经强化了一个又一个政治派别的政治意愿和行动。即使在当地遭到反对，国际支持也被视为合法的标志。

2019年的情况与上述相差不远：阿尔巴尼亚国内的每个政治举动都咨询了该国战略伙伴和对其最有影响力的国家。2019年，有关对外关系的主要辩论有六大特点：反对派抗议期间拉马获得国际支持；6月与欧盟的入盟谈判未能成功，10月再遭欧盟拒绝；司法改革及其美国蓝图；关于巴尔干"迷你申根"的辩论；以及公众话语越来越多地涉及中国。

抗议期间国际社会对埃迪·拉马的不懈支持

2019年前6个月的特点包括：国内政治危机，每周举行抗议和暴力示威活动。这丝毫没有损害拉马及其政府在国际舞台上的形象。相反，拉马的观点几乎得到了一致的聆听、关注、证实与支持，各方发表的声明都强调了对"阿尔巴尼亚法治和机构可靠性"的支持。然而，这些声明在当地被视为外国政府批准拉马行动和讲述如何解决内部政治分歧的明确标志。有关阿尔巴尼亚的演讲的主要内容是谴责抗议活动和反对派脱离议会。谴责最初来自西欧国家，美国紧随其后。这些具有针对性的谴责没有留下误会的余地——阿尔巴尼亚反对派因拉马受到众多支持而遭遇沉重打击，于是抗议活动开始减少，直至所有动乱消失。

拉马将国际社会对法治的支持解释为对政府的直接支持，并因此向阿尔巴尼亚人宣称这种支持具有合理性和合法性。国际社会支持拉马的主张，就意味着他对内部政治危机的态度是合适的。如同在危机时期一样，情况并非完全非黑即白。国际社会的确支持拉马及其主张，但可以争论的是，是否任何执政者都会得到同样的支持。最终，他们的目标是实现内部稳定——这些外国代表令陷入困境的阿尔巴尼亚人"头疼不已"。拉马的公共技巧使得这种支持符合自己的政治目标。但是，当最需要这种支持以使阿尔巴尼亚受益时（与欧盟开启入盟谈判），却无处可寻。

布鲁塞尔的双重拒绝

2019年6月，阿尔巴尼亚的国内政治事件成为焦点。抗议、不确定性、选举和竞选活动使阿尔巴尼亚错失了一个非常关键的时机——错过了与欧盟进行入盟谈判的最后期限。欧盟再次推迟了对阿尔巴尼亚而言非常重要的谈判，并对这一决定的起因和意图进行了一系列解释。阿尔巴尼亚对该新闻及本国的其他所有问题都持双重看法。对反对派来说，这是欧盟向拉马政府发出的明确信号：没有管理好自己的国家，所以无法开启入盟谈判。民主党指责政府未打击有组织犯罪和内部腐败。他们还认为，领导人拉马应该为其他欧洲人对阿尔巴尼亚的种种看法负主要责任。这种说法一直在重复，并且在某种程度上已经过时。对他们而言，总理应该为该国的所有错误负责。

另外，代理外交部部长称，欧盟应该在2019年与阿尔巴尼亚开启入盟谈判，但这并不是一条令人鼓舞的消息。然而，他又说，阿尔巴尼亚不会指责，也不能决定欧洲理事会的议程。因此，等到10月才能得知最终决定。政府的说法并不能反映真实情况。拉马总理似乎不愿接受另一次失败，"欧洲发出了非常积极的信号！但阿尔巴尼亚却在抵抗！"然而，阿尔巴尼亚真的在抵抗吗？

阿尔巴尼亚实际上正在苦苦挣扎，因为解决问题不能只靠地拉那，所以唯一的希望仍然是加入欧盟。随着另一个截止日期的推迟，这一希望日渐破灭。"脱钩"（对阿尔巴尼亚和北马其顿而言）的可能性是阿尔巴尼亚面临的又一个困境，这或许是阿尔巴尼亚外交部最担心的问题。阿尔巴尼亚外交部知道，如果布鲁塞尔官僚机构在阿尔巴尼亚和北马其顿入盟进程问题上产生分歧，阿尔巴尼亚就要掉队了。

在更多情况下，这种推迟会带来相当大的风险。如果欧洲对满足所有要求的国家缺乏明确的看法，那么欧盟就可能会失去其在所有巴尔干国家的影响力和吸引力。在阿尔巴尼亚人看来，通过实施司法系统审批程序（欧盟最强调的要求），布鲁塞尔希望阿尔巴尼亚能够实现事先承诺的目标。不兑现该诺言，又如何激励国内参与者在"任何情况下"都奋力前行呢？

10月的拒绝

阿尔巴尼亚预计欧盟会再次拒绝，但不知道其拒绝程度。阿尔巴尼亚入盟的强烈愿望不仅遭到了拒绝，而且还遭到谴责和强烈反对。10月18日，欧洲理事会取消了与阿尔巴尼亚和北马其顿的入盟谈判。马克龙的反对最强烈，且拥有停滞这一进程的否决权（得到荷兰和丹麦代表的大力支持）。对于落后的西巴尔干国家，法国长期以来持保守和顽固的立场（尤其是对阿尔巴尼亚）。而这些国家现在正渴望成为欧盟成员国。欧洲理事会针对阿尔巴尼亚和北马其顿的决定将产生区域性影响。对该地区国家寻求进步、一体化，以及欧洲对于亲西方自由政治家的支持都是沉重的打击。

地拉那的许多专家认为，西巴尔干人口减少是未能进行谈判的最严重后果。这既是抗议被孤立的结果，也是抗议欧盟不予"接纳"的结果。这些国家本来对欧盟寄予厚望，但这一希望现在却被欧盟熄灭了。

谁之错？

阿尔巴尼亚未开启谈判就遭遇失败存在巨大的疑问，也许会危及阿尔巴尼亚的整个一体化道路。这是阿尔巴尼亚的表现造成的后果，还是主要与内政和欧盟的犹豫不决有关？阿尔巴尼亚政府坚持一贯的立场："不是阿尔巴尼亚的错，我们做得越多，也被要求得越多。"举一个简单的例子便可以证明，这并非完全正确：德国联邦议院提出的条件从5个增至9个，对阿尔巴尼亚入盟最"宽容"的国家再次提高了门槛。因此，是阿尔巴尼亚缺乏绩效，且情况有所恶化。另外，马克龙用阿尔巴尼亚族寻求庇护者人数的增加来证明他的"否决"是正当的，但欧盟统计局的数据并不支持这一点。

无论是欧盟内部混乱还是阿尔巴尼亚机构无能，阿尔巴尼亚人民都将面临被持续孤立带来的后果。

司法改革及其美国蓝图

经过3年的激烈辩论和政治冲突之后，司法改革开始有些眉目，2019年12月中旬成立了特别反腐败和有组织犯罪机构（SPAK）。这个独立机构包括两个主要部门：特别检察署和国家调查局。SPAK通常被称为未来的"阿尔巴尼亚联邦调查局"。这是该国的新宪法机构，将负责调查和起诉腐败、有组织犯罪和高级官员的不法行为。迄今为止，掌权者、有裙带关系者以及阿尔巴尼亚"贱民"是该机构的目标。前任与现任官员的财产、银行账户和金融资产将受到审查——但愿如此！

美国积极参与这一实施司法改革的新机构的创建，并不是一项隐秘的议程。实际上，大多数阿尔巴尼亚人都接受这一事实。这主要是由于民众对当地机构的信心不足。有时，这还被认为能够对该国新司法合法性起过滤作用。

SPAK被认为是这项司法改革皇冠上的明珠。因为它进行了宪法修改，并使其成为现实。并且，对阿尔巴尼亚人来说，惩治数十年间不受惩罚的严重腐败，是他们唯一的希望。美国临时代办摩西·温司（Moses-Ones）在2019年年底表示："美国一直与阿尔巴尼亚站在一起，我们鼓励这些巨大的变化。3年前一致通过进行改革时，我们与阿尔巴尼亚站在一起；在建立司法和检察委员会期间，我们与阿尔巴尼亚站在一起；在SPAK建立之初，我们仍与阿尔巴尼亚站在一起。请放心，随着司法改革重塑你们的未来，我们将继续与阿尔巴尼亚站在一起。"

如今，阿尔巴尼亚国内有关美国影响力的辩论话题是："美国在阿尔巴尼亚司法的未来中将扮演什么角色，是领导者还是支持者？"不论美国在这一问题上的影响如何，有一件事是肯定的：与地方当局相比，阿尔巴尼亚人更相信外国的审查制度。无论如何，他们自身都没有过错——这就是30年的腐败政治对一个国家的观念造成的影响。

大规模的腐败和缺乏问责制是一个严重的问题，因此阿尔巴尼亚需要新的工作思路和专门机构。这是通往正义的独特道路，是专门为阿尔巴尼亚的需求量身定制的。

"迷你申根"

与邻国建立共同市场的想法已经在阿尔巴尼亚和其他西巴尔干国家中流传了数十年。但是，由于先前存在的明显冲突，它从未在实际的合作框架中实现。这是正确的尝试吗？2017年，的里雅斯特西巴尔干峰会涉及了连通性议程、区域经济一体化计划、私营部门发展以及扩大人与人之间的联系，最为重要的是为建立巴尔干共同市场铺路。近两年，在上述基础上，西巴尔干地区的3位领导人——埃迪·拉马、亚历山大·武契奇（Alexander Vucic）和佐兰·扎耶夫（Zoran Zaev）积极地创建了这个"巴尔干共同市场"。实际上，在2019年10月10日第一次会议上，阿尔巴尼亚、塞尔维亚和北马其顿在诺维萨德签署了关于区域合作的宣言。随后的会议于11月10日在奥赫里德举行，第三次会议于12月20日在地拉那举行。

通过效仿欧盟的《申根协定》，西巴尔干国家开始扩大它们之间的合作。但是，这个倡议在动荡的巴尔干地区真的可行吗？谁是它的主要受益者？为了更好地分析其真正含义，我们认为，截至2019年年底可以对该倡议进行3个主要方面的评估：经济、认知、地缘政治。

从经济角度来讲，货物和资本自由流动始终是国家间合作的良好标志。实际上，支持该倡议的所有声明都强调了"建立一个2000万人口的市场"并确保所有参与者的巨大经济利益。然而，可以观察西巴尔干各国之间经济交流的真实数据，并同时进行预测。这是基本的经济学逻辑，即消除跨境壁垒总是有利于出口最多、生产基础最先进的国家。从各方面考虑，在潜在的"迷你申根"中，出口最多并拥有最发达工业基础的国家是塞尔维亚。阿尔巴尼亚经济学家预见到了巨大的损失，特别是对阿尔巴尼亚农业而言——其已经处于不利地位。由于销售增长缓慢和来自国外的竞争，12月下旬，数百名阿尔巴尼亚农民不得不销毁他们的产品。他们争辩说，因为没有政府补贴，他们将很快破产。其他地区的生产者将接管阿尔巴尼亚市场，尤其是塞尔维亚。塞尔维亚在2019年向农林水务部提供了最多的补贴（约362亿第纳尔）。

在认知领域，至少在阿尔巴尼亚，形势更为微妙且敏感——所有的认知都集中在民族主义问题上，主要是由于拉马对科索沃，尤其是对拉穆什·哈拉迪纳伊（Ramush Haradinai）的态度。当科索沃被邀请参加地拉那（不是在诺维萨德）的会议时，普里什蒂纳拒绝参加。阿尔巴尼亚总理在接受采访时采取了毫无意义的举动，他平静地说科索沃在这一过程中自我排斥在外。他支持武契奇，并认为哈拉迪纳伊的讲话具有欺骗性。这足以引发一场反拉马宣言的媒体风暴：拉马抛弃了科索沃，而且他正在损害本国利益。在爱国者对抗叛徒的戏剧式游行中，话语拨动了更深层次的历史问题。也许这就是拉马想要的——将焦点从内部问题转移到另一场"媒体大秀"中。

在地缘政治方面，情况更加复杂，并且时机至关重要。在"迷你申根"诞生之际，有传言称欧盟正在阻止这些国家的一体化进程，并且比以往任何时候都要坚决。通过巴尔干联盟破坏欧盟在西巴尔干地区的影响并非真正的合作意图，而是迫切希望引起注意。该倡议的实质和内容到底是什么尚待确定。此外，总体而言，无论该倡议如何深入，至少在这一范围内，它将受到制约。西巴尔干地区面临的实际挑战更加复杂，需要通过更全面和多边的渠道去了解。最后，同样重要的是，通过现阶段的评论、分析和媒体报道可以看出，巴尔干的所谓"迷你申根"在阿尔巴尼亚没有得到广泛支持。

公共话语中的中国

阿尔巴尼亚对中国知之甚少，但在 2019 年，阿尔巴尼亚媒体还是在一定程度上报道了中国高级官员访问欧洲并与杜布罗夫尼克和布鲁塞尔的官员举行会谈。阿尔巴尼亚总理拉马和中国总理李克强在中国—中东欧国家合作框架内的杜布罗夫尼克峰会和第四届首都市长论坛上会面，中国受到了阿尔巴尼亚公众的关注。这些事件可能成为重建中阿总体关系的重要里程碑。

阿尔巴尼亚对中国和俄罗斯一视同仁！

政治家和公众人物多次声明了中国和俄罗斯在巴尔干地区的影响，这反映了阿尔巴尼亚对现代中国缺乏适当的分析。在各种情况下，这两个国家得到了相同的评价。从历史、政治、社会或经济角度来看，这种一视同仁在各方面都是误入歧途。在大多数情况下，阿尔巴尼亚的广播节目只是复制西方媒体或官员对俄罗斯和中国对巴尔干构成"威胁"的报道。没有任何合理的联系或证据来支持它。

但是，俄罗斯与巴尔干国家的关系和中国是两个截然不同的问题。尽管人们一直认为俄罗斯具有对阿尔巴尼亚发挥政治影响力的基础（并多次得到证明）。但是，截至 2019 年，中国的做法在经济上是务实的，而且比任何时候都更重要。也许是为了更好地阐明中国对阿尔巴尼亚的意图，周鼎大使在 10 月明确表示："中国对在该地区和世界任何地区玩地缘政治游戏不感兴趣。我们与阿尔巴尼亚等国家开展合作，完全基于传统友谊和合作共赢原则。世界上有些人总是戴着有色眼镜看中国，但事实胜于雄辩。"只是希望在不久的将来在阿尔巴尼亚有对中国的适当研究和描述。任何国家都难免受到历史潮流的影响，所以任何称职的政治机构，包括阿尔巴尼亚在内，都应适当地回应中国在国际事务中的领导作用。

总结

2019 年是外交事务繁忙的一年，遗憾的是，声明多过行动。阿尔巴尼亚正处在一个十字路口，并且仍然渴望成为欧盟的一部分。对于阿尔巴尼亚人来说，加入欧盟的意义不仅在于获取一席之地，还在于这对急需的经济增长、安全和国内有意义的改革而言是一个机会。只要"欧洲计划（European Project）"足够强大并且愿意坚持下去，阿尔巴尼亚仍然有机会成为其成员国。阿尔巴尼亚决心不惜一切代价走欧洲之路，但结果只能取决于布鲁塞尔扩大的欲望是大还是小。

（作者：Marsela Musabelliu；翻译：尤诗昊；校对：郎加泽仁；审核：刘绯）

第 二 章

爱沙尼亚

第一节 2019 年的爱沙尼亚内政

爱沙尼亚是一个拥有百年历史的国家。对于一个仅有 130 万人口的欧洲小国而言，这是一个巨大的成就。爱沙尼亚在世界上最具毁灭性的战争中幸存下来，历史上屡次被占领、被驱逐，并损失了约 5% 的领土。然而，爱沙尼亚走出了黑暗的历史，成为欧盟和北约的正式成员国，并且能以有史以来最好的经济状态自豪地庆祝独立 100 周年。与此同时，虽然 2018 年爱沙尼亚举办了很多重大的庆祝活动，但对政府而言，2019 年的所有努力都是为了确保该国不仅因历史悠久而闻名。2019 年年底，爱沙尼亚总统柯斯迪·卡柳莱德（Kersti Kaljulaid）在接受《邮差报》（*Postimees*）的采访时强调，虽然取得的成果足以令她的国家感到自豪，"但前景也令人担忧。我们今年播下的种子不够完美，不知道它们会结出什么样的果实"。

为了巩固在国际社会中的地位，爱沙尼亚的民主制度需要展示其抵御一系列严重危机的能力。这些危机也包括政治精英巧妙地为自己"设计"的危机。对像爱沙尼亚这样运行良好的西方自由主义民主体制而言，相继举办爱沙尼亚议会选举和欧洲议会选举使 2019 年成为更具挑战性的一年。2019 年爱沙尼亚调动全部有效机制，加入了对抗"后真相时代"的破坏性民粹主义的战斗。为了进一步认识爱沙尼亚国内政治，我们需要将那些具有地缘战略意义、能够引发动乱的国际因素（如中美关系、俄乌战争、难民问题、气候变化危机和英国脱欧等）排除在分析框架之外。

爱沙尼亚议会选举

2019年3月，爱沙尼亚议会选举圆满结束。对整个国家来说，议会是该国政治活动的中心，也是一切政治活动的舞台。议会组建政府、通过法律、选举国家总统。但更重要的是，它是爱沙尼亚公民政治权力的唯一来源。与往常一样，在竞选期间出现了大量有关未来政府联盟构成的预测。2019年3月之前的几乎所有预测都基于一个假设，即任何一个期待进入第14届爱沙尼亚议会的政党，都无意与爱沙尼亚保守人民党（Conservative People's Party of Estonia）联合组建新政府。选举前，该党相对成功且广泛地利用极端民粹主义和仇外心理吸引了选民的注意力。

实际情况并不太理想。爱沙尼亚最终组建了一个少数派政府。保守人民党成功获得了包括财政部和内政部在内的5个部长职位。尽管爱沙尼亚改革党（Estonian Reform Party）赢得了28.9%的选票，但未能成功主导新一届政府的组建过程。这主要是因为，在总统授权改革党领导人卡娅·卡拉斯（Kaja Kallas）正式启动组建工作之前，爱沙尼亚中间党（Estonian Centre Party，赢得了21.3%的选票）、保守人民党（赢得了17.8%的选票）和祖国联盟—共和国党（Pro Patria，赢得了11.4%的选票）就已经提前议定了未来可能的执政联盟协议。整个国家不久后便意识到，那些在选举前公开谴责保守人民党的高层政客们改变了想法，因而可能出现更多的政治妥协。毕竟，保守人民党成功获得了9.9671万张选票，为该党争取了12个议会席位（比上一届议会的席位增加了271%）。在这一背景下，上一届政府总理于里·拉塔斯（Jüri Ratas）和他领导的中间党突然发现自己有机会继续领导新一届政府。于是，拉塔斯决定抓住这个机会，但代价是自己和政党的声誉受损。

有关2019年议会选举，我们需要关注爱沙尼亚选民如何做出投票决定。虽然此次选举63.7%的投票率非常高，但24.7232万名选民是以电子方式投票的，占总投票人数的43.75%。这比率几乎令人难以相信，特别是将这个波罗的海的北欧小国爱沙尼亚与一些在电子治理领域更"富有经验"的民主国家进行比较时。根据目前的预测，在2023年议会选举期间，大多数选民可能会通过电子方式投票。在2019年5月欧洲议会选举期间，尽管总投票率远没有3月的数据令人印象深刻（33.2859万人参与投票，投票率为37.6%），但有46.72%的爱沙尼亚选民决定使用互联网投票。

欧洲议会选举

鉴于爱沙尼亚于3月和4月进行了政府变动，而且新政府成立后中间党的支持率急剧下降，2019年5月的欧洲议会选举被视为该国主要反对派（改革党和社会民主党）公开进行政治复仇的机会。这的确是一场复仇。玛丽娜·卡尤兰德（Marina Kaljurand，社会民主党）、安德鲁斯·安西普（Andrus Ansip，改革党）和乌尔玛斯·佩特（Urmas Paet，改革党）分别以65549票、41017票和30014票的成绩，成为爱沙尼亚欧洲议会候选人中的前三名。

在最新一届欧洲议会中，爱沙尼亚向欧洲议会贡献了该国3位前外交部部长，即乌尔马斯·佩特、玛丽娜·卡尤兰德和斯文·米克塞尔（Sven Mikser），还有前欧盟委员会副主席安德鲁·安西普。如果英国脱欧最终导致英国议员离开欧洲议会，那么前爱沙尼亚国防军司令里霍·德拉斯（Riho Terras，祖国联盟—共和国党）也有可能成为欧洲议会议员。因为爱沙尼亚应获得一个额外席位，而该席位将被德拉斯获得。

无所不在的保守人民党

毫不夸张地说，保守人民党在2019年彻底改变了爱沙尼亚政治。自3月爱沙尼亚议会选举以来，爱沙尼亚政府每周讨论的问题都直接或间接地与保守人民党有关。确切而言，是与该党领导人马特·赫尔姆（Mart Helme）有关。数不尽的丑闻迫使保守人民党推选的3位部长马丁·库西克（Marti Kuusik）、克尔特·金戈（Kert Kingo）和马特·贾维克（Mart Järvik）相继辞职，而于里·拉塔斯也逐渐失去了作为总理的信誉。当政府内部凝聚力似乎有所减弱之时，内政部部长马特·赫尔姆决定测试一下这一凝聚力的极限。他在爱沙尼亚广播电台TRE Raadio的政党脱口秀节目"让我们谈谈"（Räägime）上恶意抨击芬兰（爱沙尼亚的亲密盟友）新任总理桑娜·马林（Sanna Marin）。他表示："现在我们看到，一个推销女郎成为总理，还有其他一些街头活动分子和没受过教育的人进入了内阁。"

在绝大多数爱沙尼亚政治精英看来，丑闻缠身的保守人民党的闹剧显然远远超出了通常可以接受的范围。在爱沙尼亚既享受过自由又被占领过的百年历史中，这是该国政府官员第一次对芬兰总理发表攻击性评论。总统卡柳莱德在被问及是否对这一令人震惊的行为感到愤怒时，她回答道："我没有生气。用震惊和悲伤来形容我的感受更为合适。"针对这一事件，乌尔马斯·佩特的发言在反对派中是最直言不讳的："在广播节目中论及芬兰政府正试图摧毁自己的国家，这是一个长期的精神问题。然而以这种方式发表言论并损害爱沙尼亚与重要邻国关系的人，是由拉塔斯领导的爱沙尼亚政府中的一员。虽然拉塔斯最近曾表示，议会中那些'脑死亡'的议员和侮辱人民的言论首先损害了爱沙尼亚的政治和政府，但马特·赫尔姆的所作所为更是一种危险的愚蠢行为，它削弱了爱沙尼亚与其最亲密盟友的关系。"

但是，截至2019年年底，爱沙尼亚政府仍没有发生任何人事调动。这意味着马特·赫尔姆仍然是该国内政部长。据新闻门户网站Delfi.ee引用安德鲁斯·安西普的话报道，政府联盟不会只因为马特·赫尔姆的离开而崩溃。如果情况真将如此，那么爱沙尼亚的政治将勉强通过2019年的考验。

（作者：E-MAP基金会；翻译：林佳文；校对：马骏驰；审核：刘绯）

第二节　2019年爱沙尼亚经济发展回顾

反映爱沙尼亚2019年经济发展的最终数据还需一两个月才能统计完成，但本节将主要梳理爱沙尼亚经济各个层面的相关观点。不同的分析角度或数据收集方法，会产生不同的观点。在此，十分有必要关注两大事件：洗钱丑闻和油页岩产业。

洗钱丑闻

在2018—2019年的几份简报中曾提及洗钱丑闻。这些洗钱行为冲击了波罗的海国家的金融体系。爱沙尼亚置身于如此大规模的金融事件实属罕见，因为此前该国金融业以鲜少卷入负面金融活动而享有国际声誉。爱沙尼亚国内主要的商业银行都来自北欧国家。众所周知，斯堪的纳维亚国家属于世界上腐败水平最低的国家。然而，正如《经济学人》所言，这一涉及多方的大规模洗钱丑闻致使北欧银行形象受损。

2018年丹麦丹斯克银行（Danske Bank）的丑闻已严重损害了爱沙尼亚的声誉，而2019年更是雪上加霜。2019年3月，有媒体报道称，瑞典银行（Swedbank）在2010—2016年通过其爱沙尼亚分行，每年为高风险商业用户（主要是俄罗斯人）处理高达200亿欧元的交易。瑞典银行连续多年保持了爱沙尼亚最大银行机构的地位。截至2017年12月31日，瑞典银行占爱沙尼亚本国市场份额的40%。因此，该银行必须迅速做出回应。同年6月，瑞典银行对洗钱事件进行了内部调查，并解雇了其爱沙尼亚分行的首席执行官和财务总监。11月，爱沙尼亚财政部部长马丁·赫尔梅（Martin Helme，保守人民党，EKRE）表示，俄罗斯特种部队利用瑞典银行扰乱其他国家的稳定。他还表示："令我们不满的是，瑞典银行没有向爱沙尼亚金融监管局（Estonian Financial Supervision Authority）坦白一切。他们一直在隐瞒信息或提供误导性信息。我不知道这是出于何种原因。事实上，瑞典银行以前就对爱沙尼亚金融监管局不够坦诚，这是一个严重的问题……我们认为爱沙尼亚是主要的受害者。因此，若这一事件以缴纳罚款告终，那么，其中大部分应交给爱沙尼亚。"

令众人感到惊讶的是，该银行行业危机并未对爱沙尼亚经济造成巨大的负面影响。其主要原因在于，爱沙尼亚金融市场规模相对较小，且瑞典银行（和北欧其他主要银行）的复苏能力较强。此外，人们普遍认为，爱沙尼亚政府需要与欧盟委员会合作解决这一问题。总理于里·拉塔斯在全面了解事件始末后宣布，爱沙尼亚政府决定在2020年额外向警察和边境管理局（Police and Border Guard Board）拨款160万欧元、向检察院拨款30万欧元，以提高其反洗钱能力。这一决定恰逢其时。因为据报道，欧洲理事会评估反洗钱和反恐融资措施专家委员会（Council of Europe's Committee of Experts on the Evaluation of Anti-Money Laundering Measures and the Financing of Terrorism）将重新对爱沙尼亚进行评估。相关人员将评估爱沙尼亚的法规执行能力及其机构打击洗钱的实际能力。

油页岩产业

在战略能源资源方面，爱沙尼亚的油页岩占据了绝对主导地位。与油页岩相关的产业约占爱沙尼亚GDP的4%。油页岩产业曾在20世纪90年代帮助爱沙尼亚捍卫了本国的经济主权，避免其成为另一个"白俄罗斯"（几乎完全依赖俄罗斯能源）。如今，在气候变化问题被提上讨论日程的同时，爱沙尼亚发现其油页岩产业存在环保方面的问题，但目前情况尚不严重。据报道，如果爱沙尼亚放弃油页岩产业，每年将损失约10亿欧元，减少1.3万个工作岗位，同时还会造成电价上涨。但若停止油页岩开采，爱沙尼亚温室气体的排放量将减少约90%。

由此看来，目前的处境可谓进退两难。现任欧盟委员会负责能源事务的爱沙尼亚委员卡德莉·西姆森（Kadri Simson）对此很难提供协助。毕竟该委员负责在欧盟内推动实现"2050年气候中和目标"，而爱沙尼亚是欧盟正式成员国。目前，爱沙尼亚能源公司（Eesti Energia）正在收集各类数据，以评估相关工作。其首席执行官汉多·萨特（Hando Sutter）对实现2050年目标持积极态度。他认为，即使油页岩产量在未来继续增长，只要处理得当，就不会产生较大问题。"为了实现气候中和目标，我们需要从环境保护、环境负担能力和安全的角度分析每项投资，并充分利用当地的资源和专长，因为这将为爱沙尼亚创造更多的价值……多年来，能源业一直是爱沙尼亚经济的支柱……油页岩产业并不是国家实现气候目标的阻碍。"在过去一年中，油页岩直接发电量已减少了50%，而且由于老旧生产设施关闭和二氧化碳价格上涨，直接发电量将进一步减少。

西姆森委员就此问题表达了自己的看法。她认为，无论欧盟设定的2050年目标是什么，爱沙尼亚都并非必须在2020年就达到这个目标。谈及问题的实质时，西姆森指出，爱沙尼亚对减少二氧化碳排放和可再生能源的重视程度，远远超过欧洲平均水平。"从这个意义上说，我们没有什么可害怕的……煤只能在固体形式下发电，但油页岩发电的生态意义则远不止于转化成页岩油。因此，我们可以在转型时期更加节约地使用我们的战略资源。"

与油页岩有关的讨论是一个具有政治意义的重大问题。爱沙尼亚最大的油页岩产能分布在东维鲁州（Ida-Virumaa）。该州的主要居民属于俄语群体。总理所在的中间党在东维鲁州历来享有较高的支持率，主要原因在于该党对爱沙尼亚社会中俄语群体的关注。放弃油页岩产业，意味着许多人将面临失业。这一负面影响将损害东维鲁州的经济稳定。因此，于里·拉塔斯认为，有关环境问题的辩论和欧盟到2050年实现碳中和目标将是2020年最重要的议题。在接受国家主流俄语公共频道ETV+采访时，总理阐述了他对这个问题的看法。他表示，"几十年来，油页岩一直是我们最重要的资源，为我们的经济奠定了基础。目前，我们有60%以上的电力来自油页岩。问题在于未来油页岩产业将如何发展，因为发电量将越来越少……气候政策涉及三个领域：自然、经济和社会环境。但是，在这样一个宏伟的气候目标背后，部分国家需要投资。比如爱沙尼亚的油页岩和波兰的煤炭。"

毫无疑问，洗钱丑闻和与油页岩相关的问题将在2019年画上短暂的句号。2020年，有关这些问题的讨论将继续，并且还会出现其他新话题。新的欧盟委员会将在2020年阐述其在许多问题上的战略立场，所以爱沙尼亚将更容易从经济角度预测其未来的发展走向。

（作者：Vlad Vernygora，E-MAP基金会；翻译：陈悦；校对：马骏驰；审核：刘绯）

第三节 2019年的爱沙尼亚：伟大的"小"社会

对个人而言，任何重大事件或纪念日都是彰显自己身份认同和经历的好机会，然而，当他代表整个社会时，就会反映出更加丰富的内容——整个过程可视为社会整体构建的一部分。2019年，多元化的爱沙尼亚有很多机会成为一个更有凝聚力的社会文化体。但爱沙尼亚的政坛则完全是另一回事。该国的政客几乎没什么作为。事实上，可以明显地看出，爱沙尼亚的政治远远落后于其社会发展。

2019年6月，丹麦女王玛格丽特二世高调访问爱沙尼亚。这一访问不仅关乎两国的外交关系，对爱沙尼亚的社会也产生了显著的影响。有关爱沙尼亚应被视为北欧国家的主张被再次深化。这是一个十分重要的场合。那个有着800年历史的英雄传奇讲述了这么一个故事：在中世纪一场激烈的战争中，一面绣着白色十字架的红色横幅从天而降。而这个故事几乎变成了现实。1219年6月15日，据说人们在顿比亚城堡（Toompea）的高地上见证了一个奇迹：在一些爱沙尼亚古老部落对抗丹麦王国部队及其德意志盟军的战争中，被称为"丹尼布洛"（Dannebrog）的丹麦国旗从天而降，帮助丹麦国王在现在的塔林（爱沙尼亚语为"Tallinn"，源自爱沙尼亚语单词"linn Taani"，意为"丹麦小镇"）赢得了战争。这个关于世界上最古老国旗的美丽传说，再加上丹麦女王的访问，引起了爱沙尼亚人极大的兴趣。因为这位客人再次提醒爱沙尼亚，这个小国源自北欧。在爱沙尼亚音乐厅举办的一场音乐会将这一特别时刻推向了高潮，让爱沙尼亚和丹麦将一个具有神话色彩的重要历史时刻，变成了一个表现现代爱沙尼亚和丹麦友谊的伟大故事。

与此同时，历史和神话并不是社会构建中唯一能够提供有效框架的因素。参与电影拍摄可能是另一个不错的选择。克里斯托弗·诺兰（Christopher Nolan）是一位国际知名导演，有10部重要作品获得了奥斯卡奖提名。诺兰为爱沙尼亚社会构建同样做出了重大贡献。2019年6—7月，成千上万来自爱沙尼亚全国各地以及拉脱维亚、芬兰和其他一些国家的民众来到塔林，参与拍摄由华纳兄弟制作、备受关注的电影《信条》（Tenet）。该电影将于2020年夏季上映。可以说，这是在波罗的海国家拍摄的第一部如此高水平的电影，也使塔林市第一次体验了电影拍摄场地的"日常"生活。带着罗伯特·帕丁森（Robert Pattinson）在塔林老镇漫步的回忆，整个爱沙尼亚都对这部电影迫不及待。因为这部电影使这个国家进入了好莱坞大片。

对于爱沙尼亚而言，音乐会就等同于"生活"。自1869年6月以来，爱沙尼亚举办国家歌唱节的传统已延续了150年。2019年7月，第27届国家歌唱节（Laulupidu）暨第20届舞蹈节在塔林举行。每一项有关的统计数据都凸显了活动的真实意义。例如，歌唱节第二场和最后一场音乐会总共约6万张门票提前售罄。歌唱节共计有3.5万人参与表演——举办歌唱节的场地Lauluväljak能容纳多达10万人，换言之是全国人口的8%左右。除了数千名当地民众外，来自14个国家的25支民间舞蹈团代表和旅居海外的爱沙尼亚人参加了此次活动，表演了"爱沙尼亚，团结的国家"（The Uniting Country is Estonia）。爱沙尼亚社会在诸多层面上是多种因素相结合的"产物",而举办歌唱节的传统也是这些因素的主要组成部分。歌唱节过后,爱沙尼亚总统柯斯迪·卡柳莱德在向全国民众发表的新年前夜讲话中,高度评价了整场活动:"爱沙尼亚的青年知道如何在成为全球公民的同时,继续保持爱沙尼亚的身份认同。他们既来自世界,又来自爱沙尼亚。"

欧盟机构在选择 2024 年"欧洲文化之都"(European Capital of Culture in 2024)时,很可能考虑到了爱沙尼亚社会的文化因素。爱沙尼亚第二大城市塔尔图于 2019 年 8 月成为未来 4 年 3 个"欧洲文化之都"之一。另外两个是挪威的博德市(Bodø)和奥地利的巴德伊舍镇(Bad Ischl)。这将是爱沙尼亚城市第二次获得如此殊荣。塔林曾在 2011 年荣获这一称号。作为欧盟具有代表性的项目,评估"欧洲文化之都"候选城市有 6 个角度,即:对长期发展的贡献、欧洲维度、文化和艺术领域、传播能力、延伸性和管理水平。塔尔图是爱沙尼亚国立大学(塔尔图大学)的所在地,在爱沙尼亚的历史记忆中拥有非常重要的地位。

2019 年的秋季,爱沙尼亚还见证了极其重要的政治纪念日。事实上,有两起事件相继发生并将一起永垂青史。爱沙尼亚于 2019 年 8 月 23 日纪念了《苏德互不侵犯条约》(*Molotov-Ribbentrop Pact*)签订 80 周年和"波罗的海之路"(Baltic Way)30 周年。绝大多数爱沙尼亚公民享受自己在这个现代主权国家的生活,只有极少的人还梦想着回到曾经的苏联。对于每一位爱沙尼亚公民而言,《苏德互不侵犯条约》是一份对爱沙尼亚产生了重大影响的文件。不过,该条约也是导致 1940 年苏联吞并爱沙尼亚、拉脱维亚和立陶宛三国的原因。因此,在 1989 年 8 月 23 日,由大约 200 万人手牵手组成、长 675 公里的"人链"穿过了塔林、里加和维尔纽斯,要求克里姆林宫承认并谴责《苏德互不侵犯条约》。"波罗的海之路"示威活动以及其他一系列事件,最终将苏联推向解体。爱沙尼亚在这场示威后的第二年重新获得了独立。许多学者和专家认为,这条爱沙尼亚—拉脱维亚—立陶宛"人链"也是 3 个月之后德国柏林墙倒塌的前提条件。

在 2019 年即将结束之际,爱沙尼亚的青年选手在由经合组织(OECD)举办的国际学生评估项目(PISA)中脱颖而出。BBC 发布的一份报告甚至称爱沙尼亚为"欧洲最新的教育强国"。这条新闻立即体现在卡柳莱德总统向全国发表的讲话中:"过去,年轻人认为自己比长辈聪明被视为厚颜无耻，但获得国际广泛认可的'国际学生评估项目'最近证明，我们的年轻一代是聪明的，而且一直在向更聪明的方向发展。事实上，他们是世界上最聪明的人之一，这不是一个比喻。"爱沙尼亚社会是有未来的。

（作者：E-MAP基金会；翻译：林佳文；校对：马骏驰；审核：刘绯）

第四节 2019年的爱沙尼亚外交：试图在纷繁的困境中保持坚定的立场

2008年以前的生活是多么美好！格鲁吉亚和乌克兰的领土还保持完整，叙利亚和也门的代理人战争也尚未开始，北约的主要成员之一也没有想过要把这个组织称为"脑死亡"。2008年也仅仅只有一场本该在十年前做出预测的严重经济危机。爱沙尼亚一贯维护以规则为基础的国际秩序，但对该国来说目前的状况越来越令人担忧，尤其是在欧盟成员国和北约盟国的关系出现相对混乱之际。可以说，在当前局势下，爱沙尼亚虽然是上述两个国际组织的忠诚并且做出诸多贡献的成员，但也有了重新认识一个古老的地缘战略理论的充足机会，即：如果需要额外的保护措施，那么对于一个国家来说，必须明确如何独立地维护自己的利益，而非依赖一个看似稳固的组织。因此，2019年爱沙尼亚的外交活动清楚地表明，作为一个成熟的国家，它正在逐渐巩固自己观察国际局势的视角，有时甚至是根据自身的判断在国际局势中"试水"。

如今，除非事关全球地缘战略利益（即涉及美国或中国时），或客观上明显需要制止俄罗斯的行为，否则没有多少高层官员愿意与现任俄罗斯总统会面。因此，柯斯迪·卡柳莱德2019年4月访问莫斯科并参加修缮后的爱沙尼亚大使馆开幕式的消息，自然而然地成为波罗的海地区的热门话题，并在一定程度上成为整个欧盟的话题。从外交角度来说，外国领导人"访问莫斯科"通常意味着"会见俄罗斯沙皇/皇帝/总统"。具体名称取决于该访问所处的历史时期。然而，考虑到欧俄关系持续恶化，那么当前的主要问题就是：爱沙尼亚总统"突然"访问俄罗斯首都是早有准备还是一次心血来潮的临时行动？

与此同时，约有 9 万名俄罗斯护照持有者居住在爱沙尼亚。爱沙尼亚第三大城市纳尔瓦（Narva）的人口中有庞大的俄罗斯人群体，约占该国俄罗斯人总数的 36%。俄爱关系的另一个重要方面是，两国已经签署最新的边界条约，但尚未得到议会批准。2019 年 4 月 18 日爱沙尼亚总统在克里姆林宫与俄罗斯总统会面时，很可能讨论了这些问题。会议是否进展顺利？在某种程度上，这和其他诸多问题一样令人困惑。然而，立陶宛和拉脱维亚对此次会谈持不同态度。前者表示反对，后者则保持中立。正如《卫报》（The Guardian）所报道的，立陶宛外交部部长利纳斯·林克维丘斯（Linas Linkevičius）暗示，爱沙尼亚总统的俄罗斯之行没有与合作伙伴进行协调。同时他还指出："如果我们更加团结、共同协商并采取行动，将会更有效……总有人企图分裂我们，破坏欧洲国家或波罗的海国家的团结。"而拉脱维亚方面，该国前总统同时也是在欧洲极具影响力的决策者之一瓦伊拉·维基耶-弗赖贝加（Vaira Vīķe-Freiberga）发表了更为直接的言论："在此之前就已经有人试图进行对话。我都不知道光是默克尔总理一人就有多少次尝试与普京对话……他很有魅力，如果他心情好的话，你可以和他好好谈谈，但不会有什么结果。"

卡柳莱德总统则坚决捍卫自己的立场。她表示："爱沙尼亚的目标是加入欧盟成员国的行列，而这些成员国的领导人都访问过俄罗斯。同时爱沙尼亚不会把对棘手问题的讨论留给其他国家。"在此之后，据报道，爱沙尼亚总统已于 10 月邀请芬兰、匈牙利和俄罗斯总统出席将于 2020 年 6 月在塔尔图举办的芬兰—乌戈尔民族世界大会（World Congress of Finno-Ugric Peoples）。这一次，她受到了一些来自国家内部的严厉批评。例如，爱沙尼亚议会议长亨·珀吕埃斯（Henn Põlluaas，保守人民党，EKRE）公开表示，柯斯迪·卡柳莱德总统邀请弗拉基米尔·普京总统在 2020 年夏季访问塔尔图是一个错误的决定。归根结底，在分析一个西方自由主义民主国家时，关键在于这个主权国家能做什么，以及这个主权国家的领导人有权采取什么行动。到目前为止，俄罗斯和爱沙尼亚之间所谓的和解是一块更大版图的组成部分。爱沙尼亚作为全球安全事务中的一个巨大难题的重要战略组成部分，完全有权力为解决这一难题而努力做出积极改变。

可以肯定的是，一个特殊的机遇将为爱沙尼亚提供巨大帮助，使其在国际关系领域决策方面拥有更多的权力。从 2020 年 1 月 1 日起，在接下来的两年中，爱沙尼亚将担任联合国安理会非常任理事国，这是该国历史上的第一次。自 2017 年 7 月，爱沙尼亚就开始了这场史无前例的竞选活动，广泛地向国际社会介绍自己。在竞选活动的尾声，结果已经十分明显。罗马尼亚（2020—2021 年联合国安理会席位的另一个主要竞争者）被选中的机会很小。正如之前周报提到的，卡柳莱德总统以最令人眼花缭乱的外交方式推动了这一进程。仅在 2018 年第四季度，她就访问了 12 个不同的国家，从格鲁吉亚到塞内加尔，从中国到新西兰，从韩国到美国。

结果是，在联合国大会的最后一轮投票中，爱沙尼亚获得 132 票，轻松赢得了这场竞选（法定多数为 127 票）。爱沙尼亚常驻联合国代表团团长格特·奥瓦特（Gert Auväärt）在预测该国未来参与联合国执行机构的工作时称，网络安全将成为爱沙尼亚为全球行动提出的一系列主题中的重点。奥瓦特以经典的北欧方式表达了爱沙尼亚的观点："我们没有在哪个机构工作的经验。到目前为止，我们只是坐在马蹄形桌后面进行公开辩论。作为一个有投票权的成员，可以在所有问题上表达自己的立场是一项新的、有趣且繁重的任务。"

客观而言，爱沙尼亚利用即将拥有的联合国安理会席位，进一步扩大其国际影响力，使其在任期之外也能保持良好的国际地位是完全可行的。2020 年，除爱沙尼亚外，联合国安理会中还将有其他 3 个欧盟成员国，即法国（常任理事国）、比利时（非常任理事国）和德国（非常任理事国）。它们会帮助爱沙尼亚尽快习惯自己的新角色，并开始从尽可能高的国际层面为全球稳定做出贡献。除了网络安全，爱沙尼亚可能在俄乌冲突、能源安全、电子政务和数字国家等问题上拥有重要的发言权。毫无疑问，爱沙尼亚外交部已经制定好了后续的议程。

（作者：E-MAP 基金会；翻译：陈悦；校对：马骏驰；审核：刘绯）

第 三 章

保加利亚

第一节　保加利亚 2019 年政治概述

2019 年保加利亚的政治活动相当活跃。在这一年里，执政党争取欧洲进步公民党（GERB，以下简称"公民党"）遭遇了严重问题并爆出丑闻，政治地位被削弱。腐败的丑闻、执政联盟内部的冲突、来自总统鲁门·拉德夫（Rumen Radev）的批评以及反对党保加利亚社会党的尖锐攻击，都只是公民党及其政府面临的系列问题的一部分。

尽管年初曾有猜测认为，由于政治丑闻以及 2019 年大选可能失败，政府或许无法完成其任期。但是年底的情况却表明，执政政府联盟有着相对稳定的政治地位。保加利亚政府继续由博伊科·鲍里索夫（Boyko Borisov）领导。鲍里索夫领导的内阁是由他本人领导的右翼政党公民党和爱国者联盟组建的。"爱国者联盟"是由三个政党组成的民族主义选举联盟：保加利亚民族运动（Bulgarian National Movement）、拯救保加利亚民族阵线（National Front for the Salvation of Bulgaria）和阿塔卡党（Attack）。执政联盟内的部长分配为公民党 16 席，爱国者联盟 4 席。

在这一年里，若干次严重的政治动荡影响了鲍里索夫的内阁，其中一次是与爱国者联盟的内部关系有关。爱国者联盟经历的一场严重内部危机致使人们猜测执政联盟也将崩溃。因为爱国者联盟中的两个政党投票决定驱逐第三个政党，即沃伦·锡德罗夫（Volen Siderov）领导的阿塔卡党。此举被视为爱国者联盟的终结。7 月 24 日，爱国者联盟的理事会（United Patriots coalition council）召开了数月来的首次会议。会议仅持续了 2 分钟，就在争吵中宣告破裂。在这次阿塔卡党缺席的联盟内部会议上，成员投票决定将锡德罗夫以及阿塔卡党议员德西斯拉夫·楚库洛夫（Dessislav Chukulov）和帕维尔·绍波夫（Pavel Shopov）开除出联盟。就在这一决定颁布的 15 天前，瓦列里·西美昂诺夫（Valeri Simeonov）领导的拯救保加利亚民族阵线和现副总理兼国防部部长克拉西米尔·卡拉卡恰诺夫（Krassimir Karakachanov）领导的民族主义者政党投票罢免了锡德罗夫在爱国者联盟内的领导职务。卡拉卡恰诺夫解释 7 月 24 日的投票时表示，这一决定未影响联盟在国民议会内的多数席位，也没有使政府的任期面临风险。从那时起，爱国者联盟因内斗而分裂。卡拉卡恰诺夫仍然担任保加利亚副总理和国防部部长，而被赶下台的锡德罗夫在最近当选索非亚市议员后，辞去了在国民议会中的职务。西美昂诺夫于 11 月 20 日当选为国民议会副议长，取代了雅沃·诺特夫（Yavor Notev）。诺特夫曾担任分配给爱国者联盟的职位，但在他所属的阿塔卡党被逐出爱国者联盟后，他辞去了职务。

政府不稳定的另一个迹象是这一年的部长人选变动——主要源于那些被解职的部长所卷入的社会政治丑闻。首先，保加利亚司法部部长采茨卡·察切娃（Tsetska Tsacheva）因一桩丑闻辞职，她以远低于市场的价格购买了公寓（是被称为"公寓门"的事件的一部分）。2019 年 4 月 5 日，国会议员投票决定解除察切娃的职务。总理鲍里索夫任命丹尼尔·基里洛夫（Danail Kirilov，前议会法律委员会主席）担任新司法部部长。

5 月 15 日，议员们投票罢免了鲁门·波罗扎诺夫（Rumen Porozhanov）的农业、食品和林业部部长一职。此前，波罗扎诺夫因国家农业基金（State Fund for Agriculture）滥用欧盟资金一事而辞职，因为他管理着这一基金。鲍里索夫任命德瑟斯拉娃·特奈娃（Desislava Taneva，前议会农业和粮食委员会主席，鲍里索夫第二届政府的农业和粮食部部长）为新任农业、食品和林业部部长。

12 月 3 日，比塞尔·佩特科夫（Bisser Petkov）也被解除了其劳动和社会政策部部长职务。关于他的最新丑闻源于政府希望通过一项法律以剥夺工人享有充分保障和带薪病假的权利。政府的意见是病假第一天造成的收入损失由员工自行承担。但由于激起了一波巨大的抗议浪潮，提案最终被撤回。博伊科·鲍里索夫提名德尼察·萨切娃（Denitsa Sacheva，前教育和科学部副部长，鲍里索夫第二届政府劳动和社会政策副部长）担任新劳动和社会政策部部长。

事实上，由于政府的这些人员变动，社会上存在一种看法，即第三届博伊科·鲍里索夫政府的目标不是解决问题，而是在权力中求得生存。但问题是，最近整个社会体系（如医疗、教育、社会领域）都开始崩溃。所有这些都清楚地表明，激进的改革是必要的，但由于这些改革不受欢迎，所以可能会推翻内阁。鲍里索夫正利用部长辞职来解决这些积攒的社会不满情绪。

2019年政府的主要考验和保加利亚的核心政治问题是两次竞选活动。首先是欧洲议会选举，其次是保加利亚的地方选举。

许多政治分析人士预测，在这两场选举中，执政联盟会连续失败，继而执政联盟下台并提前举行议会选举。然而，事情的发展趋势完全不同。执政联盟内的主要政党公民党不仅没有输掉选举，还进一步巩固了其在政府中的政治地位。尽管鲍里索夫领导的公民党（隶属于欧洲人民党）在选举前几个月陷入了一系列丑闻，但还是在5月26日的欧洲议会选举中获胜。民调显示，一直到大选前的最后10天，鲍里索夫似乎还有可能输给他的主要竞争对手（社会党）。

特别一提的是所谓的"公寓门"丑闻。虽然该事件揭露了几个公民党高层政客以低价购买房产，打击了民众对该党的支持率，但5月初的一系列民调显示社会党仍然领先。但在欧洲议会选举中，公民党获得了30.77%的选票，而社会党只获得25%。第三名是主要由土耳其人组成的"权利与自由运动"（欧洲自由民主党联盟成员），得票率为13.7%。卡拉卡恰诺夫领导的民族主义者政党得票率为7.7%，中右翼政党民主保加利亚得票率为6.9%。根据投票结果，欧洲人民党有7名保加利亚议员，欧洲社会党有5名，欧洲自由民主党联盟有3名。

整个欧洲议会选举的投票参与率约为30%，低于前几届。权威人士称，鲍里索夫在投票前几天非常积极地举办竞选活动，产生了很大的影响。而社会党在竞选中犯了一系列错误，向选民呈现了分裂的态势。该党领导人科尔内莉娅·尼诺娃（Kornelia Ninova）甚至不愿意让与其存在意识形态分歧的欧洲社会党领导人谢尔盖·斯塔尼舍夫（Sergei Stanishev）出现在选举名单上。

民族主义者政党的情况则表明，来自爱国者联盟的这支政治力量已经完全征服了那些支持民族主义的选民，但其代价是沃伦·锡德罗夫领导的阿塔卡党和拯救保加利亚民族阵线各自仅获得大约1%的选票。

欧洲议会选举取得的胜利巩固了公民党的执政地位。主要反对派社会党的选举结果却引发了严重的内部政治冲突和争论。该党作为反对党的力量被进一步削弱，在很大程度上决定了该国在同年举行的地方选举的结果。

在地方选举期间，社会党发起了一场更加积极、完全本地化且成本极低的活动。如果说在欧洲议会选举运动中，社会党的表现没有赢得欧洲层面的肯定，那么在地方选举运动中，社会党也失去了国家层面的肯定。该党内部最大的绊脚石无疑是玛雅·马诺洛娃（Maya Manolova）的竞选活动。马诺洛娃是索非亚市市长的独立候选人。马诺洛娃一再与社会党及其过去划清界限，给社会党在索非亚的竞选活动造成了严重的困难。这不仅在媒体上掩盖了社会党主席科尔内莉娅·尼诺娃自上台后展现出的新形象，也使她很难就马诺洛娃这样的政治行为发表评论。这种现象带来了积极的一面，但同时消极的后果是社会党没有办法发挥其作为一个国家性政党的全部实力。最终社会党在大城市和4个区长的竞选中取得胜利，但在小城镇失利，且在全国大部分地区都远远落后于公民党。

公民党则赢得了全国大部分地区中心城市的选举，也赢得了首都索非亚的选举。在市议员选举中，公民党得票率为30%，社会党为18%，争取权利和自由运动为12.5%。在市长选举中，公民党赢得了140个市（包括索非亚、普罗夫迪夫和瓦尔纳在内的17个大区中心），社会党赢得了61个市（包括4个大区中心），争取权利和自由运动赢得了47个市（包括1个大区中心）。现任市长尤丹娜·凡达科娃（Yordanka Fandakova）以50%：45%的选票击败了社会党支持的独立候选人玛雅·马诺洛娃。民主保加利亚赢得了索非亚大区24位区长中的8位（其余为公民党13位、社会党2位、独立候选人1位）。

结果表明，无论从大区领导、市长和市议员人数还是绝对票数来看，公民党都是本次地方选举无可争议的赢家。

政治方面可以得出的结论是：保加利亚的地方选举展现了新的趋势，而不是重大的变化。现任政府获得了新的合法地位。民众对政府的部分担忧和失望超出了政府的能力范围。2019年年底，社会和政治的注意力则转向了 2020 年的预算，以及对社会和各类专业团体在 2020 年迎来更好的契机的期望。

（作者：Evgeniy Kandilarov；翻译：林佳文；校对：马骏驰；审核：刘绯）

第二节　2019 年保加利亚经济发展概况

在过去 4 年中，保加利亚经济年均增长 3.5% 以上，同期外国直接投资也有一定增长。国家宏观经济指标稳定，金融政策稳健，债务与 GDP 之比接近 22%，为欧盟内第三低，且呈下降趋势。保加利亚已启动加入欧元区的程序，这意味着欧洲央行将对保加利亚金融部门，特别是银行体系进行更严格的监管，这对市场有一定的积极影响。上述是保加利亚政府和大多数媒体对保加利亚经济发展的总体评价。

预测认为，2019 年保加利亚经济增长超过 3%。2019 年秋季宏观经济预测的主要内容是保持预期的经济增长，将达到 3% 以上，其动力来源主要是消费和投资。GDP 甚至可能超过 1300 亿列弗。欧洲复兴开发银行上调了对保加利亚 2019 年经济增长的预测数值，预计增长 3.7%，较 5 月的预测增长了 0.3%。欧洲复兴开发银行还表示，保加利亚经济在 2019 年上半年增长强劲，同比增长 4.2%。在劳动力市场趋紧的情况下，频繁的经济活动、增加的收入和较高的就业率继续促使家庭消费成为经济增长的主要动力。2019 年 6 月，失业率降至近 4%，而名义工资额也保持较高的个位数增长。2019 年 1 月，政府将月最低工资调高 10%，达到 286 欧元。投资也继续促进经济的良好增长，尽管增速低于 2018 年。同时，出口也起到了促进作用，因为出口增长大于进口，而进口几乎停滞不前。2019 年政府开支增加，主要是与军队开支有关。在连续 3 年预算实现盈余后，预算首次可能出现赤字。保加利亚公共债务约占 GDP 的 21%，是欧盟中该比例最低的国家之一。预计 2019 年和 2020 年，保加利亚经济将分别实现 3.7% 和 3.0% 的稳定增长，这与其目前的增长潜力基本一致。经济增长很可能由私人消费支撑，而这通常是经济增长的主要来源。投资对经济增长做出了积极贡献，因为在 2014—2020 年财政周期结束前，保加利亚获得了更多的欧盟基金。政府主要进行了能源投资。保加利亚经济发展面临的主要困难是主要贸易伙伴（尤其是欧元区国家）的经济长期疲软，以及当前日益加剧的劳动力短缺问题。

保加利亚国家统计局的数据显示，经季节性调整后，欧盟28国2019年第三季度的GDP较上季度增长0.3%。保加利亚的GDP同期增长0.8%。与上一季度相比，在2019年第三季度，波兰的经济增长率最高，为1.3%；紧随其后的是匈牙利（1.1%）和爱沙尼亚（1.0%），保加利亚、斯洛文尼亚和克罗地亚均为0.8%。该季度保加利亚的GDP为317.64亿列弗。按欧元计算，则为162.41亿欧元，人均2323欧元。2019年第三季度与上一年同期相比，农业在经济附加值中的相对比重下降了0.6%。工业占比提高了0.9%，达到27.0%。服务业附加值占比由2018年第三季度的67.2%下降至2019年第三季度的66.9%。2019年第三季度，最终的消费支出占GDP的68.4%。

投资（固定资本形成总额）占GDP的16.5%，总附加值增长了3.5%。这些指标的变动是由以下几部分的增长决定的：金融和保险（6.4%），专业科技项目、行政和支持服务（5.0%），建筑业（4.7%）和房地产业（4.2%）。如上所述，关于GDP的支出项目构成，对经济增长做出主要贡献的是个人消费（增长5.1%）、公共消费（5.0%）及固定资本形成总额（1.8%）。商品和服务出口增长了1.3%，而商品和服务进口则增长了1.2%。

欧盟委员会于11月7日发布的欧盟经济秋季预测也将对保加利亚2019年的经济增长预期上调至3.6%，与冬季预测持平。预计2020年经济增长将放缓，增长率为3%。尽管外需减少，保加利亚外部局势的不确定性上升，但内需仍然可支撑2019年的经济增长。保加利亚的经济正在蓬勃发展，尽管与其他原社会主义国家以及经济增长率常年保持在5%—7%的欧盟成员国相比，其增长速度仍较缓慢。为什么会这样？关于这个问题有一个最直接的答案：劳动力短缺加上略高于4%的失业率。博伊科·鲍里索夫总理在评价这一问题时表示："实际上，在保加利亚没有工作的恰恰是那些不想工作的人。"

保加利亚经济的积极发展，最主要是由于国内消费需求良好。由于计划提高工资和养老金，这一需求甚至可能在2020年进一步扩大，这将促进消费和经济增长,并将弥补出口下降可能带来的问题。2019年10月,消费者信心指数与7月相比上升了1.1%。当时即将到来的圣诞节和新年假期也有望扩大传统礼品的销售以及刺激消费和经济增长。

出口对经济增长也有贡献,继2019年第一季度保持良好态势后,第二季度由于外需持续低迷而出现下滑。不过,即使在国外经济不确定性增加、增长前景有所恶化的背景下,预计在未来两年内投资势头也将有所恢复,并保持适度增长。

根据保加利亚国家统计局的数据,2019年1—9月保加利亚对欧盟的出口与2018年同期相比增长了3.3%,达到290.491亿列弗。保加利亚的主要贸易伙伴是德国、罗马尼亚、意大利、希腊、法国和比利时。对这些国家的出口占对欧盟成员国总出口的66.3%。

2019年1—9月,保加利亚自欧盟的进口额比2018年同期增长2.2%,达到302.097亿列弗。据保加利亚国家统计局数据,从德国、意大利、罗马尼亚、希腊和西班牙进口的商品数量最多。保加利亚在2019年1—9月,对欧盟的外贸逆差总计为11.606亿列弗,同一时期内(2019年1—10月),保加利亚对非欧盟国家的出口额比上一年同期增长5.8%,累计为160.269亿列弗。保在欧盟以外的主要贸易伙伴是土耳其、中国、塞尔维亚、美国、俄罗斯和北马其顿。对这些国家的出口占对非欧盟国家出口的50.0%。与此同时,保加利亚从第三国进口的货物与2018年同期相比减少了10.7%,总计为170.486亿列弗。据保加利亚国家统计局数据,从土耳其、俄罗斯、中国和塞尔维亚进口的货物数量最多。保加利亚在2019年1—10月对非欧盟国家的贸易逆差总计为10.217亿列弗。保加利亚国家统计局数据显示,2019年1—10月,保加利亚出口货物总值为487.026亿列弗,比2018年同期增长4.2%;进口货物总值为511.571亿列弗,比2018年同期减少2.2%。总贸易逆差达24.545亿列弗。

与此同时,年平均居民消费价格指数也略有下降,从2018年的2.6%降至2019年的2.4%。预计失业率将从2018年的5.2%降至2019年的5.0%。欧盟委员会对保加利亚经济的预测显示,失业率将达到4.4%。保加利亚的经常账目平衡(current account balance)占GDP的百分比预计将稳步下降,但仍为正值。截至2018年,经常账目盈余为3.9%,预计2019年和2020年将分别实现1.9%和1.3%的盈余。

根据2019年第二季度劳动力市场的数据，在保加利亚，15岁及以上的就业人口为326.28万人，其中男性173.32万人，女性152.97万人。就业人口占15岁及以上总人口的比例为54.7%（男性为60.5%，女性为49.2%）。2019年第二季度，失业人口为14.20万人，其中男性8.27万人（58.2%），女性5.93万人（41.8%），失业率为4.2%，较2018年第二季度下降1.3个百分点。男性失业率从6.1%降至4.6%，女性失业率从4.7%降至3.7%。与2018年第二季度相比，2019年第二季度的每小时人工成本（初步数据）增长了11.0%。工业部门的每小时人工成本增长9.8%，服务业增长11.1%，建筑业则增长10.6%。根据国家统计局的数据显示，2019年9月，32%的工业企业认为劳动力短缺是限制其发展的一个因素。2019年6月，保加利亚平均工资为1253列弗，比上月提高了0.6%。与2018年同期相比，增长了12.0%。

传统上保加利亚被视作一个农业国家，但事实上，农业只占该国GDP的4%，拥有6%的劳动力（据世界银行数据）。主要农作物为向日葵、烟草和小麦。工业占GDP的24.7%。29%的劳动力在工业部门就职。保加利亚工业严重依赖制造业的若干子部门（冶金、化工和机械制造），这些部门约占GDP的14.7%（据世界银行数据）。但最具活力的行业是纺织、医药产品、化妆品、移动通信和软件行业。保加利亚的主要矿产包括铝土矿、铜、铅、锌、煤、褐煤和铁矿石。转轨以来，第三产业对国家经济的贡献翻了一番，占GDP的58.3%，拥有64.5%的劳动力。

表3—1　　　　　　　　　保加利亚经济部门情况

经济部门	农业	工业	服务业
各行业的就业率（占总就业的百分比,%）	6.1	29.0	64.5
附加值（占GDP的百分比,%）	4.1	24.7	58.3
附加值（年变化率,%）	8.9	4.1	3.1

资料来源：世界银行数据。由于四舍五入，相加的总数值可能小于或大于100%。

根据世界经济论坛（World Economic Forum，WEF）的排名，保加利亚经济在全球竞争力排名第49位。2019年，保加利亚在全球141个国家的排名中上升了2位。根据该排名，保加利亚经济比其所处地区的大多数经济体都更具竞争力。保加利亚比罗马尼亚（第51位）领先2位，其表现也优于希腊（第59位）、土耳其（第61位）、克罗地亚（第63位）、塞尔维亚（第72位）、黑山（第73位）、阿尔巴尼亚（第81位）和北马其顿（第82位）。该排名的特殊之处在于，不像世界银行的排名那样评估法治问题，而主要是考虑投资者对投资环境的主观评估。

最后，不得不说，随着2019年接近尾声，各类专家对保加利亚经济的评估趋于乐观。几乎所有人都认为，保加利亚目前的经济形势非常好，甚至将超过对2019年GDP增长的初步预期。保加利亚工商会（Bulgarian Chamber of Commerce and Industry，BCCI）主席茨维坦·西梅奥诺夫（Tsvetan Simeonov）评论说："2019年对保加利亚企业来说是成功的一年，因为保加利亚经济增长率相对较高。企业对2020年的展望更加乐观。"消费者本身也持有类似的看法，即过去一年的整体经济形势有所改善。归根结底，2019年的经济发展良好，但在2020年将出现小幅下降。据此，即使经济增长速度较为缓慢，人们的生活质量也会相应提高。这基本上是保加利亚政府对国家经济发展的官方立场。然而，应该明确的是，这样的预测十分肤浅，且或多或少是片面的，因为它只反映了一些宏观经济指标，没有显示出保加利亚社会和现存制度中的矛盾和问题。这些问题会反映出保加利亚经济社会发展的一幅截然不同的图景。不幸的是，现实并非如此乐观，有关国家经济和社会发展的根本问题仍需解决。

（作者：Evgeniy Kandilarov；翻译：陈悦；校对：马骏驰；审核：刘绯）

第三节　保加利亚2019年人口形势概述

人口危机仍然是保加利亚2019年的主要社会问题之一。根据联合国目前的预测，如果人口负增长趋势持续到2050年，保加利亚的人口数量将减少23%，降至530万人，在2050年人口每年减少1%的国家中名列前茅，与立陶宛和拉脱维亚共同位列前三名。

根据联合国数据，截至2019年12月19日，保加利亚人口总数为697.5821万人，相当于世界总人口的0.09%。保加利亚人口数在全球国家中排名第107。同一份数据显示,保加利亚的人口密度为每平方公里64人,75.2%的人口是城市人口。

表3—2　　　　　　　　保加利亚人口(2015—2019年)

年份	人口(万)	年增长率	年人口增长数	净移民数	人均年龄	生育率	人口密度(人/平方公里)	城市人口占比	城市人口	占世界人口	全球排名
2019	700.0119	-0.73%	-51489	-4800	43.6	1.52	64	75.2%	5265832	0.09%	107
2018	705.1608	-0.72%	-50836	-4800	43.6	1.52	65	74.9%	5278205	0.09%	106
2017	710.2444	-0.69%	-49509	-4800	43.6	1.52	65	74.5%	5289957	0.09%	105
2016	715.1953	-0.66%	-47788	-4800	43.6	1.52	66	74.1%	5300792	0.10%	105
2015	719.9741	-0.61%	-45053	-4894	43.4	1.52	66	73.8%	5310568	0.10%	103

资料来源:世界实时数据统计(www.Worldometers.info);由联合国编制的《世界人口前景:2019年修订版》。

2019年保加利亚的出生率为8.9%,意味着这一年平均每1000名育龄妇女生育89名活婴。尽管总体生育率不佳,但好消息是婴儿死亡率下降了5.8%。每1000名活婴中,有6.5名死亡时不超过5岁。统计数据还显示,保加利亚的预期寿命为75.49岁。

表3—3　　　　　　　　保加利亚现人口情况

现人口	
男性人口(48.3%)	334.6443万
女性人口(51.7%)	358.0615万
2019年出生人数	6.3701万
2019年死亡人数	10.2165万
2019年净移民人数	-0.9245万
2019年人口增长率	-4.7708%

资料来源:世界实时数据统计(www.Worldometers.info);由联合国编制的《世界人口前景:2019年修订版》。

所有的统计数据都表明，保加利亚人口在不断减少，人口老龄化加剧，总出生率也在下降。与此同时，该国的结婚和离婚数也均有所增加。低工资、劣质教育和政治危机是导致保加利亚人口数量变化呈消极趋势的主要原因，致使年轻人更愿意去西方国家寻求更高的收入和更满意的工作。人口结构也发生了变化，最显著的是年龄结构的变化。大多数分析家认为，工资待遇低是驱使保加利亚人去西欧谋生的主要因素之一。保加利亚的问题在于年轻人外流。经济活动越少，行业就越难获得劳动力。

另一个问题是正在崩溃的社会制度，但导致这一问题的原因有所不同——其中之一是，在转轨后的一段时间内，人们曾一度在没有劳动合同和保险的情况下从事工作。这批人一旦开始退休，将给养老金制度带来巨大的压力。保加利亚人口减少的主要原因是自然负增长，其次是外来移民。净移民数为负已经持续了一段时间。最大的困难是人口发展趋势难以逆转。能够预测劳动年龄人口再生产的人口替代率也值得关注，表明了适龄劳动人口与退休人口之间的关系。数据显示，在保加利亚每100名适龄劳动人口中，就有66人被替代，这意味着劳动人口没有实现再生产。

表3—4　　　　　　　　　按年龄段划分人口

年龄段	男性	男性占比	女性	女性占比	该年龄段总人口	该年龄段总人口占比
0—14岁	52.4196	51.39%	49.5799	48.61%	101.9995	14.68%
15—24岁	31.7713	51.68%	29.7022	48.32%	61.4735	8.85%
25—54岁	148.4324	51.42%	140.2252	48.58%	288.6576	41.54%
55—64岁	45.0013	48.11%	48.5439	51.89%	93.5452	13.46%
65岁以上	59.7875	40.08%	893812	59.92%	149.1687	21.47%

资料来源：欧盟统计局数据。

接下来要探讨的问题是抚养比例，即：处于15—64岁年龄段的人与被抚养人（儿童和成人）之间的相关性。据统计，目前每100名处于该年龄段的保加利亚人中就有55.5名被抚养人。欧盟统计局的最新数据显示，21%的保加利亚人口年龄超过65岁。

预计到2050年，保加利亚几乎每3人中就有1人超过65岁。必须承认，保加利亚符合人口老龄化和预期寿命增加的总趋势。欧盟统计局的调查显示，与罗马尼亚和爱沙尼亚一样，保加利亚是60岁以上群体中面包、其他食品和非酒精饮料消费比例最高的国家之一，占总消费的近30%，而欧盟的平均水平仅为17.4%。非常令人不安的事实是，保加利亚65岁以上的人口中有32%处于贫困的危险中，而欧盟的这一平均比例仅为15%。

另一个非常棘手的社会问题与人口稀少的保加利亚农村地区的年龄结构有关。这些地方非常贫穷，大部分人口年龄均在60岁以上。在未来的5—10年，这部分人口将基本从这些地方消失。这些村庄都位于山区和边境地区，没有基础设施、学校和医院。

根据上述统计数据，可以对保加利亚2019年的人口趋势做出一般性的结论。第一，现代保加利亚发展面临的主要挑战和威胁来自严重的人口危机，这一危机实际上已经持续了近30年。保加利亚自1991年以来一直是世界上人口自然负增长率最高的3个国家之一。第二，该国大多数人口指标和系数值显示出强烈的负面趋势，但最大的问题与极高的死亡率和不断向外迁移的工作人口有关。现阶段，保加利亚人口的死亡率超过了15%，比欧洲其他国家高出几个百分点，农村人口的死亡率甚至超过了20%。第三，由于人口增长率为负，保加利亚一个中型城市平均每年减少5万—6万人。第四，保加利亚出现了两种明显的人口失衡现象，一种是纵向的，即年轻人与老年人的比例，这决定了其人口老龄化的加剧；另一种是横向的，即不同地区的人口比例。

索非亚大学副教授乔治·巴达洛夫（Georgi Burdarov）和保加利亚科学院副教授纳德日达·伊利耶娃（Nadezhda Ilieva）最近的一项研究表明，虽然近30年来保加利亚的人口状况一直处于严重的危机中，但在过去的几年里才开始被公开辩论，相关措施也才开始实施。但是，有关人口问题的辩论正朝着错误的方向进行，相关政策重点和措施与似乎最重要的问题无关，难以见效。各方不断地探讨低出生率、每年出生婴儿数量的下降和人口老龄化问题。所有这些都是事实，但根据调查，这些事实并不是主要问题，因为保加利亚1.4的总生育率（育龄妇女平均生育的孩子数）符合欧洲国家的价值观，而且在欧洲国家这一数值一般在1.1—2之间变化。在过去的几年里，婴儿出生的绝对数量减少，但这是正常现象，因为当前的育龄女性出生于20世纪90年代，那时保加利亚已遭遇了人口危机，生育人口一直在减少。当然，年轻人持续移民也是原因之一。保加利亚无疑是人口老龄化最严重的国家之一，不仅在欧洲，而且在全球也是如此。

但我们在这里看到的是一个人口悖论，而不是真正的老龄化问题。因为保加利亚是欧盟中平均预期寿命最低的国家之一，也是老龄化最严重的国家之一，而这一事实源于人口中年轻人（29岁以下）与老年人（60岁以上）的比例严重失衡。这才是保加利亚主要的人口问题。因此，在讨论保加利亚人口问题时，需要讨论的主题是如何留住年轻人。这样一来，不管这些年轻人生育多少孩子，都会减缓保加利亚人口结构的不平衡。

（作者：Evgeniy Kandilarov；翻译：林佳文；校对：马骏驰；审核：刘绯）

第四节　2019年保加利亚外交政策的主要趋势及特点

2019年，保加利亚的外交政策保持了其主要特点及优先事项，即：首先是促进该国与欧盟和美国的关系，其次是对巴尔干半岛邻国的政策，最后是与俄罗斯和东亚国家的关系。

传统上，保加利亚外交政策的重点事项是与欧盟的关系。与欧盟关系中最重要的方面是与位于布鲁塞尔的欧盟机构的关系。从这一角度看，2019年作为执政党的争取欧洲进步公民党赢得欧洲议会选举对保加利亚政府来说极为重要。保加利亚政府与欧盟机构关系的另一个关键问题是，保加利亚人玛丽亚·加布里埃尔（Maria Gabriel）被提名为新任欧盟委员会委员。2019年10月1日，欧洲议会文化与教育委员会（European Parliament Committee on Culture and Education）以及工业、研究与能源委员会（European Parliament Committee on Industry and Research and Energy）同意了玛丽亚·加布里埃尔的提名。她将负责欧盟委员会的创新与青年事务工作。2019年晚些时候，玛丽亚·加布里埃尔的职责范围有所扩大，负责创新、研究、文化、教育和青年事务。因此她目前的工作还包括了文化与体育事务。2019年11月21日，玛丽亚·加布里埃尔当选欧洲人民党第一副主席，是保加利亚执政党在国际上取得的巨大成功。

保加利亚与欧盟关系中最重要的事件是，欧盟委员会建议取消对保加利亚内务和司法的监管。保加利亚在2007年加入欧盟，12年后，欧盟于2019年10月底裁定保加利亚已满足法治和反腐败的要求。虽然欧盟理事会和欧洲议会尚未就此事做出正式决定，但结果不会出乎人们的意料。原则上，预计有几个国家会反对取消对保加利亚的监管，但它们只是少数而且最终会接受欧盟委员会的决定。然而，在关于合作与核查机制（Cooperation and Verification Mechanism）的首次外事会议期间，法国和德国在听取相关报告后表示了不满。2019年12月，欧洲议会公民自由、司法和内务委员会（European Parliament's Committee on Civil Liberties, Justice and Home Affairs）主席胡安·洛佩兹（Juan López）就欧盟委员会有意中止对保加利亚的合作与核查机制监管一事，致函委员会主席乌尔苏拉·冯德莱恩。胡安·洛佩兹表示，经过讨论，本委员会支持取消对保加利亚的监管。到目前为止，欧盟理事会尚未就欧盟委员会打算终止对保加利亚监管一事发表正式声明。若欧盟委员会最终决定暂停监管，那么理事会的相关部长和欧洲议会议员的意见也仅是咨询性的，不具约束力。

10月，欧洲银行业重组委员会（European Banking Restructuring Council）称，保加利亚可能在2020年上半年加入"欧洲汇率机制Ⅱ"（ERM Ⅱ）。国际评级机构惠誉称，如果保加利亚成功加入，那么它可能会在2023年年初开始使用欧元。然而，2019年保加利亚加入申根区的进展并不乐观。尽管获得了若干国家的支持，但到2019年年底完全实现人员和资本自由流动的前景仍不明朗。但有一点是明确的，那就是保加利亚对欧盟机构和成员国的依赖，使得其与欧盟的关系成为外交政策中最重要和最优先的一环，今后也仍将如此。

关于保加利亚和美国的关系，我们必须承认，对两国来说，最重要的是保加利亚作为北约成员国的身份，以及由此产生的军事政治承诺。在政府斥资约11亿欧元购买8架新型F-16战斗机后，保加利亚的国防开支在北约中排名第二，仅次于美国。保加利亚的国防开支超过了GDP的3%，排在希腊、英国、爱沙尼亚、罗马尼亚、波兰、拉脱维亚等国之前。近日有消息称，保加利亚提出在瓦尔纳（Varna）建立北约黑海地区海军协调中心（NATO Naval Coordination Center for the Black Sea Area）。因此，到 2019 年年底，保加利亚显然在北约加强其在黑海地区力量的计划中占有特殊地位。

到 11 月下旬，博伊科·鲍里索夫总理和唐纳德·特朗普总统在华盛顿签署了保加利亚和美国战略合作框架文件。该文件明确了加强集体安全的必要性。保加利亚打算继续投资武装部队现代化并提高互操作性，以达到北约内部要求的军事水平。双方在框架文件中声明，计划在 2006 年防务合作协定的基础上，共同制定一个路线图，支持双方在未来十年开展防务合作，以应对黑海地区的海上、网络和混合安全威胁。双方的高级别会谈涉及贝莱内核电站项目（Belene NPP project）、途经保加利亚的天然气管道、军事现代化和黑海地区安全。美国洛克希德·马丁公司（Lockheed Martin）、诺斯罗普·格鲁曼公司（Northrop Grumman）、奥什科什国防公司（Oshkosh Defense）、德事隆集团（Textron）和国际商业机器公司（IBM）表示有兴趣与保加利亚企业联合生产武器和军事装备，并为保加利亚军队招标新装备。

保加利亚与美国关系的重要性，说明了保加利亚政府无法对俄罗斯实行平衡的外交政策。因为俄罗斯正是美国在该地区的主要地缘政治对手之一。2019 年保俄关系不仅陷入困境，而且还受到几起涉及间谍活动的严重外交丑闻的影响。保加利亚驱逐了 1 名涉嫌间谍活动的俄罗斯外交官。此前，保加利亚在 2018 年不顾外部压力，拒绝就斯克里帕尔案（Skripal Case）的涉事人采取此类措施。作为回应，俄罗斯宣布保加利亚驻莫斯科大使馆一等秘书为不受欢迎人士。普京指责保加利亚故意拖延在其领土上开展"土耳其溪"（Turkish Stream）天然气管道项目。然而，博伊科·鲍里索夫总理坚定地回应称，事实并非如此，如果项目进展有所拖延，那是因为与塞尔维亚、土耳其或俄罗斯等国不同，保加利亚需遵守欧盟的强制性要求和程序。鲍里索夫和俄罗斯驻保加利亚大使阿纳托利·马卡罗夫（Anatoly Makarov）一同正式声明，本着务实和善意的态度，没有任何先决条件会阻碍双边关系的发展。但显然，保俄关系已大不如前，并且受到保加利亚与欧盟成员国和欧洲—大西洋伙伴国关系的严重影响。鲍里索夫总理则强调，保加利亚与俄罗斯的关系没有恶化，而是保持一贯的务实原则。在与俄方的对话中，保加利亚方将以国家利益为导向，坚持欧洲和欧洲—大西洋伙伴的政策。

就其对巴尔干半岛邻国的政策而言,保加利亚政府最重要的问题之一是,在进一步执行2017年8月1日博伊科·鲍里索夫和佐兰·扎埃夫(Zoran Zaev)签署的《友好睦邻合作条约》(Treaty of Friendship, Neighborhood and Cooperation)的背景下,处理好与北马其顿的关系。这一关系的核心是就有关两国的历史争议问题达成协议,并以此作为保加利亚支持北马其顿加入欧盟的条件。为此,两国成立了一个联合委员会,讨论相关问题并寻求解决方法。

最后,保加利亚决定在有条件的前提下支持北马其顿入盟。保加利亚议会在一份关于欧盟扩大以及北马其顿和阿尔巴尼亚稳定与联系协定的声明中宣布,保加利亚完全支持北马其顿加入欧盟,但要求双方接受相关的历史,并希望北马其顿充分执行在历史和教育事务多学科联合专家委员会(Joint Multidisciplinary Expert Committee on Historical and Educational Affairs)中达成的协议,使相关历史尽快在教材中有所体现。声明还敦促尽快废除针对保加利亚和具有保加利亚身份认同的北马其顿公民一切形式的"仇恨言论",包括媒体新闻以及纪念碑上的文字。

关于阿尔巴尼亚,保加利亚希望最大限度地保障其少数民族在该国学习保加利亚语的权利,例如戈洛布尔多(Golo Bardo)、戈拉(Gora)、普雷斯帕(Prespa)、科尔察(Korca)、爱尔巴桑(Elbasan)和库克斯(Kukas)等地区。声明还要求根据欧洲标准进行人口普查,以便客观地反映其种族分布。

尽管保加利亚与东亚国家的关系在保加利亚外交政策中并不是最重要的,但在2019年,保加利亚与中国、日本和韩国的关系也取得了一定进展。在中保两国建交70周年之际,保加利亚总统鲁门·拉德夫对中国进行了正式访问。双方宣布将两国关系提升到战略伙伴关系的层面。此外,保加利亚政府一再强调保加利亚在"一带一路"倡议中的重要战略性地位,并试图在"17+1"合作中发挥更积极的作用。保加利亚和日本则迎来了3个周年纪念日,即:正式建立联系110周年、建交80周年和第二次世界大战后重新建交60周年。在两国庆祝这3个重要周年之际,日本外相河野太郎对保加利亚进行了正式访问。两国共同表示,日欧经济伙伴关系协定(Japan-EU Economic Partnership Agreement, EPA)已于2019年2月生效,预计两国的贸易关系将进一步发展。2019年保加利亚总理首次访问韩国。9月27日，韩国总统文在寅与保加利亚总理鲍里索夫出席了关于巩固双边关系和扩大合作的峰会。2020年是两国建交30周年，鲍里索夫是保加利亚第一位对韩国进行正式访问的政府首脑。两国领导人一致同意在贸易、投资、能源、基础设施、国防、国防工业、文化和教育等领域加强互利和具有前瞻性的合作。对于两国在全球贸易保护主义趋势下仍有所增加的贸易和投资合作，两国领导人均表示赞赏并同意为此继续提供支持。文在寅称赞保加利亚给予韩国企业"战略投资者地位"的政策，他希望这些企业能在巴尔干国家进行更多的投资。

保加利亚政府对这些亚洲国家的看法和需求各不相同。然而，在与这3个东亚国家的关系中有一点是显而易见的，那就是它们都有可能给保加利亚带来更多的外国直接投资。但需要强调的一点是，所有欧洲—大西洋地区以外的国家，不论其位于哪个地区，都不是保加利亚外交政策中最重要的对象。

总之，保加利亚2019年的外交政策与近年来的主要趋势相比没有明显的偏差或变化。我们可以非常肯定地预测，在2020年这一趋势将保持不变，除非有较大的国际事件使得外交局势发生改变，进而使保加利亚及其外交政策面临某种新的挑战。

（作者：Evgeniy Kandilarov；翻译：陈悦；校对：马骏驰；审核：刘绯）

第四章

波　　黑

第一节　2019年波黑政治发展概况：
没有中央政府的一年

波黑即将告别2019年，但是在政治方面并未取得多大成就。2019年的政治大事是2018年10月大选后组建中央政府和联邦政府的危机。2018年年底，波黑离成功组建新政府还相距甚远。20天后2020年就将来临，虽然筹备工作已基本完成，但政府依然未组建成功。从2019年1月到11月，因为把时间浪费在无用的争论上，加之谈判过程缺乏透明度，所以还没有结果。借用波黑公众常说的话，主要的政治行为体"缺乏政治意愿"打破波黑的政治僵局。在过去的一年，这也是双方攻击对手的借口。

在没有特殊原因的情况下，组建政府的工作就这样被搁置了13个月。11月中旬，波黑总统府最终决定提名独立社会民主党联盟（SNSD）候选人佐兰·特格蒂亚（Zoran Tegeltija）——他自谈判伊始就做好了准备。在众议院确认他的提名后，他将于2019年12月提出"预先批准"（pre-approved）的部长名单（像他之前承诺的那样），以便迈入新年之际波黑能有新的政府。但是，现在还很难说剩余的程序能够顺利进行。由于他提供的部长名单可能会被拒绝，或者有可能使众议院陷入僵局，因此，还要等待波黑克罗地亚民主联盟（HDZ BiH）和民主行动党（SDA）就政府组建达成最终协议。一些分析人士指出，仍然存在再次陷入僵局的可能，只是这次陷入僵局的将是众议院，而不是波黑总统府。

目前来看，由于种种原因，长达一年的政府危机又要推迟解决了。大部分人表示，最大的分歧是关于波黑加入北约，以及波黑与该军事联盟应保持何种关系的问题。尽管媒体报道和第一个年度评估提出了不同的观点，且在北约问题上似乎存在很大分歧，但实际上不存在很大的争议。波黑可以在党派间和种族间未就与北约关系的问题达成共识的情况下组建政府。尽管"成员资格激活计划"（MAP）事件被认为是烫手山芋，但是只有执政的特洛伊卡（Troyka）才会认为此问题可以通过向北约提交"改革计划"的方式"解决"，而这一决定是在提名特格蒂亚为波黑部长理事会主席（COM Chairman）之前做出的。

如果征求波黑民众的意见，他们会认为僵局是由北约问题、选举法改革或塞族共和国的分裂主张导致的。但是，导致僵局的真正原因在于难以捉摸的政治意愿。

选举法改革

在没有人认为政府能很快组建之际，波黑迎来了2019年。实际上，当时一些媒体预测后选举时期的情况会类似于2010年大选后的"漫长的2011年"。波黑克罗地亚民主联盟（HDZ BIH）为重新讨论"克罗地亚问题"做了充足的准备。波黑克罗地亚民主联盟以及克族国民议会（Croat National Assembly，即HNS）的很多官员声称，泽尔科·科姆西奇（Zeljko Komsic）再次当选波黑总统府的克罗地亚代表是因为不公平的选举法。该选举法使波黑联邦的波斯尼亚人可以为克族候选人投票。科姆西奇的大多数选票的确都来自波斯尼亚地区，而他所在的克族市（西黑塞哥维那、波萨维纳）却表现得差强人意。此外，克族政客现在更加坚决地要求自己的实体（克族地区）或联邦机构停止把"非法代表"列入克族的候选人名单。而在选举之后，国际人士、波斯尼亚人和克族人将不再考虑"第三实体"，原因是它违背了《代顿协议》。现在，克族国民议会主张将"第三实体"视为长期有效的一个要求，同时"第三实体"也通过选举法的非激进化改革得以改变，而这种改革方式得到波黑克罗地亚民主共同体的支持。萨格勒布支持克族政党的立场，即：波黑选举是不公平的，并认为种族分裂主义不应该成为改变选举规则的借口。

波黑克罗地亚民主联盟领导人德拉甘·科维奇（Dragan Covic）在2019年年初强调，只有改革选举法，才有可能与波黑联邦内的波斯尼亚政党共存。同时，需要改革选举法是因为该法存在一些漏洞，例如：莫斯塔尔市（Mostar）级选举、"未经授权的"（extra-constitutional）族裔选举（塞伊迪奇—芬奇法，Sejdic-Finci law），还要防止不公正地划分族裔选区。在整个上半年，科维奇一直在推动选举改革，以此作为与波斯尼亚民主行动党（SDA）开始谈判的条件。

在这一年中，科维奇巩固了泛克族（pan-Croat）的支持，获得了独立社会民主党联盟（SNSD）的支持，并增加了与波斯尼亚政党谈判的筹码。最终克族和波斯尼亚的主要政党达成了一致，但未提及选举法改革和重新审查"克族问题"。这被解释为一种"加速政府组建的政治意愿"，但同时也增加了一些克罗地亚民族主义者的挫败感，并削弱了他们对波黑克罗地亚民主联盟（HDZ BIH）领导人的信任。因此，人们担心科维奇可能会以众议院的选举法改革为由而"再次罢工（strike again）"。

波黑反民族主义集团

2019年2月，社会民主党（Social Democratic Party，SDP）、民主阵线（Democratic Front，DF）和吾党（Our Party，OP）三个反民族主义公民党派组成了"波黑集团"。这是一种"反对派平台"，它给波黑的政治生活带来了三件新事。其一，非民族主义政党首次组织了反民族主义、反特洛伊卡（anti-Troyka）和反民族政治党派的联盟。其二，在萨拉热窝成功"实验"之后，该集团超越了地方组织，直接建立了全联邦联盟（all-federation alliance），并希望吸引塞族共和国的政党。其三，它作为最激进的平台，誓言保持对立关系，并且不与民族主义政党联合。事实证明，这是该协议中最具争议的部分。在地方层面（图兹拉州），像社会民主党这样的党派无法以反民族主义为荣；另一些党派，比如民主阵线，声称对国家利益和政治稳定的责任感超过了纯粹的意识形态，并很快离开了"波黑集团"。失去民主阵线之后，"波黑集团"仍然是社会民主党+平台（即SDP+地方政府），但在波黑公众中失去了吸引力。然而，社会民主党确实成功地远离了中央联盟。

北约问题

最激烈的争论是由波黑与北约的关系引起的。作为成员资格激活计划（Membership Activation Plan）签署国，波黑2018年同意向北约提交年度计划，以此作为加入北约的前提条件。这个问题在竞选过程中引发了分歧，因为独立社会民主党联盟领袖和塞族总统多迪克（Dodik）承诺过军事中立，而这个目标是在 2017 年塞族共和国国民议会的决议中制定的。另外，社会民主党和民主阵线要求波黑继续执行加入北约的程序。到 2018 年 12 月，民主阵线领导人和波黑总统府克罗地亚成员泽尔科·科姆西奇在谈判桌上画定了底线，并声称在塞族党派接受波黑与北约的合作计划后才能组建新政府，而波黑与北约的合作最终将为波黑加入北约做好准备。自那时起，独立社会民主党联盟和塞族总统多迪克拒绝遵守，并致力于塞族的分裂活动、反中央主义和民族主义的活动。双方激烈驳斥对方的要求，缺乏调解者。

欧洲一体化

在加入欧洲一体化进程方面，2019 年是波黑表现最差的年份之一。2019 年 5 月，欧盟委员会发布了《关于波黑入盟申请的意见》，但没有明确说明波黑获得候选国身份的最后期限。2019 年 5 月欧盟委员会发布《关于西巴尔干国家（包括波黑）在欧洲一体化进程中取得进展的意见》后，波黑领导人很少发表声明来表示对此《意见》的重视。欧盟委员会给波黑提出了获得成员国身份和开启入盟谈判的 14 个优先事项。这些事项理应由 2018 年 10 月大选后组建的波黑新政府分析并实施。然而，事实表明，波黑政客和政府官员没采取任何行动开展讨论和尽职调查情况，更不用说采纳、实施欧盟的建议。现在看来，波黑"官方"在有关欧盟的所有事情上都保持沉默，而且有关波黑的"立场、视角和疑虑"只能从欧盟的监督机构获取。他们对波黑在入盟问题上陷入僵局的反应很简单：波黑在组建中央政府方面没有进展，就意味着波黑的入盟进程没有进展。

（作者：Ivica Bakota；翻译：吴鑫滢；校对：郎加泽仁；审核：刘绯）

第二节　2019年波黑经济总体指标

据国际货币基金组织（IMF）估计，2019年波黑的名义GDP为201.06亿美元（较2018年有所减少），以购买力平价计算的GDP（Purchasing Power Parity，PPP）为497.9亿美元（较2018年略有增长）。人均GDP为5748美元（以名义GDP计算）或14220美元（以购买力平价计算）。

世界银行预测，2019年波黑经济将增长3.4%，这反映了2015年以来的稳定增长数据（超过3%）。波黑对外贸易商会在2019年4月发布的失业率（合并塞族共和国和波黑联邦）是15.7%，平均净工资为825美元，这证实了最近3年波黑经济的持续增长趋势。

波黑在《经济自由指数》中排名第83位，相对于2018年排名第91位有所进步。虽然高于全球平均水平，但仍落后于快速增长地区的水平。根据该指数，波黑在经商方面是"适度自由"国家（"moderately free" country）。

根据波黑中央银行2019年发布的报告，截至2019年1月，波黑银行的总存款为219亿波黑马克（约合112亿欧元），占名义GDP的61.15%。2019年上半年，出口额为58.29亿波黑马克（约合29.8亿欧元），比2018年同期减少0.1%，而进口额为97.79亿波黑马克（约合50亿欧元），比上年同期增长4.5%。出口仍然主要依靠电力、木材、金属矿石（铝、铁、铝土矿）和汽车零件（汽车座椅）。主要的出口合作伙伴是德国、意大利、奥地利以及邻国克罗地亚、塞尔维亚和斯洛文尼亚。波黑2018年的进口数据也没有太大变化，主要进口商品为化石燃料（原油、机油）和汽车等。主要进口合作伙伴包括德国、克罗地亚、塞尔维亚、意大利、俄罗斯、中国和土耳其。目前尚无法获得2019年进出口总额数据，但根据2018年的数据，分别为102.1亿美元和62.1亿美元。

根据中央政府的数据，2019年6月波黑的公共债务为111.5亿波黑马克（56亿欧元），其中外债为82亿波黑马克（41.3亿欧元），国内债务为29亿波黑马克（15亿欧元）。公共债务在国内生产总值中的比重为31.42%，其中波黑联邦的公共债务总额占59.91%，塞族共和国的公共债务占47.97%（布尔奇科地区的公共债务占0.47%）。与2018年年底相比，公共债务增加了5085万波黑马克（2640万欧元），增幅为0.46%。外债减少了149万波黑马克，而国内债务增加了5234万波黑马克。

根据其他数据，2019年第二季度，波黑售出新公寓的平均价格为每平方米1606波黑马克（约821.47欧元），略低于2018年的价格（886欧元），尚没有明显趋势表明消费量稳定下降。但是波黑房地产市场在当地价格上存在明显差异，而当前的移民趋势和农村人口的减少加剧了这种差异。

另外，在2019年的前七个月中，有906788名游客到波黑旅游，人数比前一年增长11.7%，但这仍不是最具代表性的数字，因为预计7—9月和12月的游客人数会达到顶峰（当前不可用）。与2018年相比（有1465412名游客到波黑旅游），预计2019年将实现两位数以上的增长率（与2018年相比增长12%以上），一年共计约350万过夜酒店住宿，其中三分之二是来自国外的游客。

2019年上半年，外国直接投资总额为6.501亿波黑马克（3.332亿欧元）。

挑战

尽管总体指标良好，但波黑经济仍然面临着长期性的问题，而2019年在这些问题上没有取得任何进展——行政膨胀、在《营商环境》列表中得分低、腐败、灰色经济、低效的税制和低生产率。2019年新闻媒体谈论最多的是以下4个问题。

第一，国有企业表现不佳。2019年，国际货币基金组织在波黑的任务是试图解决国有企业不景气以及波黑私有化失败的问题。工作文件"波黑的国有企业"指出：令人失望的是，在波黑的550家上市公司中，很少有公司在践行可持续发展理念。总体而言，国有企业拥有企业总资产的40%，雇用雇员约11%，仅占总营业额（增加值）的10%，这表明波黑国有企业雇员创造的增加值低于该地区的其他国家。国有企业的债务总额约占GDP的26%。然而，尽管生产率较低，但国有企业的平均工资仍比私营企业高40%。

这些结果证实了波黑经济学家曾警告并提出的波黑经济的结构性问

题。普遍的客户主义，或者是萨拉热窝经济学院教授安托·多马泽特（Anto Domazet）所说的波黑政治资本主义是政治阶层的特权制度，它伴随着通过私有化、公共资源分配、购买公共合同等问题体现出来的腐败和有组织犯罪。公职创造了一个"效率低下、表现不佳的公共部门；充满惰性及停滞不前的经济没有促进增长，而是造成了失业；贫困和流动人口增加对该国的经济活力提出了质疑"。当位于黑塞哥维那—内雷特瓦州（Herzegovina-Neretva Canton）的最大国有企业阿鲁米尼·莫斯塔尔（Aluminij Mostar）于7月倒闭时，这种"商业模式"的失败便可见一斑。由于效率低下和保守的商业政策（保护国内市场失败、垄断、技术和市场滞后），曾经的最大铝出口商阿鲁米尼·莫斯塔尔破产了；更为重要的是，它曾是政治运动以及政治干部和支持者就业的非法融资来源。

第二，商业难以经营。波黑是在"经商便利性"方面排名倒数的欧洲国家之一，灰色经济占GDP的四分之一（根据欧洲委员会的进度报告），所有权保护不力且管理程序迟缓，波黑尚未进行全面的改革以吸引外商投资。世界银行解释波黑在《营商环境》排名中的劣势时，概述了波黑其他方面的不足，例如：开办企业平均需40—60天，获得建筑许可证最多可延长至几个月，连接到电网，注册所有权，获得融资，保护中小投资者，缴纳税款给中小型企业造成沉重负担，对外贸易中的税收和壁垒，合同目标的实现，以及破产决议（司法机构缓慢而腐败）。结局是恶劣的商业环境助长了灰色经济的增长、失业和贫困。据许多专家称，鉴于这种经济形势，社会无法对知识的获取和创造进行充足的投资。

第三，人才流失和劳动力萎缩。由于波黑的移民问题日益严重，并且从间接和非官方数据来源看，长期性问题也日益明显。与塞尔维亚、北马其顿和科索沃地区进行简单比较便可看出，尽管中央未能公布波黑劳动力的准确数据，但波黑的人口减少趋势正处于20年以来的峰值，同时就业和失业人数的下降以及汇款的增加提供了大量证据。2019年，波黑政府批准了一份报告，该报告是移民合作战略的一部分，该报告列出了2017年的数据。根据该报告，目前至少有200万波黑人居住在波黑之外，占当前波黑人口（估计为353万）的56.6%。世界银行的估计值略低，并认为波黑44.5%的人口（在波黑出生的人，不包含只有父母或祖父母在波黑出生的第二代和第三代波黑人）居住在波黑之外。就移民和人口流失而言，波黑在世界上排名第 16 位。

事实上，地方政府、联邦政府以及塞族共和国政府都未建立计算离开本国人口的数据库；对非居民人口采取了不同的应对方法，而这些方法之间的差异在政治上被利用了。这些都加剧了波黑的移民问题。但是，在波黑联邦 2019 年早些时候发表的声明中，国际机构（包括世界银行、联合国、欧盟）和波黑非政府组织的警告被含糊地解读为"离开波黑的一种严峻趋势，不仅为了接受高等教育，也为了获得其他就业机会"。因此，解决人口流失和劳动力减少不是问题，承认问题才是波黑当前面临的主要挑战。

第四，基础运输设施不足。战争结束以来，波黑仅修建了 130 公里的高速公路（也是波黑高速公路的总长度）。在过去 5 年中，没有新建任何一条完整的高速公路。恶劣的山地条件令道路建设十分困难，而且施工计划和项目还频繁更改和延迟。波黑主要道路建设项目是沿 VC 走廊（萨马克、泽尼察、萨拉热窝、莫斯塔尔和普洛切）建设高速公路，该高速公路建在泽尼察和塔尔辛镇之间（萨拉索沃向莫斯塔尔市郊），全长约 60 公里。目前，波黑也有较短的路段，而泽尼察绕行公路不到 10 公里。丝维拉（Svilaj）附近的边界桥（与克罗地亚）已经进入建设的最后阶段，但是由于尚未建造用于连接的高速公路，因此边界桥将闲置数年。穿过普莱年山脉（Prenj Mountain）的隧道也是联邦政府在未来几年内面临的挑战。

塞族共和国修建了连接格拉迪卡（Gradiska）以及巴尼亚卢卡—多博伊（Banja Luka-Doboj）高速公路的部分路段（是未来巴尼亚卢卡—贝尔格莱德高速公路的一部分）。塞族共和国和波黑联邦这两个政治实体 2019 年都达成了建设萨拉热窝—贝尔格莱德环形高速公路的协议，但是该计划仍处于初期阶段，可能要用几年的时间才能实施。除公路和高速公路外，在铁路基础设施方面，波黑仍是最不发达的地区之一，仅在航空运输（萨拉热窝国际机场客运站的扩建）方面取得了进展。

（作者：Ivica Bakota；译者：吴鑫滢；校对：郎加泽仁；审核：刘绯）

第三节　波斯尼亚种族灭绝与种族间和解进程

关于波黑社会发展的每一个话题都应该从种族间和解进程（Inter-Ethnic Reconciliation process，IER）开始。该进程十分缓慢，极易受到各方政治操控的影响，并且往往被国际调解的努力中断，比如前南斯拉夫国际刑事法庭的努力或那些否认波斯尼亚战争暴行的其他"国际化"事件。

2019年的种族和解进程始于驳回针对波黑塞族战争时期领导人拉多万·卡拉季奇（Radovan Karadzic）的控诉及反对前南斯拉夫国际法庭早前的定罪。2019年3月20日，卡拉季奇被判无期徒刑，在波黑波斯尼亚克区引起一片欢呼，但同时也对该判决对他的"心血结晶"（塞族共和国）可能产生的影响提出了质疑。为了反制这种质疑，塞族议员多迪克（Dodik）重申了他对斯雷布雷尼察种族灭绝（Srebrenica genocide）的否认，重新激发了媒体和公众对波斯尼亚种族灭绝事件的反应。波斯尼亚种族灭绝问题仍然是种族间和解进程的主要障碍。

影响仅次于起诉卡拉季奇的大事件是，瑞典皇家学院诺贝尔委员会于2019年10月授予奥地利作家彼得·汉德克（Peter Handke）诺贝尔文学奖的决定。在社交媒体上发表的评论中，塞族方的贺信内容因波斯尼亚方面的批评、否认和失望而改变。在许多西方媒体中，该决定因汉德克支持塞尔维亚米洛舍维奇政权（Milosevic regime，前南斯拉夫联盟共和国），及其对塞族军队在围攻萨拉热窝时犯下的斯雷布雷尼察种族灭绝的否认而受到批评。此外，汉德克代表米洛舍维奇政权进行的公共宣传和政治参与，使他成为自米洛舍维奇垮台之后少有的几个持此立场的欧洲人之一，也使他与部分塞尔维亚公众疏远。同时，他对1999年北约轰炸南斯拉夫和科索沃问题的立场激怒了（科索沃的）阿尔巴尼亚人。

波斯尼亚公众对诺贝尔委员会的决定同样感到震惊。首先做出反应的是波斯尼亚的政客和非政府组织的代表，他们抗议汉德克的否认主义和亲塞尔维亚的政治倾向。波斯尼亚议员塞菲克·扎费罗维奇（Sefik Dzaferovic）认为诺贝尔委员会的决定是可耻的。他在波黑媒体发表的讲话中指出，无视汉德克维护米洛舍维奇的事实以及忽略他的"执行人"拉多万·卡拉季奇和拉特科·姆拉迪奇，都是可耻的。这两个人均因战争和种族灭绝行为而被前南国际法庭定罪。克罗地亚民意调查专家佐尔科·科姆西奇（Celjko Komsic）也直截了当地批评说，诺贝尔委员会的创建者想鼓励的是为和平做出贡献的人，"而非像汉德克这样散布仇恨，否认罪行和种族灭绝的人物"。

政治上，否认斯雷布雷尼察种族灭绝与塞族共和国的存在是相关联的。正如波斯尼亚民间组织指出的，否认种族灭绝的政治争议在于，塞族共和国承认种族灭绝不仅会严重损害其"国际"声誉和政治存在，而且很可能否定分离主义者的合法性。目前塞族共和国领导层声称，支持分离的塞族共和国当局没有提及在1995年斯雷布雷尼察种族灭绝事件数月后签署的代顿协定（Dayton Agreement，签署代顿协议使斯普斯卡共和国成为当下波黑的一个政治实体），而是提到波斯尼亚塞族议会（Bosnian Serb Assembly）关于《波黑塞族人民共和国的声明》的宣言。此《声明》称，自1992年1月起，波黑塞族人民共和国为波斯尼亚塞族的最高权威（据解释，《代顿协定》仅在事后获得批准）。因此，塞族共和国政客否认"种族灭绝"的指控，而否认主义的最坚定拥护者米洛拉德·多迪克在媒体发表的声明中多次声称，他不把在斯雷布雷尼察的杀戮视为种族灭绝，并坚持认为，"如果发生了种族灭绝，那么该地区的塞族妇女、儿童和老人都会被屠杀，无一幸免"。人们注意到，在涉及实际受害人数问题上，他持历史修正主义的立场。与那些敢于为波斯尼亚受害者发声的塞尔维亚政客不同的是（主要是为了弱化要求一个种族承担集体责任的呼吁），多迪克相当武断地推测塞族人是波斯尼亚克的受害者，并坚持认为，应该通过类似方式讨论针对塞族人和针对波斯尼亚人的种族灭绝。

另外，塞族军队对波斯尼亚克人犯下了种族灭绝的罪行。支持这一观点者的主要合法性基础源于前南斯拉夫国际刑事法庭（ICTY）和国际法院（ICJ）的诉讼程序和判决。但是，两个法院对符合种族灭绝行为的直接责任做出了不同的裁决。在前南斯拉夫国际刑事法庭处理的几个个案中，法院得出的结论是，在斯雷布雷尼察犯下的罪行具有"摧毁波斯尼亚和黑塞哥维那穆斯林群体"的特定意图，因而可以将其认定为塞族共和国军队犯下的种族灭绝行为。尽管未正式宣布有关波斯尼亚种族灭绝的罪行（考虑到塞族政客拥有的针对此类决定的否决权），波斯尼亚（和克罗地亚）政客和官员绝大多数都承认针对波斯尼亚人的种族灭绝。尽管他们对暴行的范围和程度持不同意见，但对此行为的分类（即种族灭绝）持一致意见。

贿赂事件和检验波黑司法诚信度

2019年5月，波黑公众面临着波黑高级司法机构涉嫌腐败的问题，又称为"贿赂事件"（Potkivanje affair）。起初的窃听事件只可能引起为时一周的反应和（或许）一份辞职声明。但是，由于高级司法检察委员会（High Judicial Prosecutorial Council，HJPC）主席米兰·特盖尔蒂亚（Milan Tegeltija）拒绝辞职，致使该事件在波斯尼亚和区域媒体上被持续讨论了1个多月。对公众而言，这起涉及波黑最高级别司法部门腐败活动的案件是意料之中的事。但是，司法委员会和纪律委员会却"转换议题"，即：不是进行内部审查，而是要求检察机关调查刊登敏感文章的媒体，因而激起了公众的愤怒，而且事实上暴露了该贿赂事件，致使公众将其称为"波黑假反腐斗争中的禁区"。

有几个问题引起了公众对贿赂事件的担忧。首先，人们普遍认为，高级司法检察委员会主席在与阿莱塞维奇（Alesevic）会面时越过了底线，因而他应该为此承担道德责任并下台。特盖尔蒂亚辩解称，他"就个别案件进行了超过三四百次私下会晤"。尽管可能违反不干涉司法工作的原则，但公众还是对该事件极为关注，因为该行为太过引人注目。公众最关心的是，有关他们的会晤是否有书面报告，以及委员会是否知情。引起公众强烈不满的第二个原因是，就在文章发表1天后，部长理事会为表示对特盖尔蒂亚的支持而发表了声明。"这一声明似乎是在为领导者喝彩，而不是在经过严格审查后做出的决定。"最后，委员会把公之于众的视频视为一个"显而易见"的事件，而并没有提及高级司法检察委员会主席与克拉杜沙（Velika Kladusa，波黑地名）商人的对话内容。

根据迄今为止公众对此案的普遍看法，当波黑高级司法检察委员会在二级裁决（second degree decision）中裁定申诉不可受理——就像在一级裁决（first-degree decision）中那样，并决定结束贿赂案时（高级司法检察委员会主席不承担任何法律后果），就已经到了一个不可逆转的节点。总体而言，高级司法检察委员会的腐败意味着波黑司法体系中的最后一个机构也最终同流合污。对于欧盟和国际社会而言，也意味着失去了一个合作伙伴。而媒体和普通民众为了争取自身权利，能做的就是在该事件中争取正义，毫不妥协。

萨拉热窝"骄傲游行"和对传统社会发起挑战

当波黑的 LGBTIQ（女同性恋、男同性恋、双性恋、跨性别者）等性少数群体行动者在 4 月宣布将于 9 月 8 日在萨拉热窝首次正式举行"骄傲游行"（Pride LGBTIQ parade）时，在社交媒体上就引起了不同的反响，但很少有官方评论。这次游行的口号是"有出路"（"Ima izac"），大致可以翻译成"立即行动"。正如人们在错过公交车时发出的呼喊那样，巴尔干地区的首次"骄傲游行"以此为口号恰如其分。

此次活动的主要组织者在 4 月 1 日召开的新闻发布会上（再次讽刺地）表示："现在正是波黑的 LGBTIQ 群体主张权利的时候。"萨拉热窝新闻门户网站还报道了主要组织者之一莱杰·赫雷莫维奇（Lejla Huremovic）的讲话，他称"骄傲游行"是"强有力的政治工具，可以让个人和群体争取权利自由的抗争发生急剧变化。他们当前正面临着来自社会各阶层的歧视和暴力"。

不出所料，公告发布后在社交媒体上引起了高度分歧的反应。正如同在其他地区首府进行首次"骄傲游行"时一样，社交媒体和公众舆论吸引了数百个回应：从公开呼吁反对针对参加者的暴力到支持和承诺参加游行的帖子不一而足。据推测，首批声援来自国际代表、波黑大使馆以及该地区的 LGBTIQ 性少数平权组织。然而，相关报道显示，在"骄傲游行"筹备工作中，来自当地的公众人物、自由派政客和名人的支持已大为减少。政客们也不愿通过发表评论来表达自己的个人见解，并且大多数人都退缩到平淡无奇的官方声明背后，承认每个公民都有权集会和选择自由。

可以预料，媒体会报道社交媒体上最极端的帖子。支持者和活动参与者主要包括 LGBTIQ 个人以及来自班尼亚卢卡（Banja Luka）、图兹拉（Tuzla）、泽尼察（Zenica）和其他城市地区的少数"自由先锋派"人士。主流社交媒体网站大量引用和分享他们的观点，但是反对游行的群体也引起了广泛关注。一些当地信息门户网站、右翼团体和足球俱乐部支持者在社交媒体上呼吁对"骄傲游行"的参与者施以暴力，并"将这些垃圾赶出城市"。就同一话题，他们主张无视同性恋话语权，并呼吁对性少数群体处以私刑；同时，这种声音还与民粹主义和保守派观点交织在一起。大多数评论都"足够慷慨"，承认每个人都拥有生存和选择性取向的权利，但反对"任何"公开"出柜"的行为，反对以"侵略性"生活方式威胁"普通和正常"的人。通过仔细浏览反对"骄傲游行"团体和同情性少数群体者发布的帖子，人们可以发现，在波黑大部分异性恋者的灰色地带里，混杂着虚假的男子气概和公民的冷漠感。这一点对于巴尔干地区的其他社会来说也同样如此。

与该地区（巴尔干）的其他"骄傲游行"相比，波斯尼亚在游行过程中没有发生任何暴力事件。据报道，参加者从铁托元帅街出发，游行至波黑共和国广场（国会大厦前）。大约有500人参加了游行，其中包括来自塞尔维亚、克罗地亚和该地区其他国家的LGBTIQ支持者。但是，当地媒体注意到，包括现任官员在内的政客大多既没有就这一消息发表评论，也没有在"骄傲游行"前夕表态。那么，波黑政客为什么不愿意表明个人态度？其原因与以下事实有关：波黑是最近才首次举行"骄傲游行"的国家（继塞尔维亚和斯洛文尼亚于2001年举行游行18年之后），并且这通常会被归因于战争结束后持续存在的社会再传统化（social re-traditionalization）观念，即普遍存在的种族民族主义（ethno-nationalism）放慢了社会变革的步伐，并使人们担心社会内部存在极端分子。

多数专家的意见都强调了第二个原因，即种族民族主义者并没有在20世纪90年代的战争后接受有关社会进步的新观点，而是"培养了异性规范、严格的父权制和以家庭为中心的观念"作为支持其民族主义议程的手段。

波斯尼亚的首次"骄傲游行"成功地保持了和平氛围，未发生任何寻衅滋事行为。但是，在过去20年中，波黑社会是否陶醉于这种民族传统主义？这个问题因此次出乎意料的和平游行而被忽略。

（作者：Ivica Bakota；译者：吴鑫滢；校对：郎加泽仁；审核：刘绯）

第四节　2019 年波黑外交发展概况

欧洲—大西洋一体化

加入欧盟问题

根据普遍认同的专业意见，自 2019 年 5 月即将离任的欧盟委员会发表关于波黑的《意见》，波黑的入盟进程基本上就处于停滞状态。这意味着，波黑的政客和政府官员几乎未根据欧盟委员会提出的建议采取任何行动。该报告特别指出，波黑尚未充分满足《哥本哈根标准》中关于法治、人权和少数族群权利以及保护民主制度稳定方面的标准，并表示"要想开启入盟谈判，波黑首先要符合成员国资格标准，特别是哥本哈根政治标准"。在制度和立法框架方面需要进行"根本性改善"的事项中，该报告列出了民主、法治、基本权利和公共行政改革领域的 14 个重点优先事项。

这些重点优先事项是获得候选国资格的先决条件，包括以下内容：（1）落实欧安组织—民主制度与人权办公室（OSCE-ODIHR）和威尼斯委员会（Venic Commission）有关选举法、政党筹资和地方（实体，州级）选举的建议，特别强调了在莫斯塔尔（Mostar）举行市政选举一事。（2）制定和实施符合欧盟法的国家计划。（3）恢复议会稳定与社团委员会（Parliamentary Committee for Stabilization and Association）的工作。波黑还应从根本上改善体制和宪法框架。（4）最重要的是，确保公民的平等权利和不受歧视，解决塞耶蒂奇·芬奇法案（Sejdic-Finci law）提出的问题，并"承认"波黑公民的平等地位，而不是根据宪法确认的 3 个种族而区别对待。（5）继续进行民族和解——一项长期性的建议，从目前的措辞（"采取具体步骤"）看，并未被很好地采纳。（6）在法治领域，根据欧洲标准调整司法权仍然面临挑战。国际上对司法机构工作的干预越来越多（欧盟代表团、高级代表办公室、欧盟成员国使馆），因而导致波黑内部出现分歧，一些人将其视为对内政的干预。（7）打击腐败和有组织犯罪。（8）确保有效的边境和移民管理是所有政治行为体公认的问题，但到目前为止，仅对这些问题的解决提供了声明性支持。（9）废除《塞族共和国宪法》中有关死刑的规定。（10）波黑联邦人民议院（FBIH House of Peoples）就不歧视原则进行立法。（11）确保民间社会生活环境的安全。（12）保障媒体自由和保护新闻工作者。（13）保护弱势群体（移民、寻求庇护者、吉普赛人和同性恋者等）。（14）公共行政改革采取实质性步骤，改善其功能和实现多层级协调，并在改革的下一阶段，优先考虑公务员功绩而非政治背景以确保公务员的就业。

2019年5月以来，波黑领导人很少发表声明，以示对欧盟委员会《意见》的重视。欧委会提出的14点建议将由新政府进行分析和实施，但由于波黑出现政府危机，入盟程序整整一年未取得进展。因此，在波黑与欧盟的谈判中，这些仍然是主要问题。

加入北约问题

波黑自2008年就一直在为加入北约进行谈判。与此同时，波黑仅申请了成员资格激活计划（MAP），但尚未满足启动该计划的条件。根据波黑2018年发布的外交政策战略文件，正式"激活和实施MAP计划"是优先事项。但是，自2019年年初，有关加入北约的争议日益激烈，因而加入北约必须高度依赖塞族和波斯尼亚政客之间的政治共识。谈判中（为期1年）遇到的诸多问题，还包括实现年度国家计划（ANP）。塞族共和国的反北约党派拒绝将实施该计划作为加入北约的一个步骤。双方于11月达成妥协，正式达成协议，向北约布鲁塞尔总部提交了国防改革计划。然而，为了避免引起怀疑，塞族总统府成员米洛拉德·多迪克解释说："尚未通过任何损害北约成员资格的文件。"关于什么是"改革计划"及其与年度国家计划的区别仍不明确，并且引起了塞族共和国和波黑联邦反对派的关注。波黑联邦的反对党坚信，一方面，妥协是在多迪克做出重大让步后达成的；另一方面，塞族反对派指责多迪克——独立社会民主联盟（SNSD）主席——背叛了泛塞族反北约共识（pan-Serb anti-NATO consensus）。北约布鲁塞尔总部对这项决定表示赞赏，但未就该计划是否有别于年度国家计划明确表态。然而，落实改革计划是实施成员资格激活计划的前提。

区域合作框架

"柏林进程"和"迷你申根"

波黑参与了旨在加强和加速欧洲一体化的若干计划。尽管波黑2019年参加的各种峰会很有用，但这些活动正在成为例行程序。一个突出的例外可能是"柏林进程",但是从波黑的角度来看,这项雄心勃勃的倡议尚未实现其承诺的目标。由于政府危机和波黑外交政策总体上不一致,波黑的外交官员虽然参与了受到欧盟赞助的地区合作框架,但积极性不高。同时,萨拉热窝、莫斯塔尔和巴尼亚卢卡对区域合作倡议做出了不同反应,例子之一就是"迷你申根"。"迷你申根"是塞尔维亚、阿尔巴尼亚和北马其顿领导人于2019年年底发起的首个"真正的"区域倡议。波黑媒体对该倡议持保留意见,只强调了该倡议的重要性,原因是欧盟未兑现在上届峰会上就向西巴尔干地区扩大做出的承诺。更关键的是,该倡议被指责不符合欧盟的区域一体化愿景,意味着一个"新的南斯拉夫"正在形成。

波黑对该计划的官方回应也不是前瞻性的。波黑部长理事会(COM)主席丹尼斯·兹维兹蒂奇(Denis Zvizdic)含糊其辞地回应称,波黑政府需要对该倡议进行考虑。在回答波斯尼亚媒体提出的问题时,他表示:"波黑未就这一倡议达成共识或采取坚定立场,需要向波黑部长理事会和总统府等机构介绍倡议的内容和预期效果。"波黑公众对"迷你申根"提出的一些反对意见包括对政治和经济方面的担忧,认为这种"新的南斯拉夫"将推迟波黑的入盟进程,且不得不面对占主导地位的塞尔维亚和阿尔巴尼亚民族主义。

双边关系

波黑与克罗地亚

2019年,波黑与克罗地亚的关系重新引发了4个有争议的问题:第一,萨格勒布参与了对波黑联邦内克族政治地位的重新定义。第二,被指控犯有战争罪的克罗地亚族或波斯尼亚克族士兵地位问题。在其他与战争有关的问题上,萨拉热窝认为萨格勒布对波黑克族的保护性政策废除了从战争时期延续而来的、公开的民族主义家长制(open nationalist paternalism)。第三,边界划定及许多未解决的领土问题,其中包括佩列沙茨大桥(Peljesac bridge)建造引起的争议。第四,解决移民危机。总体而言,2019年克罗地亚政府在欧盟向西巴尔干地区扩大问题上,特别是对波黑的扩大政策中,扮演了新的规范者角色。波斯尼亚克族人在官方支持下修改了选举法,克罗地亚在波黑的欧洲—大西洋一体化(BIH's Euro-Atlantic integrations)进程中扮演的家长的角色,致使克罗地亚与萨拉热窝之间的关系变得紧张。由于在波黑移民危机、一些地区受到极端主义威胁等问题上存在争议，萨拉热窝有意疏远萨格勒布民族主义者。可以说，这些紧张关系也是克罗地亚外交政策决策机构内部不同行为者之间冲突的结果，反映了当前波黑与克罗地亚双边关系中存在的一些争议。

波黑与塞尔维亚

由于贝尔格莱德和巴尼亚卢卡之间的"特殊关系"，2019年的塞波双边关系不会因为没有争议性事件或声明而被记住。主要原因是波黑"外包"给塞族共和国的所有手段都是为了平衡它对塞尔维亚的外交支持（科索沃问题、北约政策）。其次是塞尔维亚领导人的反冲突行为，以及塞尔维亚总统亚历山大·武契奇（Aleksandar Vucic）与波黑只谈（经济）方面的合作。两国都参加了最高级别的区域、多边和三边会议，讨论基础设施合作项目（例如贝尔格莱德—萨拉热窝高速公路），试图重启边界划定谈判，并成功增加了双边贸易额。但萨拉热窝的一些政客仍认为，这样的结果是以在敏感、有关战争的问题上做出让步为代价的。这些问题只是被掩盖了，没有得到解决，并且双方都没有表现出解决问题的意愿。

与非西方国家的关系

波黑与俄罗斯

尽管塞族共和国和俄罗斯保持了关系（特别是波黑—塞族共和国—俄罗斯三角关系），但波黑和俄罗斯的双边关系在解决经济和金融问题上发挥了积极的作用，例如债务赔偿、稳定布罗德炼油厂（Brod Oil Refinery，由俄罗斯国有公司所有）的运营以及对波黑热电站（thermal power plants）的新投资等。俄罗斯参与波黑事务主要是因为对塞族共和国进行了投资，尤其是在能源部门和银行部门（俄罗斯联邦储蓄银行，Sberbank），但与萨拉热窝的合作则更为紧密（尤其是银行和农业部门）。

波黑与中国

在实施图兹拉热电厂（7号项目）建设项目方面，波黑获得了中国的资金保证。该项目既是"中国—中东欧国家合作"模式下最重要的中波合作项目，也是波黑能源领域迄今为止最大的投资（价值6.13亿欧元）项目。农产品交易方面的合作（尤其是肉类和水果产品的出口）在中波双边对话中也有所提及。波黑于2019年夏天对中国公民实行免签证制度后，预计会迎来中国游客的剧增，邻国非欧盟国家塞尔维亚和黑山此前都抓住机会吸引潜在的中国游客。波黑重申了对运输领域一些长期项目的支持（塞族共和国的几个高速公路项目），并在中波双边对话中提及了开发林业和金属加工领域合作潜力事宜。波黑2019年有机会主办第四届中国—中东欧国家运输峰会，这是由18个国家参加的部长级会议。此外，波黑首都萨拉热窝将组织第五届中国—中东欧国家首都市长论坛（接待来自欧洲和中国的18位市长），并组织中国—中东欧国家大学冬季运动会。

波黑与土耳其

2019年夏，土耳其总统埃尔多安（Erdogan）访问萨拉热窝，并于年底参加了土耳其、塞尔维亚、波黑在贝尔格莱德举行的三边会谈。这些都使得这一年值得铭记。波斯尼亚克社会将埃尔多安的访问视为土耳其关心波斯尼亚的证据。但分析人士强调，鉴于土耳其的经济实力及其对该地区的重要性，总体而言，土耳其对波黑的基础设施和贸易都产生了积极影响。波黑的非波斯尼亚克社会还在讨论，除了经济外，埃尔多安在波黑是否还有其他优先事项。然而，有迹象表明，波斯尼亚克有利用与埃尔多安关系的倾向，正如多迪克有利用塞族共和国与俄罗斯关系的倾向。应当指出的是：到目前为止，在推动多边外交方面，双方的经济收获都有限。

（作者：Ivica Bakota；翻译：齐欣雨；校对：郎加泽仁；审核：刘绯）

第五章

波　　兰

第一节　2019年波兰国内政治总结

　　2019年被认为是波兰历史上非常不顺的一年，因为其中充满政治不端、腐败丑闻、裙带关系和不正当的政治手段。这些都是由2019年极其残酷的选举所导致。波兰人在2019年两次选举了他们的政治代表，即5月参加了欧洲议会选举，10月参加了波兰众议院和参议院选举。从选举一开始就可以明显看出，每个政党在选战中都在采取各种手段抹黑政治对手。不过，尽管2019年出现了许多政治动荡，但法律与正义党的好运持续了2019年一整年。

　　实际上，"选举"一词作为2019年度的政治词汇，在所有情况下、在任何分析和新闻文章或电视采访中均击败了其他关键词。在2019年，这个词的影响已经超过了所有其他表述，因为无休止的选举运动不仅对内部政治产生了影响，而且对社会政策、经济、教育、法制甚至外交政策都有影响。法律与公正党及其右派联合阵营（Zjednoczona Prawica）试图维持权力。同时，在野党（主要是公民联盟党，Koalicja Obywatelska）在欧洲大选期间采用了European Coalition（"欧洲联合"）这一名称（但政党组成稍有不同）试图抢占法律与公正党的领导地位。事实证明，尽管这些政党取得了一些成功，但没取得任何明显效果。

　　正如2019年的关键词是"选举"一样，早在2015年法律与公正党就定义了其关键词，即"尊严"。法律与公正党因此实施了"家庭500＋"计划（Rodzina 500＋）。该计划旨在为波兰每个18岁以下儿童提供经济支持，让许多波兰家庭感到自己生活得更加体面。这是政府有史以来第一次向公民提供经济赠与，而没有考虑其工资、面临的问题或需求。因此，新的家庭福利政策已成为社会在更大范围内实现尊严的一种象征。

另一个关键词是"信誉"。执政党已经完全意识到了这一点，因而开始尝试说服民众，让他们相信法律与公正党的政策有效，能够确保社会政策的安全，并能够通过证明其信誉来维持权力。法律与公正党得益于这种可靠性，从竞选之初就有很大的获胜机会。以莱赫·卡钦斯基（Lech Kaczynski）为首的法律与公正党史无前例的成就是，该党领导的政府可以积极推动选举承诺的落实，尤其是"家庭500＋"项目。

通过这种方式，法律与公正党在其治理中引入了新的变化，即通过（至少部分地）履行选举承诺，并强调"波兰性"（Polishness）的重要，这意味着将传统、保守的价值观以及社会政策置于无条件的财政支持之下。实际上，这些与其信誉相关的政策，一方面看起来十分美好；另一方面仅仅是针对特定的领域，会使该党避免陷入政策难以实施的多重困境。这一策略奏效了。法律与公正党承诺实施广泛的社会政策、教育改革和司法改革，而这些承诺在2015—2019年得以实现。因此，人们看到了执政党工作的成果。但这些工作的质量却难以衡量，因为项目采取的某些措施引起了极大的争议，甚至引起了抗议。尽管如此，法律与公正党为履行承诺而采取的措施也不容否定。

提出具有吸引力的几个设想，并在赢得选举后兑现这些承诺，这种行为也是法律与公正党2019年的选举计划。"法律与公正党新五项计划"也由此诞生。这五项计划包括：提高免税额、为每个孩子提供"500＋"计划（以前仅为家庭中的第二个及更多的孩子提供）、为退休者提供第十三个月养老金、对不超过26岁的人免征个人所得税以及抵制排斥性交流。

由于迄今取得的成就，法律与公正党在兑现承诺方面比竞争对手更具信誉，而且更重要的是马泰乌什·莫拉维茨基（Mateusz Morawiecki）政府甚至在大选开始之前就开始兑现承诺。而批评政府的人士则指出，法律与公正党希望"以自己的钱购买选民"。但是这种策略获得了回报。

实际上，在2019年5月投票时，法律与公正党超过45%的得票情况就表明，该组织当前的策略是有效且连贯的。在竞选活动中，法律与公正党专注于那些对"普通人"来说重要的事情，因而选民对"从法律与公正党处得到的好处"表示感谢。同时，反对派特别是"欧洲联合"，则失去了机会。因为他们没有注意到，以英国脱欧来吓唬选民或展开关于加入欧元区的讨论，并不足以说服那些将参加选举的人。

因此，法律与公正党的竞选活动表明，它具有针对普通选民的计划和愿景，而且是对人民有用的。而"欧洲联合"一再宽泛地强调欧洲价值观，但从未具体表述过这些价值观，而且经常侮辱部分选民群体，例如，他们指出天主教徒的政治观点绝对更加保守。而执政党关于欧洲的简单信息与这种方式形成了鲜明的对比。执政党提出："您是现在还是几年前生活得更好？"（暗示图斯克担任总理期间）。近年来，经济指标一直在帮助法律与公正党。因为波兰正处于繁荣时期，所以最近几年波兰人无疑一直生活在繁荣中。

在秋季国家议会选举之前，法律与公正党也采用了这种措辞。该党始终树立其"可信赖"的政党形象，提出重要问题并满足重大社会需求。在野党试图跟上步伐，但常常陷入混乱。他们无法找到一个简单问题的答案，即：只是想反对法律与公正党，还是提出自己对波兰的宝贵建议？

事实证明，尽管选举结果不如预期理想，但法律与公正党仍然赢得了大众的喜爱。不过，在野党获得的总票数要多于执政党（在野党共获得1000万票，右翼联合阵营获得800万票）。这个差距虽然很小，但在野党也取得了重要的成功。因为在新的众议院中，法律与公正党将不得不更多地考虑其他各方的意见。

此外，在野党在波兰参议院也取得了小规模的成功。在参议院，在野党政治家获得的席位比法律与公正党略多（51：49），并且参议院议长由在野党政治家托马兹·格罗兹基（Tomasz Grodzki）担任。这个小胜利具有重大的政治意义，因为法律与公正党不再能够像2015—2019年那样自由地进行政治活动，因为当时该党在众议院和参议院中均拥有多数席位。

总而言之，必须指出，2019年这一选举年对选民本身来说极其艰难，因为永无止境的竞选活动强烈影响了这些政治生活的参与者。不过，各方不断曝光的丑闻已不会再给选民留下深刻的印象。实际上，甚至有人说法律与公正党是一个"聚四氟乙烯党"（非常稳定），没有任何丑闻可言。

在2019年年底，人们可以感受到政治氛围趋于平静，尽管选举马拉松尚未结束。因为最后一项选举活动（总统选举）将在2020年春季举行。众所周知，现任总统希望连任。可以肯定的是，唐纳德·图斯克

(Donald Tusk)在欧盟理事会主席任期结束后将无法战胜波兰国内政治家,也不会参加总统竞选。但是,这是否意味着现任总统安杰伊·杜达(Andrzej Duda)将成功连任?也许有人更具表现力,并会取代他?甚至是一个非政治的人物?这是一个悬而未决的问题,因为目前国家总统候选人名单尚未确定。

(作者:Joanna Ciesielska-Klikowska;翻译:顾兴雨;校对:马骏驰;审核:刘绯)

第二节 2019年波兰养老金改革

波兰在2019年发生了许多经济事件。尽管波兰经济增长速度放缓,但仍然保持了相当不错的水平,增长率约为4%;失业率很低,约为5%;企业部门的平均工资每年以6.6%的速度增长(到2019年年底已经超过5085兹罗提,约为1200欧元)——这转化为稳定的政府税收收入并总体上稳定了市场。然而与此同时,未来的养老金问题对波兰员工而言仍然是巨大的挑战。养老金金额对于社会大多数人群来说仍然不令人满意。员工资本计划(Employee Capital Plans)成为解决此问题的方法。该计划于2019年7月引入,并引起了员工的兴趣,尽管启动的时间计划延长至2020年中期。政府希望以这种方式使波兰的雇员开始独立储蓄养老金,因为社保制度将无法满足老年人不断增长的财务需求。

波兰退休福利

根据社会保险机构(Social Insurance Institution,Zakład Ubezpieczeń Społecznych,ZUS)的数据,如今总共有770万退休人员和养老金领取者。但是,养老金的统计数据却不尽如人意。目前,超过4.3万人领取最低养老金(1100兹罗提,约为260欧元),多达5万人的养老金不到760兹罗提(180欧元)。这是因为最低退休金不会自动发放给所有已达到退休年龄的人群(女性60岁,男性65岁)。

自2019年3月起,最低退休金为1100兹罗提(260欧元),至2020年将增加到1200兹罗提(280欧元)。2019年上半年的数据表明,平均养老金为2236兹罗提（256欧元）。但是，按照旧的养老金制度（1999年前有效）计算，1949年前出生者的退休金仅间接取决于缴款额，而且最重要的影响因素是年龄。对于那些1949年之后出生的人而言，目前的养老金数额主要取决于缴款额，而不取决于年龄。实际上，这意味着如果某人基于合同或非法工作了多年（在20世纪90年代和21世纪初很普遍），那么他们的退休金将大大减少。

作为补救措施的员工资本计划

财务困难已经多年影响了波兰的养老金领取者。因此过去政府鼓励波兰人自己为养老而存钱。但是，薪资水平、常规性费用和支出的数量常常使人们很难为老年生活存钱。另外，由于最近的经济形势好转，平均收入是15年前的2倍（2004年约2200兹罗提，520欧元），越来越多的波兰人开始考虑自己存钱。2019年7月1日推出的员工资本计划将成为一种结构化的储蓄措施，因为它的成本将分摊在三大支柱上（员工、雇主和国家）。

将强制所有19—55岁的员工参加该计划，但员工可以随时退出。国家默认每个人都希望从中受益，因此该系统将自动将每位员工作为计划的受益人。波兰总共有1100万有资格参与这一计划的人，其中有900万人在私营部门工作，200万人在公共部门工作。不论雇用形式如何，所有支付养老保险的雇员都将与员工资本计划关联。但是，个体经营户（目前在波兰有300万以上）被排除在该计划之外，这意味着将来国家需要为微型企业员工寻找解决养老问题的方法。

员工资本计划将分阶段实施。实施顺序取决于雇主的规模或类型。最大的雇主，即雇用超过250名员工的企业，于2019年7月加入员工资本计划。从2020年1月起，中型企业加入该计划。最迟加入的是小型企业和公共财政部门，它们将于2020年中旬加入。

员工资本计划的基本缴款额是工资的2%，这是计划参与者（雇员）退休和伤残抚恤金缴款的基本条件。雇主要缴纳工资的1.5%，这是雇主为退休金和伤残抚恤金缴款的基本条件。

此外，雇主可以在员工资本计划中自愿缴付最多占工资2.5%的额外款项。这意味着，雇主可以为每位员工增加1.5%—4%的报酬。员工还可自行缴付最高占工资2%的额外款项，最多总计4%（基本款项和额外款项的总和）。因此，该员工在员工资本计划中的账户将能够获得工资3.5%—8%的报酬。员工资本计划还提供了激励最低收入者的方案。当月全部收入等于或低于该年最低工资标准120%的雇员，其基本款项比例将少于2%，但不得少于0.5%。

这意味着，如果雇员的总收入为4000兹罗提（942欧元），则在12个月内将节省1200兹罗提（282欧元），其中500兹罗提（118欧元）将是雇主支付的报酬。实际上，这意味着雇主向雇员支付的费用增加。因此，如果工资水平保持不变，那么10年内该员工的储蓄可达到12000兹罗提（9420欧元）。由于产生的利息和国家的额外补贴，这个数额会更高。该计划还规划了国家参与这一储蓄的过程。国家劳工基金的补贴将达到每月20兹罗提（4.7欧元），即每年240兹罗提（56.5欧元）。此外，员工在第一年还将获得250兹罗提（59欧元）的欢迎金。

重要的是，尽管该计划目标为长期存款，但计划参与者仍可以每年（或其他任何时间间隔）提取这笔钱。另外，这些资金完全属于个人，因此国家不可以将其国有化并用作国家预算。如上文所述，员工可以随时退出该计划，不过每4年国家会自动再次将该员工纳入计划。也就是说，该员工将来可以在任何时候加入该计划，也可以随时退出。

正如总理马特乌斯·莫拉维茨基（Mateusz Morawiecki）在讲话中所强调的，政府希望以"保证员工隐私并保护资金免受员工资本计划侵害"的方式来改变整个体系，并以此"重新获得公民的信任并恢复政府的尊严"。

上半年的成果

养老金研究所（Pensions Institute）于2019年11月发布的报告显示，大型企业中平均40%的员工决定参与员工资本计划。员工参与这一计划的水平低于政府的预期。政府最初假定至少75%的员工不会退出该计划。经济学家指出，该计划并不能有效解决目前的养老问题。员工资本计划的联合创始人，波兰发展基金会（Polish Development Fund）主席帕维尔·鲍勒斯（Paweł Borys）估计，员工参与该计划第一阶段的平均水平应为40%—50%。但波兰发展基金副主席巴托斯·马尔祖克（Bartosz Marczuk）认为，约不超过40%的员工将加入员工资本计划。

根据 2019 年 12 月底发布的数据，在有资格加入员工资本计划的 290 万人中，有 110 万人真正加入了。这意味着约有 180 万人计划退出该项目。影响波兰人所做决定的因素有很多。首先，该计划较新，因此可以假定在未来几年中收益会增加。其次，前景低于预期可能也是大企业临时雇员参与比例低的原因。这些临时雇员参与员工资本计划的程度较低，而波兰是欧盟临时雇员第三多的国家。再次，波兰人（过分地）相信国家会为他们带来个人财务的稳定，因为每个雇员必须强制缴纳养老金。考虑到这些款项将会存入联合账户而不是个人账户，因此大部分养老金将保持较低或非常低的水平。鉴于波兰社会正在迅速老龄化，退休人员人数很快将超过工作和继续向养老金系统缴款的人数。最后，波兰人仍然存在着"以后总会有办法"的想法。他们中的一些人仍然认为国家不能保证任何稳定的资金存储，因此最好把钱放在家中（甚至不存在银行），或者他们希望这个问题将来能以某种方式得到解决，例如在子女或其他家庭成员的帮助下。

尽管如此，仍有很大一部分公民加入了该计划，其中大多数是女性（55%）。对她们来说，这种形式的储蓄很方便，并且可以为她们提供接近男性或更高的退休金（男女退休金仍然存在不一致的情况）。在 2020 年该计划纳入中小企业和公共部门后，参与百分比是否会改变，以及改变多少都将是非常有趣的问题。

总结

员工资本计划是一种自愿且完全个人的长期储蓄计划，理论上会提高波兰人的财务安全。根据财政部的观点，员工资本计划是首个针对超过 1100 万公民的储蓄计划，因为雇主、雇员和国家预算的贡献，该计划有机会实现真正的普及。因此该计划是一场革命，可以改变未来人们对退休金的观念，这也是员工对自己未来负责任的重要一步。但是应考虑到，员工资本计划中的资金将由投资基金协会（Employee Capital Plans）全年进行投资。收益取决于这些投资的回报率。在这么长的一段时间内保持稳定回报并非易事，因为全球经济可能出现更糟或更好的情况。

（作者：Joanna Ciesielska-Klikowska；翻译：顾兴雨；校对：马骏驰；审核：刘绯）

第三节 2019 年波兰教育制度改革

2019 年波兰社会非常活跃。大多数活动都受到了欧洲议会选举以及波兰参众两院选举的影响，而且所有竞选活动合并为一个整体。各政党在选举中都承诺有计划地实行变革，以改变对青年、老年人、雇员和退休人员提供的社会福利和奖金等。但是，没有一个政党能够为最复杂、最棘手的社会问题提供解决方案，即：波兰教育体系问题。由于缺乏对该问题的广泛讨论，波兰的教师罢工持续了几个月，其高潮是在 2019 年 4 月。目前情况依旧没有得到改善，教师仍在努力实现他们的要求。这导致社会局势仍然紧张。学生及其父母在某种程度上成为教师与政府之间游戏的棋子。

教育系统情况

多年来，波兰教育体系的状况一直令人担忧，特别是自 1999 年以来，教育结构从两级制转变为三级制，也就是取消了 8 年制小学，而实施 6 年制小学和 3 年制初中。结果便是职业和技术类学校相继被淘汰，只剩下普通高中。2007 年又取消了大学入学考试。与此同时，通过高中期末考试（从而进入大学学习）的人数上限降低至 30%（而不是之前的 50%）。自 2015 年 9 月起，波兰对 6 岁儿童实行了义务教育。不过，在这一政策实施的 3 年前，父母已经可以在心理学家的同意下将 6 岁的孩子送入学校。

然而，2015 年开始执政的法律与公正党对教育实施了进一步的改革。这标志着旧教育制度的回归。如今孩子从 7 岁开始接受学校教育，初中再次被取消，并实施 8 年制小学。

新变化的结果

政府自 2017 年以来实施的名为"好学校"（Dobra szkoła）的新改革看起来相当不错。但实际上学校的状况急剧恶化。特别在 2019 年，社会上出现了大量的学龄儿童。在以前的初中被改革且被取消之后，6 岁的适龄儿童（申请 6 年的小学教育外加 3 年的初中教育）和 7 岁的适龄儿童（申请 8 年的小学教育）将同时申请学校。

这种变化造成了巨大的混乱，给学生、教师和家长带来压力，引发了关于这种改革的成本（主要是社会成本）的大量讨论。同时，虽然这些改革迅速实施，但政府没有深入分析教育市场、劳动力市场、学生及其未来雇主的需求。

尽管从理论上讲，改革看起来比较合理，但实际上国家甚至没有为此从国家预算中单独拨款（波兰教育系统中的学校是由地方政府资金维持的）。因此，地方政府需要为中央政府的改革承担财政支出。除此之外，波兰教育部门的工资也相对较低。因此，这个问题引发社会动荡和罢工只是时间问题。

事实上，教师的薪资多年来一直停滞不前，平均月薪约为3500兹罗提（823欧元）。如今，初级教师的工资为3000波兰兹罗提（705欧元），而资深教师（具有多年经验、完成专业学业和额外培训或工作职责）工资约5600兹罗提（1317欧元）。这意味着，公立学校教师的平均收入要远低于企业员工（平均5085兹罗提，1200欧元）。因此教师这个职业对学生的吸引力越来越小。除了热爱教育事业的人之外，越来越多进入教师领域的人对该领域一无所知，或只对这个职位的工作福利（35天休假，每周最少18课时等）感兴趣。

这意味着，尽管经合组织的最新研究中表明，波兰的教育体系理论上较好，但实际上该体系几乎难以维系。这一体系由众多持旧观念的教师、学生和家长组成，而父母则要为子女支付额外的课外班费用。

教师罢工

在这种情况下，教师工会决定于2018年发起罢工，最初只是警告性的罢工。由于没有取得效果，教师在学校中组织了许多绝食、示威游行和集会活动。2019年1月，工会组织了第一次正式罢工。在此期间一些老师没有上课。但是，由于没有与政府达成协议，工会决定组织一次全国性的教师罢工。

教育部门的罢工于2019年4月8日正式开始，一直持续到2019年4月27日。主要是抗议2015年由国家教育部部长安娜·扎卢斯卡（Anna Zalewska）引入的教育改革措施。罢工的目标是让马特乌斯·莫拉维茨基（Mateusz Morawiecki）政府增加教师工资。罢工决定是由波兰教师工会

(Polish Teachers' Union，大约有 20 万名成员）中的数千名教师做出的。

实际上，这是自 1989 年以来波兰教育史上最大的罢工。共有 1.4 万所学校和幼儿园的 60 万名员工参与其中。其间，尽管幼儿园的教师在工作岗位，但幼儿园不提供托儿服务，因为这些教师在罢工（罢工期间老师没有工资）。抗议者提出了以下要求：

· 教学人员的工资增加 1000 兹罗提（235 欧元）；
· 国家预算中增加教育支出；
· 改革教师的工作评估制度；
· 改革教师的晋升途径；
· 解雇教育部部长安娜·扎卢斯卡。

在罢工期间，教师还指出了 2017 年教育制度改革实施后在学校发生的混乱现象：

· 班级人数过多（一个班级最多有 45 名学生）；
· 上课至深夜（"夜间课堂"）；
· 学校、走廊和卫生设施拥挤；
· 在走廊和衣帽间上课；
· 存在实行两班倒或三班倒的学校；
· 教学人员不足。

最终政府同意了罢工者的请求，但指出没有多余的资金可用于增加教育预算（至少没有达到教师希望的水平）。政府已经为恢复两级教育体系的改革做好了准备。面对与政府代表谈判的惨败，罢工组织者决定于 2019 年 4 月 27 日暂停罢工。

总结

尽管罢工因未实现其经济和政治目标而失败，但带来了一些积极影响：首先，建立了一个新的友好社会环境和空间，以便在社会中开展关于学校的讨论；其次，提高了教师的集体意识；最后，此次罢工引发了关于学校应该是什么样子的讨论。

然而，这也表明，教师们不能指望得到政府的支持。总理莫拉维茨基对罢工者的要求毫不理会。在野党虽然声称支持抗议者，但实际上没有提出任何解决问题的方案。

应该感谢此次罢工，因为当前社会开展了关于波兰学校应是什么样子的讨论。波兰的学校应该使学生为应对 21 世纪的挑战做好准备，应该启发学生的创造激情，应该使学生建立对老师的信任，而不是恐惧和嘲讽，应该使学生具有开放的思想并展现与众不同的见解，应该教育学生宽容、开放、平等和善良，此外，还应开展可靠的性教育并使宗教与教育相分离。

这次罢工表明了教师团体的高度团结，也表明了学生与教学机构之间存在一种牢固的关系。当然，在部分教育机构中，教师不得不面对来自家长和学生的强烈不满，但是大多数年轻人公开承认，他们将支持教师，这表明他们想向充满激情的教师学习。这些教师将以知识和积极的力量感染他们。所以，这意味着罢工不仅与当下的情况相关，而且也关乎波兰教育的未来。

（作者：Joanna Ciesielska-Klikowska；翻译：顾兴雨；校对：马骏驰；审核：刘绯）

第四节　2019 年的波兰—美国关系

近年来，波美关系发展得比以往更快。波兰政府认为，2017 年就任的美国总统唐纳德·特朗普为双边合作发展创造了有利条件。两国的关系对波兰一直极为重要，但当前政府实行的外交政策与以往历届政府不同，将波美关系视为全面外交政策的坚实基础。2019 年，波美举行了首脑会议并发表了联合声明，这意味着波兰和美国在许多层面加强了合作。更重要的是，波兰民众给予波美关系很高的评价，53% 的受访者将美国视为波兰最重要的伙伴。

波美关系在 2019 年非常成功。于 2019 年 2 月 13—14 日在华沙举行的中东会议上，波美关系首次被提及。美国副总统迈克·彭斯和国务卿迈克·蓬佩奥参加了此次会议。来自 60 多个国家的代表就中东安全问题进行了为期两天的讨论，其中最重要的是伊朗、也门和叙利亚问题。此次会议的价值在于为中东安全谈判营造新的政治气氛。但与此同时，由于美国对欧盟及其成员国、伊斯兰国家和以色列采取了严厉而明确的外交政策，许多重要政治人物缺席此次会议，各国之间的分歧加深。

由于历史原因，2019 年是特殊的一年，即波兰和美国建交 100 周年。此外，第二次世界大战爆发 80 周年、第一次自由议会选举（1989 年）纪念活动也被视为重要的外交活动。当然，最重要的是波美两国的领导人峰会。此次峰会做出了许多重要、面向未来的决定。

2019 年 6 月的峰会

波兰总统安德烈·杜达（Andrzej Duda）和美国总统唐纳德·特朗普在 2019 年举行了两次会议。首次于 6 月在华盛顿特区举行，第二次于 9 月在纽约举行。杜达访美的成果是两国总统签署的《关于美利坚合众国武装部队在波兰领土进行国防合作的联合声明》（Joint declaration on defence cooperation in the presence of the United States of America armed forces on Polish territory）。根据这份声明，美国计划增加在波兰的军事力量。在不久的将来，常驻军事人员预计将增加约 1000 名士兵（目前约有 4500 名美国士兵驻扎在波兰）。《声明》还指出，波兰计划为其他波美合作项目提供并维护相关的基础设施，美国无须承担任何费用。正如杜达强调的那样，这项关于国防合作的声明是一项突破性的声明。波兰总统还宣布，波兰准备购买 32 架 F-35 战斗机。

在杜达对美国进行国事访问期间，除总统夫人阿加塔·科恩豪瑟·杜达（Agata Kornhauser-Duda）外，同行的还有由各部部长和高级官员组成的庞大代表团。代表团同美国相关部门签署了包括经济和内政在内的各类协议，并就乌克兰局势和能源合作展开了对话。对话成果之一是，波兰石油和天然气开采公司（Polskie Górnictwo Naftowe i Gazownictwo）和美国环球创投公司（Venture Global）签署了一项液化天然气协议。根据该协议，波兰石油和天然气开采公司每年将从美国进口 350 万吨天然气（价值 80 亿美元）。双方还签署了民用核能领域的合作备忘录、关于加强预防与打击严重犯罪领域的合作协定。在这次国事访问中，波兰总统表示波兰希望能够很快加入美国的免签计划。波兰数十年来一直未能成为其中的一员。特朗普则表示，"也许这将在未来 90 天内实现，我们希望波兰加入这一精英集团"。杜达称赞特朗普政府"是美国第一个以如此认真和全面的方式处理波兰人免签问题的政府"。

对波兰总统而言，为期6天的漫长访问，是在政治和经济领域都将发挥绝对关键作用的"战略性访问"。实际上，对整个中东欧区域而言，这都是一次非常重要的访问。维谢格拉德集团（Visegrad Group）国家和波罗的海国家领导人在随后几天均强调了这一点。

2019年9月的峰会

两位总统2019年第二次会面是在第74届联合国大会期间举行的。两国签署了《深化波美军事合作的联合声明》（Joint declaration deepening the Polish-American military cooperation）。根据2019年6月12日签署的联合声明，杜达和特朗普决定继续制订一项计划，以加强波兰与美国的军事联系，以及美国在波兰的防御能力和威慑力。在新计划中，波兰和美国商定了计划增加的美军驻扎地点：

·波兹南市（Poznań）为高级司令部总部和美国陆军支援小组的所在地；

·波莫瑞地区德拉夫斯科市（Drawsko Pomorskie）为战斗训练中心总部所在地，由波兰和美国武装部队共同使用；

·弗罗茨瓦夫－斯特拉霍维采市（Wrocław-Strachowice）为美国空军装卸基地总部所在地；

·瓦斯克镇（Łask）为美国空军无人机中队总部所在地；

·波维兹村（Powidz）为空战旅、作战后勤支援营和特种部队的总部所在地；

·卢布利涅茨镇（Lubliniec）为特种部队所在地。

此外，波兰和美国还将就装甲旅战斗小组驻扎地点进行对话。当前相关讨论仍在进行中，这也反映出波兰和美国之间的密切战略合作。

两国总统重申，他们有共同的意愿去寻求必要的国际协议和安排，以加强基础设施和国防领域的合作。其中包括改善美国驻波兰武装部队的功能，这将进一步加强双边伙伴关系以及北约成员国的安全。

关于波兰人免签问题，特朗普在与杜达共同出席的新闻发布会上表示，只要相关数据得到确认，波兰人免签将在很短的时间内实现。特朗普还强调，杜达总统可以告诉其在波兰和美国的同胞，特朗普总统已经成功解决了波兰人的免签问题，而没有其他人能解决。

美国对波兰人免签

两位领导人在纽约会晤不到两个月后，即 2019 年 11 月 6 日，美国驻波兰大使乔吉特·莫斯巴赫（Georgette Mosbacher）宣布美国取消了对波兰人的签证要求。

2019 年 11 月 6 日，美国总统签署了授权波兰加入美国免签计划（American Visa Waiver program）的文件。如今该计划涵盖 38 个国家，其中主要是欧洲国家。不过，虽然这些国家的公民无须取得前往美国的入境签证，但出发前必须在特殊的旅行授权电子系统（Electronic System for Travel Authorization，ESTA）中进行注册。虽然波兰申请加入该计划已近 30 年，但被拒签率多年来一直很高（超过 3%），这使得波兰人不符合加入该计划的条件。自 2019 年 11 月 11 日起（恰好是波兰独立日），波兰人获得了以旅游或商务目的前往美国停留不超过 90 天的权利，无须提前申请签证。

从外交角度看，这一决定非常重要，凸显了当前执政团队青睐的波美伙伴关系的重要性。同时，这一决定也表明，波兰人不再是"二等"公民，可享有与其他西方国家公民相同的权利。该决定对美国波侨（目前居住在美国的 1000 万波兰人）也具有重要意义。杜达赞赏特朗普的举动和波兰政府的努力。但实际上，加入免签计划并不意味着每个波兰人都一定能进入美国。美国移民官员将在机场或港口检查护照并做出决定。

结语

2019 年是波美关系复兴的一年，两位总统的两次会晤就是一个显著的例子。毫无疑问，对于希望在美国停留 3 个月的波兰人来说，加入美国免签计划也成为一个具有象征意义的关键时刻。

但美国仍然是波兰非常难缠的合作伙伴。总的来说，杜达总统本人和法律与公正党政府在安全政策方面并未取得很大成功。在当前俄罗斯帝国主义复兴和欧洲联盟内部危机的地缘政治局势中，很难高估北约部队在波兰领土上存在的重要性，也很难高估与美国结盟对波兰国家安全的重要性。因此，特朗普曾经计划在第二次世界大战爆发 80 周年之际（9 月 1 日）访问波兰，就是为了证明执政党法律与公正党外交及其国际政治构想的有效性。但此次访问并没有实现。

同时，美国冻结了在波兰的价值超过 1.3 亿美元的投资。这部分投资原本是欧洲威慑计划的一部分（即在波维兹机场建设弹药库、军营和航空燃料库）。这些投资之所以被冻结，是因为特朗普决定从国防部原先分配给此类项目的资金中挪用 36 亿美元在墨西哥边境修建隔离墙。尽管美国与波兰已经宣布组成战略联盟，但在美国冻结的海外投资中波兰在金额和数量上仍排名第四（仅次于德国、日本和英国）。

莫拉维茨基政府和杜达总统孤立了西欧盟友（德国、法国和比利时反复向波兰指出这一点），把一切希望都寄予同美国结盟。实际上，这相当于波兰完全听任特朗普摆布。波兰称赞特朗普设法兑现了增加美国在波兰驻军的承诺。

然而，在双方讨论那些能够让特朗普遵守其承诺的条件方面，目前波兰政府部门做得并不好，这意味着部分谈判可能会给波兰造成很大的经济和政治损失。时间将证明，双方是否可以实现那些不仅有利于美国而且对双方都有利的承诺、项目和计划。

（作者：Joanna Ciesielska-Klikowska；翻译：顾兴雨；校对：马骏驰；审核：刘绯）

第六章

黑　　山

第一节　2019 年黑山政治发展回顾

2019 年，黑山政治领域发生了数起内政和外交事件。国内政治主要围绕着执政党与反对党持续互不容忍的局面发展。与巴尔干地区的情况相同，这种不容忍导致重要的合作难以实现，即便原本存在合作的可能。与此同时，阻碍各部门开展工作的因素倒是无处不在，由此可以看出，政治代表对选民没有采取负责任的态度。选举改革委员会（Committee for the Reform of Electoral）和其他立法机构的工作尤其能体现出这一点，而且委员会运作失灵揭示了黑山政治机构的真实面貌。

就对黑山意义重大的外交发展而言，2019 年最应关注的是黑山与欧盟的关系。在黑山的入盟进程中发生了一系列事件，特别是欧洲议会选举、扩大事务专员选举、法国反对北马其顿和阿尔巴尼亚加入欧盟（间接影响到黑山）、法国的"非正式文件"（non-paper），以及西巴尔干国家试图将黑山拉入所谓的"迷你申根"（黑山拒绝加入）。

选举法改革

选举立法改革始于 2018 年下半年，其主要目的是改善选举环境、增强公民对选举进程的信心。原本的期望是，通过高效运作的机制（选举改革委员会和其他立法机构）来实现这一目标。尽管 2019 年年初选举改革委员会的运作前景良好，但是随后的事态发展暴露了黑山内部政治的所有弱点，即：合作处理日常政治问题的能力欠缺；过于看重短期政治利益而忽视促进发展的真正需要；反对党不团结，无法采取一致行动；执政党

"分而治之"的能力不足；以及存在制约黑山政治发展的其他因素。

除了与执政党矛盾重重外，反对党之间也一直存在分歧，并体现在选举改革和其他立法改革中。也就是说，为追求短期政治利益，选举改革委员会的席位分配成为较大反对党建立政党联盟的绊脚石。民主党人（Democrats）在第一大执政党的同意和支持之下，获得了一个本不属于他们的额外席位，从而引发了其与反对党民主阵线（Democratic Front）的争执，致使选举改革委员会的工作基调由合作转向冲突。

尽管各反对党之间存在许多误解，但在成立技术性政府（technical government）上，却罕见地达成了一致。原因并非在于反对党之间能够相互理解，而是它们一致认为应建立技术性政府（有利于在2020年选举中取得更好结果）。尽管反对党提出了一致要求，但不出所料，各执政党对此保持沉默，并否认其可行性。执政党坚持认为，建立技术性政府违背公民的选举意愿，并破坏民主原则。反对党提出强有力的论据是：欧盟和欧安组织的声明证实，此前的选举过程存在许多问题。

2019年年底，选举改革委员会的工作彻底失败，反对党民主阵线的代表永久退出委员会。退出的原因依旧是，执政的社会主义者民主党（Democratic Party of Socialists）不准备对话，不希望改革糟糕的选举法。另一原因是，委员会决定由其他党派的成员协调大多数下属小组的工作。例如，表决名单法（Voting List Act）小组、议员和委员会成员选举法小组等。但是，双方似乎都没有对话的意愿，若非如此，不会一年内都没有进行真正的对话。对选举改革委员会的另一打击是，其他反对党的代表也决定不参加委员会会议，而不召开这些会议，委员会的议程就无法通过。由此可见，各党派未就任何问题开展政治对话。2020年是选举年，但2019年展开的政治对话并不能保证选举结果能被各方接受。然而，各方都接受的选举结果是进行改革的初衷。

黑山的入盟进程

迄今为止，在欧盟候选国中，黑山的入盟谈判被认为是进展最大的。但是欧盟的一些事态发展使得黑山原本明确的入盟前景变得模糊不清。

新一届欧盟委员会为黑山带来了希望，因为其新任睦邻政策和扩大事务专员来自匈牙利，而匈牙利毫无疑问支持黑山加入欧盟。此前，欧盟放缓了扩大进程，因此，人们普遍希望新一届欧盟委员会能够加速执行其扩大政策并激励候选国。考虑到匈牙利支持黑山入盟，由匈牙利人担任扩大事务专员对黑山来说是个好消息。

尽管总体而言，匈牙利政府对黑山入盟持积极立场，但后续的事态发展仍使黑山入盟打上了巨大的问号，因为法国反对与北马其顿和阿尔巴尼亚开启入盟谈判。法国的立场不仅向北马其顿和阿尔巴尼亚，而且也向黑山发出了信号，使黑山的入盟前景变得更加不明朗。这也表明，其他国家（例如匈牙利）仍没有能力使扩大成为欧盟委员会议程的优先事项。

法国的所谓"非正式文件"（作为一种奖惩制度）引入了新的入盟方式，适用于今后的入盟谈判。新的方式取消了最后期限，这意味着，黑山入盟没有了最后期限。在比赛中途改变规则是不公平的，但黑山表示不满显然不起作用。至少，在入盟谈判开启7年之后，黑山仍然存在许多问题，而2019年以来的这些事件表明，此后的谈判将更加困难。

2019年，黑山面临的另一外交考验是所谓的"迷你申根"倡议。这项针对西巴尔干地区国家的倡议得到了一些欧盟国家，尤其是法国的支持。该倡议旨在促进人员、货物、服务和资本在西巴尔干地区自由流动，但黑山拒绝加入。然而，黑山政府的决定并不意味着反对促进自由流动（像某些人所指责的），而是因为黑山已经对西巴尔干地区的许多国家实施了这些措施（公民仅凭身份证就可以在边境自由流动等）。黑山拒绝加入"迷你申根"的主要原因是，若同意加入，黑山在入盟进程上将与西巴尔干地区其他国家处于同等水平，从而失去其领先地位，过去几年为入盟所做的努力也将失去意义。

尽管如此，2019年，黑山的入盟前景不会受到威胁，但也不再明朗（特别是入盟时间）。所有这一切都给黑山第一大执政党（社会主义者民主党）带来了额外的挑战。该党已经召开了选举代表大会，一些主要部门产生了新的领导人。相比于反对党，由于欧盟层面的事态发展，该党在选举中处于不利地位，这也要求执政党付出更多努力。

（作者：Vojin Golubovic；翻译：冯越；校对：郎加泽仁；审核：刘绯）

第二节 2019年黑山经济发展

2019年,黑山的宏观经济呈现出积极的态势。国内生产总值(GDP)增加、投资增多,旅游业、建筑业、矿业等行业均有所增长;同时,最低工资标准上调,银行业有所发展,公共财政在短期内也呈现出了良好的态势。

宏观经济发展态势

根据黑山国家统计局(MONSTAT)2019年公布的数据,2018年黑山国内生产总值实际增长5.1%;2019年前三个季度,国内生产总值呈正增长,实际增长率分别为3.0%、3.2%和4.7%。由于旅游业及相关行业的增长,第三季度的增长率最高。旅游业的增长也带动了贸易及运输业的增长。2019年前三个季度,贸易增长超过6%,机场旅客运输较2018年同期增长7%。夏季外国游客人数以及低成本航线的增加,使得航空运输业呈现出积极态势。除上述行业外,建筑业活动有所增加,这也为国内生产总值正增长做出了贡献。2019年,运输业的建设项目继续实施,其中最重要的基础设施项目是高速公路建设。旅游业的重要项目也继续实施,包括在海边建造旅游综合设施。2019年前三个季度,完成的工程项目总值较2018年同期上升18.7%。

在黑山国内生产总值中,工业占比约十分之一。2019年1—11月,工业生产同比下降8%,只有矿业出现正增长(17.5%),主要原因是铝土矿开采增长。电力、燃气和蒸汽供应业产量下降了11.7%。工业中最重要的一类是制造业,约占工业总产值的五分之二。然而,制造业也出现了类似的趋势,下降了9.4%,主要原因是金属和非金属矿物生产减少。工业生产的重大问题是:由于黑山加工水平低下,且是负责生产成品的前期阶段,因而该行业的附加值较低。此外,工业产品的出口也不够多样化。

黑山经济的另一特点是,进口明显高于出口,进口总额是出口总额的1.3倍(黑山国家统计局2019年1—9月数据)。在货物进出口方面,这一比例更为糟糕,货物进口总额是货物出口总额的6.4倍,货物出口占进口的比重为15.7%(黑山国家统计局2019年1—9月数据)。黑山最重要的贸易伙伴是塞尔维亚（占出口总额的四分之一和进口总额的五分之一）。此外，几乎一半的进口货物来自欧盟国家。就非欧洲国家而言，最重要的贸易伙伴是中国，占货物进口总额的8.6%和货物出口总额的3.8%。

第三季度的失业率为15.2%，就业率为50.9%。与2018年同期相比，失业率上升了1.1个百分点。根据国家统计局2019年的劳动力状况调查，服务业的雇员人数最多，占雇员总数的四分之三。

此外，2019年前10个月，外国直接投资（FDI）总净值为2.9亿欧元，与2018年同期相比，增长14.8%。资金流入总额为6.581亿欧元，同比增加2.2%（主要是由于企业间债务增加）。外国直接投资流入结构表明，96.7%的流入与非居民投资（nonresident investments）有关，其中最重要的构成部分是企业间债务，占40.2%，对企业和银行的投资占34.4%（黑山中央银行2019年数据）。2019年，投资最多的国家是俄罗斯、匈牙利、阿联酋和维尔京群岛（GBR），总计占外国直接投资流入总量的28%。

预算和公共债务问题

2019年最重要的经济问题之一是公共债务和公共财政。2019年第三季度末，政府债务达到了2019年国内生产总值的三分之二。按绝对价值计算，政府债务总额为31.28亿欧元（黑山财政部2019年第三季度数据）。

2019年夏季，政府通过了一项预算调整方案，黑山因此可以再增加5亿欧元的贷款。这一决定的背景是公共债务的再融资，即：偿还2020年到期的债务以及财政部门的发展，导致了支出增长和预算结构变化。这些趋势与最低工资标准上调导致的失业补贴增加、卫生部门支出（药品消费）增加有关。预算再平衡为实施投资项目提供了保障。

2019年，黑山发行了两次债券。2019年年初，黑山发行了总额为1.9亿欧元的债券，包括5年期（1.4亿欧元）和7年期（5000万欧元），利率分别为3%和3.5%。在重新平衡预算后，黑山在9月发行了5亿欧元的债券，与预算变动的金额相同。考虑到期限和利率因素，本次发行的债券比上一次的条件更为优惠，为10年期，而利率分别下调了0.45和0.95个百分点，为2.55%。

2019年年底，《2020年预算法》（Budget Law）获得通过。预算总额达25.8亿欧元，是迄今为止最大的一笔。新的《预算法》包括提高教育和卫生部门的收入,增加国家航空公司的支出预算。2020年的预算安排比2019年的预算安排更为合理,但是计划支出中的不合理部分增加(如议员薪金及其交通费用)仍表现出了严重的官僚主义。

银行业的发展

2019年第一季度,银行业经历了变化和动荡。2019年共有两家银行破产。首先,黑山投资银行(Invest Banka Montenegro)由于财务状况不佳,向黑山中央银行理事会(Council of the Central Bank)提出了破产申请。3个月后,在两次尝试资本重组失败后,Atlas银行也提出了破产申请。黑山投资银行宣布破产时的存款总额为3990万欧元,其中56%由存款保护基金(Deposit Protection Fund)支付。根据《存款保护法》(Deposit Protection Law),所有超过5万欧元的存款均由该基金支付,其余部分由破产银行支付。Atlas银行宣布破产时的存款总额达1.899亿欧元(黑山中央银行数据),其中47%为存款保护基金担保存款。必须指出的是,在两家银行破产后,其担保存款的数额几乎与存款保护基金可用的资金相当,因此基本能够清偿。

导致银行市场波动的另一重要问题关系到整个银行业的稳定。Atlas银行和黑山投资银行在银行业中的占比低于10%,因而整个银行业的风险较低。在两家银行破产后,2019年上半年的存款总额有所下降。2019年年初,就存款趋势(特别是家庭存款)而言,两家破产银行降低了民众对银行业的信心。但2019年下半年,存款有所增加,2019年11月的存款水平高于2018年年底和2019年年初。就存款结构而言,2019年11月的家庭存款较2018年12月下跌1个百分点,除此之外,其他类型存款与2018年年底相比均有所增长。在存款总额中,家庭存款占37%,企业存款占比约三分之一。此外,在观察期间,贷款有所增长。总体而言,根据黑山金融稳定委员会(Financial Stability Board in Montenegro)的估计,2019年第三季度的金融稳定指数表明,该阶段金融稳定水平略高于2018年同期(黑山中央银行数据)。

(作者:Milika Mirkovic;翻译:冯越;校对:郎加泽仁;审核:刘绯)

第三节 2019年黑山主要社会问题

谈及黑山的社会问题，2019年可谓是多变的一年。涉及的问题宽泛，但是最能凸显黑山社会问题的事件与环境、总体生活质量（包括公民服务）和其他一般性话题相关（例如腐败、青年移民等系统性问题）。

环境问题

环境问题可能是2019年最受公众关注的问题。2019年似乎每月都有环境问题发生且被广泛宣传。民众组织抗议活动、电视节目专门报道环境问题、非政府组织就环境问题的发声日益强烈，这些只是过去12个月在黑山发生的部分事件。

整个一年都在凸显河流保护、水污染和国家公园的森林砍伐等问题。然而，最令人担忧的事件发生在7月，黑山北部城市普列夫利亚（Pljevlja）出现了真正的环境事件：流经黑山北部的切霍蒂娜河（ćehotina）中的鱼群全部死亡。不过，这也是广为人知的，因为普列夫利亚市的环境污染问题最为突出。问题非常严重，因为造成环境污染的是国有企业和该市主要的空气污染者源普列夫利亚热力发电厂（Pljevlja Thermoelectric Power Plant），而后者由黑山主要的电力公司运营。这表明，建立生态国家的意识还未提上国家日程，而国家层面理应发起建立生态国家的活动来增强意识。一些环境保护措施似乎只是做做样子，与健康、清洁的环境等更高的目标相比，物质利益往往更受重视。在该事件中，迫于来自公众、媒体和非政府组织的巨大压力，政府才进行了罚款，但没有严肃处罚。与此相比，国家能源公司似乎在处理不定期交电费者问题上更加积极。此外，在向利用可再生能源生产电力的私营企业提供补贴时，该公司也十分高效。这主要与小型水电站生产的能量有关，而这些小型水电站破坏了环境。另外，国家能源公司在环境保护问题上效率不高。

对于环境问题，企业所尽的社会责任最低。如果说真有这样的责任，那一定是公众压力和谴责导致的结果。上述例子就是佐证，这一年发生的其他事件也能证实这一点。因此，国营的国家公园公司（National Parks Company）允许在杜米托尔（Durmitor）国家公园的中心地区采伐森林。

这样做是为了满足一些投资者的个人利益，他们希望通过建造房屋和餐馆获取利益。令人担忧的是，有人企图通过宣传必须砍伐患病树木来掩盖事实真相。可悲的是，没有人对造成的损害负责，也没有人对不负责任、疏忽大意的做法负责。此外，令人怀疑的是，既然该案件有腐败嫌疑，为什么相关主管机构（例如检察官）没有更认真地对待这些问题？为了掩盖事实，国家机构做出负责任的样子，并向抗议民众做出让步，从而停止了对自然保护区的进一步破坏。但国家公园的负责人没有辞职，尽管任何关心公共和民众利益的国家都会这样做。

因此，最高层（决策层）必须有最高水准的环保意识。但政策制定者和执行者似乎不明白，此前的行为对整个社会产生了不利的长期影响。政府和国有企业理应承担责任，成为环境保护的领导者。

有关生活水平的问题

生活质量、公共服务质量也是 2019 年最现实的问题之一。鉴于工资的实际增长，公民的生活水平几乎维持在同一水平。预计于 2019 年通过的法律尚未出台，尤其是《劳动法》（Labor Law）和《养老金和伤残保险法》（Pension and Disability Insurance Act）。然而，比公民偿付能力更重要的或许是公共服务质量。首先，这涉及公共卫生和教育体系面临的问题。教育体系内部正在尝试一些改革措施（特别是有关职业教育和培训），并设想提高教育工作者的工资。其次，卫生体系也存在许多不足，其中最重要的是人员外流问题，特别是医学专家，他们主要去了较为发达的欧洲国家。无论现代医疗设备多么先进，人员外流都直接影响了服务和治疗的质量。

2019 年，医生联盟（The Union of Medical Doctors）称，有 101 名黑山医疗工作者前往德国。根据德国联邦就业局（Federal Employment Agency of Germany）的数据，目前有 993 名来自黑山的医务工作者在德国工作。该联盟认为，这只是黑山卫生保健体系问题的开端，该国将面临严重问题，因为这是民众对政府的医生和医疗专业人员政策的预期反应。奇怪的是，在制定国家预算（目前创下新高）时，医疗体系中没有大幅提高人员工资的空间。高工资似乎是医务人员离开的唯一原因，但提高工资有可能解决另一个社会问题，即医疗体系的严重腐败。

医生联盟认为，尽管改善公共卫生是黑山公民的核心利益之一，但公共卫生体系未列入黑山政府的优先事项。9%的增长（从50欧元增加到80欧元）是不够的。各工会赞成850欧元的最低工资，而不是卫生部门目前的550欧元。而且，专科和次专科医生的基本工资应分别不低于1200欧元和1100欧元。然而，问题在于，考虑到公共财政的负债，这些要求的现实性又有多高？

卫生部正在尽其所能缓解人员外流及其可能导致的服务质量下降问题。因此，2019年中期，黑山临床中心（Clinical Center of Montenegro）提拔了相当数量的新专科医生，他们在过去几个月内完成了全部或部分专科培训。这增加了医生和专家的总数量。此外，数百名医生正在学习专科或次专科课程（specialist or subspecialist courses）。然而，理应明白，这些医生亦可离开黑山的卫生保健体系，导致问题加剧。

其他一般性问题

持续出现并影响整个社会的另一问题是上文中提到的人员迁移问题。然而，这不仅存在于卫生体系，而是或多或少地存在于所有领域，对年轻人来说尤其如此。这一问题不应包括黑山可能从中受益的临时迁移，因为在2019年，一些人极不专业地企图将这种迁移政治化，并将其称为整体问题的一部分。但事实是，年轻人越来越意识到全球化为他们带来的机会。

此外，研究表明，对（所有）政客的不信任是导致具有自我意识的年轻人移民的原因。年轻人表示，腐败、裙带关系等问题是促使他们考虑移民的原因。在一个官僚机构庞大的小国里，这种局面是不可避免的。因此，限制国家机关和官僚的权力似乎是唯一的永久性（却是痛苦的）解决方案。

（作者：Vojin Golubovic；翻译：冯越；校对：郎加泽仁；审核：刘绯）

第四节　2019年黑山对外关系发展

2019年，黑山开展了各种外交活动，旨在加强黑山的对外关系、提高黑山的国际参与度。黑山外交的核心是：第一，加强与邻国的合作；第二，促进加入欧盟的进程。同时，黑山还致力于加强与非欧洲国家的关系，特别是中国、美国，也包括土耳其、阿塞拜疆、以色列等其他国家。

黑山与欧洲一体化

2019年，黑山共和国继续努力加入欧盟。根据入盟谈判各章节的目标，黑山开展了各项改革和活动。众所周知，黑山的入盟进展处于领先地位。它于7年前开始谈判，入盟为黑山战略性政策的重中之重。黑山政府多次强调其入盟决心。在2019年5月举行的"为了安全"（To Be Secure）论坛上，总统久卡诺维奇（Djukanovic）强调了欧盟扩大政策对黑山的重要性，欧盟将黑山视为西巴尔干地区的稳定因素。久卡诺维奇在萨拉热窝举行的东南欧合作进程（SEECP）年度会议上也发表了类似言论，称黑山若想入盟，必须确保东南欧的真正和平与安全，这是合作的基本目标。

但是，2019年的一个特点是黑山加入欧洲一体化的进程放缓了。这个现象不仅在黑山出现，西巴尔干地区其他国家的情况也是如此。黑山总统就这个问题在一些活动和论坛上表达了对扩大进程放缓的担忧。黑山本将在2019年开启最后一个章节（第8章：竞争）的谈判，但没有成功。

欧洲议会选举结果是影响欧洲一体化进程的重要因素。实际上，就欧盟的进一步发展方向及其战略而言，选举是2019年最重要的事件之一。2019年7月，西巴尔干峰会在波兰波兹南（Poznan）举行。会议的一个重要信息是：扩大政策仍将是下一届欧盟委员会的优先事项之一，许多欧盟官员也都支持欧盟的扩大政策。

然而，2019年上半年，欧盟领导人主要在讨论西巴尔干国家的入盟问题，并就这个问题交换意见。法国总统埃马纽埃尔·马克龙（Emmanuel Macron）强烈反对欧盟东扩，并建议放缓欧盟扩大进程。鉴于欧盟内部存在分歧，东扩政策仍不明晰，尽管欧盟原则上还是希望进一步接纳西巴尔干国家入盟。在2019年11月的总务和欧洲事务部部长理事会会议期间，领导人也表示支持欧盟的扩大政策。2020年，关于扩大政策（即：关于改革、推进入盟进程）的辩论将会继续。

除入盟政策外，黑山"对外关系政策"的另一个重要事件是维持良好的睦邻关系。实际上，2019年与此前一样，黑山与所有邻国的双边关系都非常好。这对维护该地区的长期和平与稳定至关重要。与此事相关的是，黑山共和国官员与区域其他国家的官员举行了多次双边会议。各国表示愿意进一步加强合作、交流经验，以实现整个地区的进步。2019年，黑山与其他西巴尔干国家一样参加了多种与入盟和地区安全问题相关的活动和峰会。

"迷你申根"倡议是2019年的议题之一。为了加强区域合作与联系，塞尔维亚、阿尔巴尼亚和北马其顿发起了"迷你申根"倡议。然而，根据若干宣言和协议，黑山已经开放了边境，早已具备了"迷你申根"倡导的人员、资本和货物自由流通的条件。因此，黑山于2019年11月拒绝加入"迷你申根"倡议。而且，黑山与该地区的所有国家，特别是发起"迷你申根"的国家，都没有未决的问题。

黑山深化与中国的关系

2019年，黑山继续加强与中国在不同领域的关系，两国之间的关系正在不断改善。例如，黑山总统和总理以及中国驻黑山大使共同发表声明。2019年9月底，中国驻黑山大使刘晋在波德戈里察举行的"中华人民共和国成立70周年"庆典上指出，目前黑山与中国的关系处于历史最高水平。此外，中国驻黑山大使强调，建交以来，两国本着相互尊重的原则，促进两国关系平等和政治互信。除了外交关系，中国企业在重要基础设施项目上的合作和参与显示了两国之间的友谊和良好关系，例如在巴尔祖尔（Boljare）修建高速公路和在莫祖拉（Mozura）修建风电场。在中华人民共和国成立70周年的庆典上，黑山总统久卡诺维奇表示，黑山愿意继续进一步加深同中国的合作、信任与友谊。同时，他对习近平主席此前谈到的增进两国之间的信任与合作表示赞同。此外，黑山各领域官员和各界代表齐聚一堂，黑山总理也出席了此次庆典，黑山总统发表演讲并表示祝贺，这进一步证实了中国对黑山发展的重要性和黑山对中国的赞赏。

2019年，黑山还派代表参加了旨在加强欧洲与中国之间合作的活动，这有助于推动黑山与中国的关系，其中一个活动是2019年4月在杜布罗夫尼克举行的"中国—中东欧国家领导人会晤"。"中国—中东欧国家合作"机制建立以来，黑山一直积极参与该倡议。该倡议下的合作领域符合黑山的战略目标和政策，例如基础设施的改善、旅游业、农业、外国直接投资和能源发展,因此黑山有必要参与其中。黑山总理马尔科维奇(Markovic)率黑山代表团参加了2019年的峰会,旨在促进黑山与中国之间持续且良好的双边关系,同时也为加强黑山与该倡议的其他参与者之间的关系提供了良机。

2019年的其他一些活动对黑山也很重要,例如"第21届中欧峰会"和第二届"一带一路"国际合作高峰论坛,但是黑山没有直接参与其中。由于黑山正努力入盟,政策重心在于加入欧盟,遵循欧盟与中国的战略合作非常重要。因此,双方的贸易合作平台有必要与时俱进,并据此改变未来的发展方向和政策。黑山地理位置优越,濒临亚得里亚海,因此黑山有发展港口及公路(正在建设)的潜力。"一带一路"倡议对黑山具有重要意义,为其提供了绝佳的机遇。

加强黑山与美国的关系

美国官员访问黑山也是2019年对外关系中的重要事件之一。2019年10月,美国国务卿迈克·蓬佩奥访问了黑山。美国国务卿与黑山总统和总理举行了会晤,双方都认为这次访问是对黑山与美国长久关系的肯定。这也是自两年前美国副总统迈克·彭斯到访后的首次访问,表明了黑山的重要性,即作为美国在西巴尔干地区的伙伴。

美国加强了与西巴尔干国家之间的外交关系,并派遣国务院的西巴尔干问题特使专门处理该地区问题。这两件事表明,美国希望比以往更加频繁、更加活跃地在该地区开展活动。美国能够支持并帮助该地区所有国家推进入盟进程,因此美国的出现很重要。黑山总理意识到,美国和欧盟在西巴尔干地区的出现具有重要的战略意义。

(作者:Milika Mirkovic;翻译:刘梓绚;校对:郎加泽仁;审核:刘绯)

第七章

捷　　克

第一节　2019年捷克国内政治的特点和决定性问题

捷克国内政治的特点和决定性问题在于本年度内的若干重大问题和冲突。这些问题和冲突与捷克政坛最有影响力的两位人物，即总统米洛什·泽曼和总理安德烈·巴比什（ANO党）有着紧密的联系。一年以来，政治、媒体和民间反对派一直在攻击这些最高政治代表。也许并不是旨在直接打倒他们，但至少是为了贬低他们。不过，尽管反对者做了诸多努力，总统和总理的地位正如大多数公众对他们的支持一样，依然稳固。本节将首先关注捷克内阁中的人事变动——能反映出政治优先事项的改变和既定政治议程的实际执行情况。其次，将分析围绕总理的争议。这些争议主要是由反对派挑起的，且一直存在于捷克政治讨论中。最后，将以比较角度对5月的欧洲议会选举进行分析，从而识别捷克语境中存在的典型长期趋势。

内阁人事变动

安德烈·巴比什内阁于2018年6月27日由众议院正式任命。它是由处于主导地位的ANO党和式微的社会民主党（ČSSD）两个政治阵营组成。内阁中共有10名成员由ANO党提名，4名由社会民主党提名。值得一提的是，内阁中除了2名ANO党成员和总理本人以外，其他部长都不是ANO党党员。这与ANO党代表的一种新的政治治理方式有关。他们强调专业技能和知识，而不重视政治忠诚和意识形态的纯粹。2019年，总理安德烈·巴比什对内阁进行了 5 次调整。玛尔塔·诺瓦科娃（Marta Nováková）的工业和贸易部部长职务由捷克中小企业和手工艺协会主席卡雷尔·哈夫利切克（Karel Havlíček）接替。诺瓦科娃不受人们欢迎，一再受到批评。尤其被指责的是她对价格高昂的移动数据的态度。她被认为偏向于处强势地位的供应商，而损害了普通消费者的利益。哈夫利切克被认为同总理以及现任财政部部长阿莱娜·斯基列罗娃（Alena Schillerová）关系亲密。此后他又被总理任命为副总理，接替了当时的副总理兼环境部部长理查德·布拉贝茨（Richard Brabec）。这种变化可能是出于加强经济议程和经济部部长的地位，以使经济治理更加灵活有效的目的。另一人事变化与交通部有关。经过长时间的决策后，丹·纠克（Dan Ťok）因受到反对派和相关利益集团的长期批评和攻击而辞职，取而代之的是国有财产事务代表办公室副主任弗拉迪米尔·克里姆利克（Vladimír Kremlík）。司法部部长扬·克涅齐耐克（Jan Kněžínek）的职务由过去曾担任过这一职务的玛丽·贝内索娃（Marie Benešová）接替。贝内索娃随后成为泽曼总统的顾问。无论其学识如何，她都成了反对党攻击的目标。反对党指责她有可能干预司法独立和对总理的刑事起诉。自任命以来，这位新部长与总理一道面临着政治、媒体和反对派的大规模抗议。最后一个变化有关文化部，发生在 8 月。经验丰富的社会民主党人卢博米尔·佐拉列克（Lubomír Zaorálek）接替他的前任安东尼·斯坦涅克（Antonín Staněk）。与这一变化同时发生的，是内阁危机和社会民主党与泽曼总统之间的冲突。泽曼总统被指控违反宪法，因为他在解除安东尼·斯坦涅克的职务并任命一名社会民主党候选人的事项上选择弃权。总的来说，即使存在一些人事变动、总理和社会民主党人之间的分歧以及反对派对政府（特别是总理巴比什）的长期质疑，内阁都能够实施其意图、承诺和计划，维持公众的支持。鉴于成功渡过了由文化部人事变动引发的危机，政府很可能会完成其任期。

捷克总理的麻烦

反对派的长期攻击使政府的一系列倡议和措施复杂化。批评总理的人认为，他把太多权力集中在自己手中，从而对自由民主制度构成威胁。他们一再呼吁总理要么辞职，要么与获得欧盟补贴且拥有重要媒体资源的

Agrofert 公司断绝关系。争论的问题在于，总理不是上述公司的所有人，因为他已根据捷克法律将财产交给了委托人。尽管如此，他的反对者不断提及欧盟立法和由欧盟当局发起的调查。12 月，欧盟委员会完成了对涉嫌利益冲突的保密审计。但早在 7 月，欧盟的初步审计就得出结论，总理在这一问题上存在利益冲突，因此捷克可能不得不将农业部支付给 Agrofert 公司约 4.5 亿克朗的补贴返还给欧盟。鉴于安德烈·巴比什和捷克政府都否认这一说法，法律战和政治战必将继续。

与此同时，捷克警方提请检察官指控总理涉嫌金融欺诈和损害欧盟的金融利益。然而，布拉格州首席检察官在 9 月中止了这一长达 4 年的调查。这一决定遭到政治、媒体和民间反对派的强烈批评，最终被最高检察官宣布无效。因此，调查于 12 月重新展开。政府的反对者们再次利用了这一机会。但应强调的是，ANO 党和安德烈·巴比什本人的公众支持率并没有下降，仍保持在 30%—34%，而公民民主党（Civic Democratic Party）和海盗党（Pirates）的支持率均未超过 15%。这些数据清楚地表明了巴比什领导的 ANO 党所处的主导地位。

欧洲议会选举

5 月 24 日和 25 日，捷克举行了第四次欧洲议会选举。这次选举没有得到很高的公众支持率。正如表 7—1 所示，投票率至今尚未超过 30%：

表 7—1　　　　　　　　捷克四次欧洲议会选举投票率

年份	投票率（%）
2004	28.32
2009	28.22
2014	18.20
2019	28.72

在欧洲议会选举投票率持续走低的同时，捷克民众对欧盟普遍持怀疑态度。欧盟的合法性因难民危机而受到损害。那些更加支持自由、支持西方的选民更加积极参与投票。另外，民众的普遍倾向是投弃权票，因为他们对欧盟的项目、议程和政治不感兴趣，且对此类问题了解甚少。因此，

欧洲议会选举结果不同于本国的选举，没有在整体上反映投票者的政治偏好。上述现象自然会致使自由派政党取得更好的结果。

2019年共有40个政治团体参加了此次选举。表7—2显示了2019年和2014年选举的结果。

表7—2　　　　　2014年、2019年捷克欧洲议会选举结果

政治团体	得票率（%）（2019年）	席位（2019年）	得票率（%）（2014年）	席位（2014年）
ANO党	21.18	6	16.13	4
社会民主党（ODS）	14.54	4	7.67	2
捷克海盗党	13.95	3	4.78	0
市长与独立者+TOP09	11.65	3	15.95	4
自由与直接民主党（SPD）	9.14	2	—	—
基督教民主联盟—捷克斯洛伐克人民党（KDU-ČSL）	7.24	2	9.95	3
捷克摩拉维亚共产党（KSČM）	6.94	1	10.98	3
捷克社会民主党	3.95	0	14.17	4
自由市民党	0.65	0	5.24	1

可以观察到若干重要的特征：在两次选举中，总理安德烈·巴比什领导的ANO党都取得了胜利，尽管参加欧洲议会选举的群体更倾向于自由派。在右翼公民民主党和捷克海盗党的案例中，可以看到两党得票率的大幅上涨。后者在2014年失败，而在2019年则成为第三大党。近10%的人支持民粹主义政党自由与直接民主党，该党公开宣扬反欧盟政治。另一个疑欧派政党自由公民党受到英国政治家纳格尔·法拉奇（Nagel Farage）的启发，2014年的支持率超过了5%的上限。但该党在2019年则完全失败，从而证实了疑欧这一政治主题的边缘化。然而，最大的输家是社会民主党。该党被彻底击败，得票率仅为3.95%，跌幅超过10%。这场惨败对捷克历史最悠久的政党和现任执政联盟的成员来说，应该是一个严重的警告。在过去10年中，该党的公众支持率一直超过30%。然而近几年的

选举结果以及最近的民意调查显示,那些时代已经远去且无可挽回。

(作者:Ladislav Zemánek;翻译:张琦欣;校对:马骏驰;审核:刘绯)

第二节 2019年捷克国民经济的重点

同西欧国家相比,捷克过去一年的经济发展在许多方面都可圈可点。当然,问题和不足也同时存在,例如:2019年年底的通货膨胀率超过了3%,房地产市场价格上涨过快,区域和个体对经济增长的贡献不均衡,以及劳动力短缺等。无论如何,由ANO党领导的捷克政府,以其积极的态度和战略规划,为整体国民经济发展带来了积极信号。下面将盘点2019年捷克国民经济的主要发展成就,突出实质性要点,以涵盖捷克经济领域的方方面面。

缓解贫困和降低失业率的引领者

根据最新的《欧洲可持续发展报告》(*Europe Sustainable Development Report*),在实现联合国2030年可持续发展议程设定的17个目标方面,捷克在欧盟成员国中排名第八。《捷克共和国2030战略框架》(*Czech Republic 2030 Strategic Framework*)已经包括了上述目标的具体实施方案。《欧洲可持续发展报告》由哥伦比亚大学经济学家杰弗里·萨克斯(Jeffrey Sachs)领导的专家小组精心撰写。在过去一年中,捷克的发展指数超越了其他中东欧国家和一些西欧国家(比利时、英国、爱尔兰、西班牙、葡萄牙、卢森堡、意大利和马耳他)。该报告的最终结论是,丹麦在欧洲国家中得分最高,为79.8分,塞浦路斯仅得55分,为最低分(捷克得分为71.8)。在缓解贫困和失业的发展指数方面,捷克为欧洲的引领者,位居第一。长期而言,捷克在消除贫困、劳动保障、经济增长、削减不平等以及维护和平、正义和健全制度方面,一直保持着向可持续发展目标迈进的良好态势。在保障居民健康和生活幸福、推进性别平等、完善水资源净化和卫生设施、降低清洁能源推广成本、发展工业创新产业和基础设施以及创建可持续发展城市等方面,捷克也迈出了稳健的脚步。然而,捷克在实现零饥饿、优质教育和伙伴关系方面的指标停滞不前,同能源生产过程中的碳排放有着密切联系的措施也在一直减少。

尽管如此,世界能源理事会(World Energy Council)发布的一项评估提供了一些不同的观点。世界能源理事会的能源三难困境指数(Energy Trilemma Index),基于能源安全、能源公平(可普及性以及价格可负担性)和环境可持续性三个方面,能够反映世界各国提供可持续能源的能力。根据能源理事会的最新排名,捷克以77.4分排名第16位,瑞士居首位(85.8分),尼日尔排名垫底(30分)。在中东欧地区,只有斯洛文尼亚获得79.2分(总排名第12位),超过了捷克。与其他欧盟国家相比,捷克超过了西班牙、意大利、比利时、爱尔兰和葡萄牙,仅落后美国0.1个百分点。与2018年相比,捷克的排名提升了5位。

可靠、负责的伙伴

7月,国际评级机构标准普尔(简称"标普")确认了捷克在平稳发展方面的AA信用评级。标普着重指出了捷克政府的负债水平较低,公共财政政策稳健且货币政策灵活,预计在接下来的几年中,内需和国内消费将使捷克保有较高的经济增长率(约2.5%的年增长率)。标普对捷克的公共机构给予了积极评价,而且就亲欧取向而言,认为捷克的政府层面具有高度的稳定性和共识,因而能够确保健康的商业环境和财政追责(尽管存在政治分歧)。信用等级是债务人抵还债务能力的重要指标,信用等级越高,债务人(这里指国家)的可靠性就越高,从而有机会争取更低的借贷成本。这样看来,国际金融机构在2019年对捷克青睐有加。

全球最大的房地产服务和投资公司——世邦魏理仕集团(CBRE Group)——提供的2019年度数据也与上述评估结果相吻合。根据世邦魏理仕的统计数据,捷克对海外零售企业具有很大吸引力。在过去几年中,捷克国内零售业外企的数量每年增长数十倍。数据显示,捷克零售业目前发展态势良好。当前捷克新建购物中心、零售店和零售中心的速度较低,因而还有很大的发展潜力,只是暂时受限于建筑许可和烦琐的法律程序。在2014—2018年,捷克开设了16个零售购物中心,其中6个位于布拉格。据捷克最大的商业房地产公司(Cushman&Wakefield)称,布拉格是商品零售业务进入中欧市场的跳板。外国企业家欣赏捷克开放且国际化的环境，认为捷克的本地消费者和旅游顾客群体的比例适当。

从海外"避税天堂"回归本土

越来越多的捷克公司将其注册地从"避税天堂"转移回国内，这也证实了捷克商业环境的改善。例如，仅在2019年第一季度，归国公司的数量就已达到259家，超过了过去3年（2018年、2017年、2016年）任何一年的水平。企业回归的趋势始于2015年。在这段时期，捷克企业在美国和荷兰的注册数量下降最为明显，目前仅剩将近250家捷克企业。同时，马耳他、列支敦士登、阿联酋则成为最受欢迎的"避税天堂"。

外来直接投资领域上出现了相反的态势。安永2018年的数据显示，由于劳动力短缺和劳动力成本上升，捷克接收的外来直接投资下降了51%。招聘合格且无工作的工人在2019年变得格外困难，因而阻碍了潜在投资项目的发展。荷兰和瑞典的外来直接投资水平跌幅也十分明显，而意大利、爱尔兰和作为捷克邻国的波兰涨幅最大。

吸引海外人才

世界上最大的人事企业瑞士阿第克（Adecco）集团提供了一种新的观点。该公司2019年的调查研究显示，捷克在劳动力质量、工作条件和机会方面的全球排名是第25位。在城市间进行的比较排名中，布拉格获得了同样的名次。同时，布拉格作为捷克首都，在维持居民生活水平、吸引高质量人才进入国内市场且长久居留的能力评估中，位居世界第八。这项评估研究的结论是，在保持居民良好生活质量方面，布拉格已经超越了伦敦、巴黎和华盛顿等国际大都市，因而或将成为未来吸引高素质劳动力的重要因素。

捷克不仅对外来人才具有吸引力，其企业也在德勤开展的中欧发展最快的50家科技公司（Technology Fast 50 CE）中名列前茅。50家上榜企业中有19家来自捷克，位列前十的企业中更有4家是捷克企业。德勤公司的另一项类似排名则广泛收集了来自欧洲、近东和非洲地区的企业数据，其2019年最新排行显示，捷克初创企业Prusa Research和Kiwi.com跻身该榜前5名。Prusa Research是一家3D打印机制造企业，Kiwi.com则是一家线上旅行社，主要业务是转售各航空公司的机票。

支持创新和经济自信

创新和发展是捷克《2019—2030年捷克共和国创新战略》（Czech Republic Innovation Strategy 2019—2030）追求的目标。该战略于2019年2月获得批准。这是一个崭新的战略框架，定义了在科研开发和创新领域制定国家政策的原则和目标，有助于捷克跻身欧洲最具创新力国家的行列。该战略由9个相辅相成的支柱组成。这9个支柱确定了战略出发点、目标和发展途径，包括：对初创企业和衍生基础设施的支持、数字化、明智的投资，以及创立科研创新中心和技术教学等。在类似领域，捷克政府也一直在筹备另一份新的国家投资计划，内容包括对捷克投资潜力、主要投资发展项目和政府投资路线图的介绍。该计划可能即将推出。

2018年3月通过的《捷克共和国2019—2023年资本市场发展国家战略》（National Strategy for the Development of the Capital Market in the Czech Republic 2019—2023），表明安德烈·巴比什领导的现任政府具有独特的理念、战略导向和深思熟虑。政府旨在通过促进资本市场的良性运作，为可持续经济增长提供支持，并提升捷克的综合国力和国际竞争力。但目前的实施情况尚不够理想，暂时制约了捷克的经济发展。该战略的重点在于，提高捷克家庭储蓄的质量和抗压能力，减少中小企业对银行融资以及欧盟补贴的依赖，创造更多高附加值工作岗位，并支持创新。

总之，本节通过引用国内外不同的评估、报告和调查数据，大致勾勒出了2019年捷克取得的主要经济成就。无论在宏观还是在微观层面，这些数据都显示出捷克经济积极、稳健的发展态势，尤其是在落实政策、兑现政府新战略文件规定义务和目标的情况下，这种发展态势将一直持续下去。

（作者：Ladislav Zemánek；翻译：卢依婕；校对：马骏驰；审稿：刘绯）

第三节 2019年捷克社会发展动态

在过去一年中，住房成为热点话题。住房对每一个捷克人以及对整个社会而言都是一个无比重要的问题，因为越来越多的人无力负担自己的住房。因此，本节将分析捷克当前房地产市场的状况、起因以及社会经济后果。不过，尽管住房方面存在问题，但2019年捷克人民的生活水平仍呈上升趋势。本节还将探讨涉及捷克居民生活质量的其他方面。

住房问题尚未得到解决

公寓、房屋和地皮价格急剧上涨，是捷克房地产市场长期以来的特点。市场需求过剩，一方面是由于居民的财富和储蓄的不断增加；另一方面是由于房地产资源严重短缺。此外，人们在预测相关状况的未来发展趋势时，均持较不乐观的态度。为了避免在社会层面出现严重后果，改变势在必行。

根据欧洲统计局2018年的数据，捷克的住房支出平均占家庭支出的25.2%，是家庭预算中占比最大的一部分。第二大部分是通勤交通，第三大部分是食品和饮料。与其他欧盟国家相比，捷克的这一水平位居第七。欧盟的平均住房支出达到家庭总支出的24%，马耳他的住房最便宜（住房支出占10.3%），芬兰的住房最贵（住房支出占28.5%）。

尽管捷克的上述指标基本处于欧盟平均水平，但新房产的可获得性非常低。为购买一套70平方米的新公寓，捷克人必须支付11.2年的平均工资（应该注意的是，大约三分之二居民的工资低于平均水平），而在葡萄牙仅为3.8年，比利时为4年，德国为5.1年，英国为9.4年。根据欧盟统计局近期公布的有关房地产价格上涨的数据，捷克房地产价格在2019年第二季度中同比上涨8.7%，而在第一季度这一水平接近10%。捷克第一季度的涨幅在欧盟国家中排名第二，第二季度的涨幅排名第六。欧盟2019年第二季度的平均涨幅为4.2%。因此，捷克的房价增长速度在很长时间内比欧盟的平均水平高两倍多。房地产咨询业的龙头企业莱坊公司（Knight Frank Company）公布了全球房价指数，其中捷克排名全球第三。从排名来看，2019年第二季度，中国（10.9%）、马耳他（10.8%）和捷克（9.4%）的房地产价格年内涨幅最快，而全球平均增速则明显放缓。尽管各种调查和统计采用的方法不同，且数据结果也各不相同，但捷克国内房地产价格显著上升的趋势是不争的事实。

此外，有专家预计，捷克首都布拉格的房价到2030年可能翻一番，

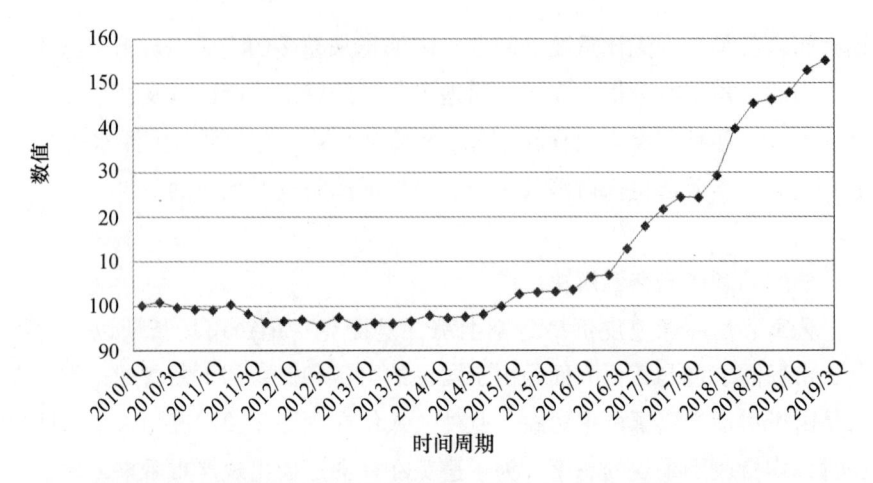

图7—1 布拉格新建公寓价格指数（2010年至2019年第三季度）

资料来源：捷克统计局。

这不仅指市中心地区，也指布拉格周边地区。在这种情况下，布拉格的公寓对富裕的人来说也将很难负担。2015—2019年，布拉格的新公寓价格上涨了大约90%，迫使许多人从布拉格搬到中部波希米亚地区（Central Bohemian Region），进而导致这一地区的房价上涨，并对交通和环境产生负面影响。根据一些相关研究，布拉格目前需要满足155万居民的需求，而未来需求量还将进一步上升。居民除了从布拉格迁出以外，还有另一种选择，即从市中心或半中心地区迁往边缘地区，从旧的砖砌公寓区迁往受中产阶级欢迎的板楼中。

捷克房价普遍大幅上涨的原因是多方面的：（1）新公寓建设缓慢；（2）获得建筑许可证的过程漫长，这与建筑立法体系的现状有关；（3）建筑成本上涨；（4）劳动力短缺，导致建造过程放缓、建筑公司的活动受限；（5）捷克重要银行2018年推出的监管措施在实践中阻碍了年轻人、低收入者和中等收入者获得抵押贷款；（6）外国人在捷克购买房产，他们可以得到相对利率较低的贷款以及比西方大都市更低的房价；（7）短期租金（Airbnb等）急剧上升；（8）从农村转移到城市的普遍趋势。

这些原因导致了复杂而严重的经济和社会后果。例如，年轻家庭无法购置自己的住房，这进而影响出生率、人口发展、税收、养老金和医疗等。

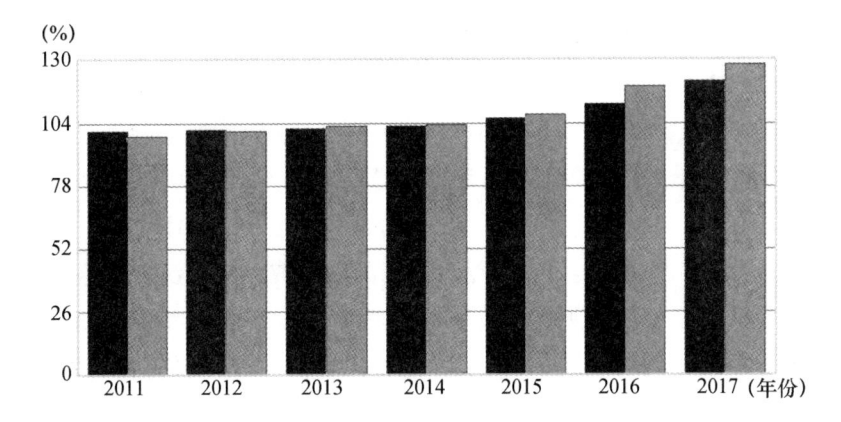

图7—2 捷克房地产价格的变化（2011—2017年）

注：柱状图中深色表示捷克平均水平，浅色为布拉格房地产价格。

资料来源：捷克统计局。

此外，当前的情况也加深了社会中较贫穷和富裕阶层之间的鸿沟，使中产阶级更接近穷人。从长远的角度看，可能会导致社会和政治层面的动荡。

生活质量不断提高

根据德勤生活质量指数报告（Deloitte's Quality of Life Index），捷克在149个国家中排名第24位，甚至首次超过美国。生活质量指数评估了生活的三个主要维度：基本需求、幸福的基础条件以及机会。捷克在第一个维度中排在第15位，第二个维度中排在第24位，最后一个维度中排在第31位。可见，捷克在经济指标和人类基本需要，特别是营养和基本医疗保健、水和卫生、住房和安全方面取得了最优成绩。整个报告中排在最前面的不出所料地主要是斯堪的纳维亚国家和瑞士。尽管如此，与中东欧国家相比，捷克是除排在第21位的斯洛文尼亚以外表现最好的。

2019年春天，联合国可持续发展解决方案网络（United Nations Sustainable Development Solutions Network）发布了《2019年世界幸福报告》（World Happiness Report）。结果显示，捷克在156个国家中排在第20位。这份年度报告重点关注6个关键领域：社会支持、自由、腐败、包容、人均国内生产总值和健康预期寿命。与上份报告类似，斯堪的纳维亚国家取得了最好的成绩，而捷克则成为中东欧地区的领先者。

捷克经济增长和社会发展的主要驱动者是布拉格。根据普惠繁荣城市指数（PICSA），布拉格成为世界生活质量排名第13位的城市。普惠繁荣城市指数是由全球战略咨询公司D&L发布的。这个指数的前提是，城市是经济活动和繁荣的主要引擎且包容性增长是经济活力和竞争力的先决条件。该指数以三大支柱为基础：繁荣程度（人均国内生产总值、生活质量）、社会包容性（人身安全、受教育情况和获取信息情况）和空间包容性（支付住房费用的能力、环境质量和医疗资源）。苏黎世位居榜首，而布拉格是中东欧国家中最好的，其次是位列第21位的布拉迪斯拉发。

工资上涨和通货膨胀

工资增长对幸福程度和生活质量有重要影响。2019年第三季度，捷克平均工资额为33697捷克克朗（约1321欧元），年增长率为6.9%。然而考虑到高通货膨胀率，实际增长率在4%左右。布拉格的平均工资最高（41720捷克克朗，约1636欧元），而卡尔斯巴德地区（Carlsbad Region）的平均工资最低（29941捷克克朗，约1174欧元）。此外值得注意的是，国内有三分之二的雇员收入未达到平均水平。

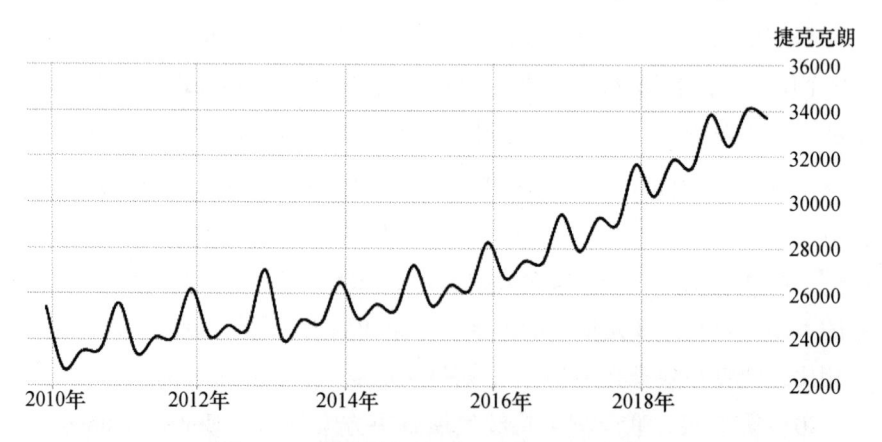

图7—3 捷克平均月工资（2010—2019年）

资料来源：tradingeconomics.com。

关于实际收入更精确的统计，可以参看第三季度的中位数：29549捷克克朗（约1158欧元）。政府的政策导致公共部门的工资增长率高于私营部门（例如，上半年教师工资上涨了11%）。此外，政府还决定提高最低工资，而不是着手降低捷克的劳动税负水平——在经合组织国家中最高（2018年该数值为43.7%）。

捷克的收入增长与本国经济状况良好有关，并被劳动力短缺的现象进一步推动。与2017年和2018年一样，捷克2019年的失业率为全欧盟最低。10月，欧盟的平均失业率为6.3%，而捷克的失业率仅为2.2%。同时，捷克仍属于收入最平等的国家之一，其三分之一人口的工资达到了平均水平，为欧盟成员国的最好成绩。但无论如何，捷克不应该满足这样的结果，进而产生错误的成功感和富足感，因为还存在许多需要尽快解决的问题，例如住房。

（作者：Ladislav Zemánek；翻译：张琦欣；校对：马骏驰；审核：刘绯）

第四节　2019年捷克对外关系的重点

2019年捷克与各个国家和地区都发展了友好关系，关系对象不限于欧盟和欧洲—大西洋区域。捷克的对外关系并非是单方面的，而是在政治、经济、科技等多个领域全方位发展。然而，捷克政府和米洛什·泽曼总统对外的积极活跃态度，因国内政治斗争和利益纠葛变得复杂起来，亦受到政治、媒体和公共舆论过度意识形态化的负面影响。本节将总结2019年捷克外交领域的重大事件，明确相关主题（参与欧盟事务、英国脱欧对捷克的影响、捷克同俄罗斯及中国的合作），并详细介绍维谢格拉德集团的问题和中捷关系。

捷克外交政策的基石

捷克外交政策基于2015年政府批准的《捷克共和国外交政策概念文件》（Concept of the Czech Republic's Foreign Policy）。该文件定义了3个全球目标，即：安全、繁荣与可持续发展、人权。还定义了两个国家目标，即：为公民服务并使捷克走向世界。该文件考虑到了当前世界秩序的多极化发展、非国家行为体对国际关系的影响日益增加，以及世界各国相互高度依存的既定事实。这些因素也使得捷克需要奉行多边主义。捷克外交政策的基本框架是欧盟、北约、联合国、国际安全组织和世贸组织。捷克是以出口为主要导向的开放型经济体，因而捍卫以规则为基础的国际秩序。《外交政策概念文件》也强调了捷克外交政策的价值基础。该基础源于融入欧洲—大西洋区域的事实。文件明确提出了如下价值观：民主、法制、人权的不可分割性及尊重人的尊严、平等团结和尊重《联合国宪章》与国际法的基本原则。

捷克外交政策具有复杂多变的倾向，这恰恰吻合了泽曼总统和安德烈·巴比什总理采取的立场。不论合作伙伴现行何种社会制度，他们都采取建立和深化经济关系的政策。泽曼总统是这种开放、多方位、无偏见且务实的外交政策的最有力支持者。他批评对俄罗斯的制裁，支持捷克与中国开展合作并发表有关克里米亚的声明。在任总统表现出的这种外交倾向，受到了社会中自由派的批评。他们呼吁转向（回归）单一、亲西方的价值观，与这种价值观相匹配的是过于意识形态化的外交政策。这种政策势必无条件地遵守欧洲—大西洋框架下的相关概念和自由民主的原则。但是，这样的政策将不可避免地损害捷克的国家及公民利益。因为该政策否认世界多极化和多边主义发展的主流趋势，而当前《捷克共和国外交政策概念文件》恰恰承认了这种趋势。

欧盟与英国脱欧

捷克主流政界及官方外交政策继续向欧盟和北约框架施加压力，甚至出现了一系列的批评，特别是针对欧盟的批评。大多数捷克政治家支持欧洲一体化进程，但反对联邦制、反对采用欧洲共同货币、反对建立联合军队，也反对将外交政策权移交给欧盟委员会。强调主权原则、捍卫国家利益和明确反对配额是2019年捷克政治言论的主要特点。一些西欧和南欧领导人不仅批评捷克，还批评了整个维谢格拉德集团，称其缺乏团结精神。但是，捷克并未放弃团结和人道主义的义务。捷克同时也发出了警告，完全开放的边界和理想主义的"欢迎"政策会对欧洲国家的安全、社会长治久安以及福利制度产生负面影响。因此，在保护欧盟边界和向有需要的国家提供合理援助等相关目标的实现过程中，捷克起到了促进作用。

在此应当指出，捷克为维护欧洲的公共安全，向其他国家提供援助做出了积极的贡献。在针对巴沙尔·阿萨德（Bashar al-Asad）政府的冲突爆发后，捷克是唯一没有关闭其驻叙利亚大使馆的欧盟国家。因此，令人起敬的捷克大使伊娃·菲利皮（Eva Filipi）不仅履行了服务捷克公民和所有其他欧盟国家公民的职责，甚至还调和了叙利亚与美国之间的关系。欧盟委员会前副主席费德里卡·莫盖里尼（Federica Mogherini）一度曾考虑将捷克驻叙利亚大使馆作为欧盟人道主义援助独家代理总部的可能性。换句话说，指责捷克的被动和利己主义显然毫无根据，这种指责出于对捷克领导人更为现实主义的立场了解不足（或不愿理解）。

英国脱欧是捷克外交政策的另外一个重要议题。长期以来，英国一直是捷克非常亲密的伙伴。两国在欧盟层面有着相同的利益，都对欧盟官僚精英及其机构议程持保留态度，为平衡法国—德国轴心做出努力。出于这个原因，捷克对英国脱欧表示遗憾，他们批评欧盟苛待公投后的英国，并强调需要维持友好互利的关系。如今捷克政界开始高度重视维谢格拉德集团，因为该集团代表了欧盟中的一极，而且有时还会反对西欧国家的利益和政策。

维谢格拉德集团的议程

捷克于 2019 年 7 月接任维谢格拉德轮值主席国，任期至 2020 年 6 月底。捷克提出的口号是"理性的欧洲"，与其推动在欧盟内部采取理性、务实和建设性措施的一贯努力相一致。在捷克任期内，该集团的总体目标是：加强其在欧盟和北约中的地位且促进各国间的团结和提高凝聚力。其更为具体和实际的目标包括：支持单一市场的深化，促进各类要素自由流动，支持欧盟扩大，促进欧盟东部伙伴关系政策以及在安全与国防领域的合作。此外，捷克还致力于促进创新经济和人工智能开发，以及推进欧盟成员之间的社会经济融合与增强凝聚力。

值得注意的是，维谢格拉德四国领导人已经意识到这种平台对区域合作的意义。峰会、会议、对话和磋商自上而下，频繁且定期在不同的领域展开。2019 年 10 月，捷克主办了维谢格拉德四国总统峰会。塞尔维亚和斯洛文尼亚总统也参加了这次峰会。各国最高代表共同支持西巴尔干国家加入欧盟。捷克担任轮值主席国后，于 2019 年 9 月和 10 月两度组织了总理峰会。巴尔干各国总理均出席了上述两次会议。两次峰会的主要议题均是欧盟和申根区的扩大问题。11 月的会谈是所谓的"凝聚力之友"峰会（Friends of Cohesion）的组成部分。"凝聚力之友"是由保加利亚、捷克、塞浦路斯、克罗地亚、爱沙尼亚、希腊、匈牙利、拉脱维亚、立陶宛、马耳他、波兰、葡萄牙、罗马尼亚、斯洛伐克、斯洛文尼亚和西班牙组成的非正式组织。与会者讨论了欧盟 2021—2027 年的预算框架，各方表示，凝聚政策不仅是欧盟预算的核心，还是一种重要的投资工具，将为地区和成员国的融合做出重要贡献。捷克总理安德烈·巴比什提出批评性意见，指责欧盟的财务框架不合理，因为凝聚政策的财务来源有所削减。在接下来的几年中，融资问题仍将是欧盟财政的主要问题。除此之外，有意见认为，欧盟向各国进行转移支付的方式，可能（并且应该）以接受难民配额为条件，而维谢格拉德四国明确拒绝了这一配额。

跌宕起伏的中捷关系

2019 年中捷关系有所发展，但同时也面临着许多困难，尤其是捷克军方施加的压力。他们十分乐意逆转原本就堪忧的中捷双边关系。2019 年 4 月，米洛什·泽曼总统第五次访华，中国也由此成为泽曼总统访问次数最多的国家。在此期间，米洛什·泽曼参加了在北京举行的第二届"一带一路"国际合作高峰论坛。他对"一带一路"倡议表示支持，欢迎中国在欧洲和捷克进行投资。泽曼总统还出席了北京世博会暨捷克—中国商业论坛的开幕式。他与中国国家主席习近平举行了会谈（是他们的第六次会谈）。华为和中信公司的代表也参与了此次会谈。两位领导人都批评（高）关税和贸易战以及抬头的贸易保护主义。米洛什·泽曼总统支持华为建设 5G 网络，并支持中国公司参与捷克的各种 PPP 项目。11 月，由众议院议长率领的捷克代表团参加了在上海举行的中国国际进口博览会。捷克是该博览会的主宾国。这一系列的外事活动证明，如果双方遵循开放、无偏见和务实的政策，抛弃偏见和过时的教条，中捷两国就能成功合作。

然而，2019 年出现了两次旨在损害中捷关系的政治和媒体事件。第一次政治事件是由现任布拉格市政府中捷克海盗党（Czech Pirate Party）的代表挑起的。这一事件挑战了捷克官方奉行的"一个中国"政策，也导致布拉格与北京的友城关系于 2019 年 10 月终止。原定在中国举办的几次捷克文化活动被取消，原定在布拉格举办的中国投资论坛也被取消。第二次事件则对学术环境造成了不良影响。查理大学（Charles University）一批反华汉学家和媒体炒作了一出丑闻，最终导致了查理大学与住房信贷银行（Home Credit）之间的合作被中止。该银行在中国开展业务，其所有人是捷克首富彼得·凯尔纳（Petr Kellner）。丑闻还导致捷克—中国研究中心（Czech-Chinese Center）被解散（该中心的重点工作是建立和深化与中国大学及研究中心的合作），并解雇了一批与中方一起组织会议并开展研究的教授。此类行为违反了捷克和欧盟的对华官方政策，损害了捷克的形象。然而，与此同时，捷克的第二家孔子学院在布拉格金融与行政大学（University of Finance and Administration）正式运行。矛盾的是，建立孔子学院是人们几年前在查理大学创立捷克—中国研究中心的目的，而捷克—中国研究中心在前不久不幸解散，但建立孔子学院的目标却终于实现了。

（作者：Ladislav Zemánek；翻译：卢依婕；校对：马骏驰；审稿：刘绯）

第八章

克罗地亚

第一节　2019年影响克罗地亚政治形象的重要政治事件

概述

在2019年到来之际,克罗地亚的绝大多数政治人物都有一定的压力,因为他们需要凝聚政治潜力和政治能力以赢得公众舆论的支持。感到压力的原因在于2019年要举行欧洲议会选举和克罗地亚总统大选。政界对政客谨小慎微行为的解释和公众对此的怀疑是主要的政治事件。两者都造成政治和社会动荡,并给两个选举带来负面影响。负面的几件事分别是:针对某些部长的腐败指控和怀疑导致政府被迫重组,教职人员的不满引起了教育系统内的大规模罢工。

欧洲议会选举

无论是在克罗地亚还是在整个欧洲大陆,2019年上半年是欧洲议会选举的筹备和执行期。鉴于这是克罗地亚面对的第三次欧洲议会选举,人们期望借此机会看到政治行为体和公众展现出民主制度的成熟性。与此相符合的是,作为欧洲人民党(European People's Party)成员的克罗地亚中右翼政党克罗地亚民主联盟(HDZ)试图提名年轻和富有经验的候选人彰显其主导地位,并表现其政治发展路线与欧洲的价值观和谐共存。HDZ的主要对手克罗地亚中左翼社会民主党党派(SDP,欧洲社会主义党成员)则派出了富有经验的候选人,通过向公众展示熟悉的面孔以示赢得重要选举的决心。其他主要竞争者来自政治领域的各个方面,例如:中左翼的阿姆斯特丹联盟（Amsterdam Coalition，克罗地亚中左自由政党的一个选举联盟——校者注），反建制（anti-establishment）和欧洲怀疑论者齐维·齐德（Živi Zid），右翼阵营的克罗地亚主权主义者联盟，以及由政界新人、前法官米斯拉夫·科拉库什奇（Mislav Kolakušić）为首的候选人。

正如所料，选举前的竞选活动以意识形态和价值观争议为特征，缺乏可以在欧洲层面的论辩中传达的实质性内容。竞选活动的另一个特点是：辩论的一个重点是欧洲联盟及其身份的缺点。考虑到克罗地亚自2014年以来就面临着与移民危机有关的许多问题，并且仍然不是申根区成员国，公众对欧洲联盟的高度疏离感和冷漠态度已不足为奇。反建制派、右翼组织和那些能够动员且能使选民背弃HDZ和SDP的政党意识到了这种情绪。

结果，2019年5月26日的投票率只有29.9%，选票分布情况令人惊讶。出乎意料的是，执政党克罗地亚民主联盟（HDZ）赢得了与反对党克罗地亚社会民主党相等的议会席位。导致该结果的原因可能是，在某些部长涉嫌腐败、司法系统效率低下、国家行政管理不力、生活水平低下导致的消极政治和社会氛围中，民众对HDZ的不满情绪日益增加。与此相对应的是，主要反对党社会民主党获得了高于预期的选票，并将此结果视为重大胜利。克罗地亚12个席位中其余的4个席位，分别属于先前提到的阿姆斯特丹联盟、欧洲怀疑论者齐维·齐德、右翼克罗地亚主权主义者联盟和米斯拉夫·科拉库什奇领导的独立名单党。后者以7.89%的选票成为选举的最大惊喜。米斯拉夫·科拉库什奇以对政客的非典型态度和反腐的决心，在克罗地亚民众中引起了广泛的讨论，并在大选后第二天就宣布要竞选总统。

最后，克罗地亚2019年欧洲议会选举很少涉及欧洲的政策和价值观，而是展示其坚定的立场，以及显示公众对克罗地亚政治舞台主要参与者的态度。欧洲议会选举之后，参与竞选的个人和政党都对HDZ感到失望，他们也得到了公众的反馈和进一步推进政治行动的动力。

克罗地亚政府改组

如前所述，克罗地亚的欧洲议会选举是在公众不信任、冷漠以及对政治问题普遍缺乏信念和兴趣的消极背景下进行的。克罗地亚公众对政界持消极看法源于一系列问题，包括国家经济和工业的发展、公共行政管理低效以及政治代表的能力堪忧等。2019年年初至中期，政府（由中右翼克罗地亚民主联盟执政）的几位部长涉嫌腐败，并受到指控成为焦点。在几个月的时间里，公共行政部部长洛夫罗·库什切维奇（Lovro Kuščević）、国家财产部部长高兰·马里奇（Goran Marić）、农业部部长托米斯拉夫·托卢什奇（Tomislav Tolušić）以及区域发展和欧盟基金部部长加布里耶拉·扎拉茨（Gabrijela Žalac）都受到质疑，且国家媒体对他们的财产和资产进行了调查。上述各位部长或多或少都受到了公众和媒体的严格审查，因为他们的财产和资产超过了公职人员应得的报酬。

随着社会舆论对政府成员的负面报道，总理安德烈·普连科维奇（Andrej Plenković）不断受到压力，被要求采取相应的措施并提出解决方案，以逐步解决所有头条新闻提到的问题。除此之外，一些主要的联合政党一再宣布不愿继续执政，例如克罗地亚人民党—自由民主党（HNS）。面对上述欧洲议会选举令人失望的结果，迫于消极的公众评价以及即将举行总统大选的压力，总理安德烈·普连科维奇采取了激进但公众喜闻乐见的举措：于2019年7月17日罢免了5位部长，包括上述所有人员以及人口、家庭、青年和社会政策部部长纳达·穆尔加尼奇（Nada Murganić）。此外，因其养老金改革方案而受到多方批评的劳工和养老金体系部部长接替下台的加布里耶拉·扎拉茨（Gabrijela Žalac），成为区域发展和欧盟基金部新任部长。

普连科维奇总理解释说，此举不是媒体和公众施压的结果，而是"必要的更新换代和积极举措，旨在加紧执行政府计划，为克罗地亚人民的利益而奋斗"。新任命的部长约瑟普·阿拉德罗维奇（Josip Aladrović）、马里奥·巴诺西奇（Mario Banožić）、伊万·马列尼察（Ivan Malenica）和马里娅·武奇科维奇（Marija Vučković）正是总理巩固摇摇欲坠的政府需要的人才。他们年轻有为、受过良好教育，具有在政治环境中成长的背景，并与总理对克罗地亚民主联盟政治发展方向的看法更为一致。另一方面，经验更丰富的维斯纳·贝德科维奇（Vesna Bedeković）取代了人口、家庭、青年和社会政策部的纳达·穆尔加尼奇。克罗地亚政府改组确实是急需的改革，但这是否代表着政府反对侍从主义和腐败的坚定立场，目前尚无定论。

教职人员罢工与教育的价值

2019年相对平静的夏季使我们有机会反思之前发生的事件，并重点筹备媒体和公众高度关注的总统竞选活动。但是，克罗地亚教育系统中长期存在的问题，以教职人员大罢工（克罗地亚有史以来教育体制内最大的一次罢工）的形式被推到了极点。基本而言，克罗地亚教职人员的工资指数是所有拥有大学学位的公职人员中最低的，致使他们长期严重不满，因而举行了此次罢工。为此，各教职人员工会精心组织、安排和动员了受挫教师及其支持者，以推动政府为他们的利益采取行动。

在最初的不满申诉未得到预期的处理后，罢工于2019年10月开始。需要注意的是，因罢工而推迟且受损的新学年正是实施"生命之校"倡议之年（School for life initiative，倡议始于2018年，是一个试验性的改革方案，由教师和学生参与，主要目的在于帮助学生更好地面对在生活中遇到的挑战等——校者注），而该倡议是科学和教育部教育改革方案的一部分。通过这种方式，罢工者向政府传达了教育体制中存在的弊端等重要信息。此外，为了防止罢工产生的负面形象对学生造成伤害或对教学造成破坏，人们采取了轮流的方式进行罢工。这意味着一周中的每一天，都有不同地区的学校举行罢工。这种巧妙的组织形式使得罢工得以长期持续。

尽管如此，普连科维奇总理仍未直面矛盾并与科学和教育部部长布拉赞卡·迪夫雅克（Blaženka Divjak）共同承担责任，而是以不要干扰其他公共部门为由，将责任归咎于前任政府的失败。不久，罢工就如火如荼地展开，并在首都萨格勒布的主要广场组织了大规模抗议活动。教育界、媒体和诸如克罗地亚人民党—自由民主党等联盟成员敦促总理与抗议者进行会谈。

在几次会谈失败后，普连科维奇总理终于在12月初宣布达成了实质性妥协，承诺教师的薪酬会在2020年逐步增加，而该承诺在集体协议的附录中得以确认。撰写本文时，罢工已经结束，学生也回到了学校。最终协议会考虑到总理的提议，并由教职人员工会草拟。必须注意的是，教育体系中的上述问题只是课程质量、教育方法过时和基础设施老旧等一系列问题中的一部分。

2019 年总统大选

除了上述 3 个大事件，影响克罗地亚 2019 年政治格局的还有即将举行的总统大选。这是 1992 年首届总统选举以来的第七届选举，将于 2019 年 12 月 22 日举行。甚至在正式成为候选人之前，主要候选人通过征集 10000 个克罗地亚公民的签名已广为人知，并且经常在媒体中出现，尽管其中一些人并不会出现。

克罗地亚民众对最终候选名单上的 11 人都或多或少有所了解。例如，右翼候选人安托·贾皮奇（Anto Đapić）是克罗地亚的政界元老，而至少从政治角度而言，内贾里科·巴比奇（Nedjeljko Babić）和达里奥·朱里奇安（Dario Juričan）等并不能立即获得公众认可。还有 4 位主要候选人获得了最高的媒体曝光率和民众的理解。即使外界猜测此举不会获得执政党克罗地亚民主联盟的支持，或者因其在国际组织中拥有较高地位而对候选资格不感兴趣，克罗地亚现任总统科林达·格拉巴·基塔罗维奇（Kolinda Grabar Kitarović）决定再次竞选总统。此后，在中左翼社会民主党（SDP）和其他中左翼和自由主义选民的支持下，克罗地亚前任总理佐兰·米兰诺维奇（Zoran Milanović）决定重返政治舞台。他的性格、知识和坚定的态度是他竞选宣传的重点。第三位重要的候选人是音乐家米罗斯拉夫·斯科罗（Miroslav Škoro）。他是一名独立候选人，但在中右翼和右翼的选民中有较高的支持率。斯科罗在克罗地亚复杂的政治环境中显得与众不同，他将演艺与政治生涯联系起来，通过保留传统价值观来展望未来，强调宪法改革的必要性和赋予总统更高权力是其政治构想。最后一位获得较高认可度的候选人是先前提到的米斯拉夫·科拉库什奇。作为一名律师和前法官、现任欧洲议会议员，科拉库什奇以独立候选人的身份代表自己参选，并试图通过宪法改革应对腐败和社会问题（例如，压制性的公共行政管理和侍从主义），这将有助于强化立法和行政领域的总统权限。另一位候选人德扬·科瓦奇（Dejan Kovač，拥有清晰而雄心勃勃的社会自由世界观，毕业于普林斯顿大学）可能没有太大成功机会，但会成为克罗地亚政坛上的一股新生力量。所有候选人均根据各自支持渠道的不同，以不同的方案开展竞选。值得注意的是，社交媒体是许多候选人，尤其是米罗斯拉夫·斯科罗同公众沟通的主要方式，而自欧洲议会选举以来，米斯拉夫·科拉库什奇在公共和媒体领域花费的时间最长。民意调查显示，经验最丰富的候选人格拉巴·基塔罗维奇总统和前总理米兰诺维奇之间竞争激烈。但是，公众对他们的支持率都有所下降（在他们担任公职的最后几年中）。欧洲议会选举选票的分散程度更证明了，克罗地亚选民的情绪正在发生巨大变化。因此，尽管可能性不大，其他候选人仍可能使这两位面临巨大的挑战。

结语

鉴于上述因素，2019年克罗地亚政界动荡不安。在两个大选中，许多重要的政治和社会事件不仅影响了公众认知，也考验了政府的应急能力，因而2019年年末为克罗地亚在将来解决诸多问题和进一步发展奠定了基础。显而易见，在媒体强大的推动下，广大公众正在逐步对影响其现实生活的政客和政府机构采取更强硬的态度。因此，政界不得不推举才德配位的人才和采取适当的国家行动来适应这种趋势。

（作者：Benjamin Petrović；翻译：卢依婕；校对：郎加泽仁；审核：刘绯）

第二节 2019年克罗地亚经济概述

引言

2019年，尽管政府非常希望实施经济改革，但未能实现。在克罗地亚的历史上，2019年会因此被人们铭记。原因是：无论从政治还是从社会方面来看，政府都太过软弱，无法在不立即失去权力的情况下实施这些改革。安德烈·普连科维奇政府希望对中小学教育进行全面改革，但没有提供必要的财政资源（为教师加薪），因而全面改革不仅没有得到联盟和政党的政治支持，更没有得到改革主要参与者（教师）的支持。此外，一项巩固克罗地亚经济的重要改革，即养老金制度改革——将退休年龄的限制从65岁提高到67岁，由于工会抵制，未能得到公民的大力支持，因而无法实施。

养老金改革

年复一年，克罗地亚的养老金制度越来越不稳定，且难以维持。其原因如下：在克罗地亚，被保险人（支付保险金的工人）越来越少，受益人（养老金领取者）日益增多。被保险人与受益人的比例降至1：1.26的极低水平。这个制度显然不可持续，需要进行彻底的改革。由于克罗地亚社会人口结构出现老龄化现象（2018年的中值年龄为43.3岁，为有记录以来最高），而且大批年轻人和家庭离开克罗地亚，因此政府必须尽快对养老金制度进行彻底改革。政府提出了养老金改革建议，将养老金改革的费用转移到工人的开支上，通过延长67岁以下工人的工作年限，为保障养老金制度的稳定创造条件，这将使男性的退休年龄延长2年，女性延长5年。政府的计划遭到工会抵制，在市民的大力支持下，收集到市民签名的工会威胁政府，要求就养老金改革方案举行全民公决。在工会和市民的压力下，政府撤回了拟议的养老金改革，接受了工会的所有要求，并肯定了经济现状的不确定性。

旅游业危机

2019年，克罗地亚的经济表现最令人惊讶。人们发现，旧的商业模式已无法在旅游业中发挥作用。"太阳与海"模式的时代已经结束。想保持旅游业创造的国内生产总值的水平，就需要增加设施和对旅游业的投资。旅游业也存在人口结构问题：在旅游旺季，没有足够的员工从事旅游业的工作。这个季度首次出现了不尽如人意的情况，也就是说，克罗地亚旅游业在7月完全没有季节性收入。地中海旅游市场的竞争已经恢复，特别是在土耳其，其趋势是在下一个季度，市场上将会出现更好的旅游服务项目。因而，克罗地亚被迫改变旅游政策的整体形式。由于旅游旺季实际上取决于酒店和其他传统旅游住宿的收入，因此必须防止和限制过多地修建酒店并规范管理短期租金，以保证已有旅游住宿设施的营业。此外，克罗地亚政府必须采取灵活的税收政策，鼓励旅游业的企业家为劳动力市场的潜在员工提供足够的工资，以阻止家政工人在该时期离开本国去其他地区工作。近年来，与克罗地亚相比，由于家政工人在其他旅游地（如奥地利和德国）工作的时间更少或相同，但工资却高得多，因此他们更愿意在旅游旺季前往那些地方。想让旅游业继续对国家预算做出重大贡献，就必须制止这种趋势。总而言之，2019 年的情况表明，克罗地亚的旅游业正处于一场重大危机中，并且该国的整体经济也存在缺陷，主要体现在劳动力短缺方面，这是整个社会人口锐减造成的，也是社会的一个结构性问题，这个社会问题将在未来几年变得更加严重。

导致社会分裂的经济增长

2019 年，克罗地亚终于实现了显著的经济增长，信用评级机构和其他有关国际金融机构对此做出了回应，提高了克罗地亚对外直接投资的信用评级。克罗地亚经济逐季恢复到 2008—2009 年国际经济危机前的增长水平，这也重新唤起了社会各阶层改善其社会地位的需求。突然间，大批专业人士通过工会宣布，如果其利益不能实现，就可能通过罢工等工会行动争取自己的经济和劳动权利。在达成折中方案之前，教师和非教职人员已经罢工了 34 天，因为之前与政府达成的协议未能将他们的工作复杂程度恢复到经济衰退前的水平。医生则宣布，如果他们仍得不到加班费，就举行罢工。海关职员和警务人员宣布，如果他们的工资与在经济衰退和停滞期增加的生活费用不符，工会将采取行动。护士也要求加薪，此外，当工会领导与政府协商增加 50 库纳（HRK，6 欧元）工资时，护士们绕过工会，通过社交网络组织起来，走上街头抗议。照顾 0—24 岁残疾儿童的看护人员一直在抗议，因为他们的经济权利相当低（300 欧元的工资，不能请病假）。夏季，巴士司机和运输工人也提出抗议，要求海洋、交通和基础设施部（Ministry of the Sea, transport and Infrastructure）提供更好的工作条件，以鼓励工人留在国内，阻止剩余家政工人大规模移民。这一系列的抗议活动恰恰发生于克罗地亚经济显著增长的时候。然而，政府强调，必须提出一项可靠的财政政策，并声称，国家预算无法实现各类工会和工人团体的所有要求。人们期待已久的经济增长实际上带来了与预期相反的效果：与预期的公共债务财政合并相反，国家需要维持各社会领域之间的和谐。2019 年的经济增长造成了新的社会动荡，这种新的社会分裂带来的不确定性很可能使整个克罗地亚经济变得不稳定。

结论

总而言之，尽管出现了显著且稳定的经济增长，但 2019 年年底克罗地亚的经济状况比年初还要糟糕。克罗地亚没有进行必要的经济体制改革，但是已逝的时间不会复返。与此同时，当地人口移居国外，腾空了克罗地亚的部分国土，其余人口则在考虑如何改善自己的经济状况或离开该国。在社会各领域日益腐败的情况下，普通劳动者只有两条路可走：要么为自己的经济和劳动权利而战，要么收拾行囊出国工作。许多人为了寻求更好的未来而离开了这个国家，另一些人则决定走上街头为自己的权利而战。然而，在欧洲可能在 2020 年陷入经济衰退的背景下，政府的确需要提出一项可靠且均衡的财政政策，创建一个能够更好地抵御欧洲和（或）国际经济危机冲击的经济体，因此政府不能顾及所有的利益集团。这些集团在经济增长良好的时候，希望为自己谋取利益。一个在财政上负责任的政府，至少应制定克罗地亚的发展战略、中短期社会经济发展阶段的优先事项，而不是仅靠公共资源来资助利益集团和个体。

（作者：Nikica Kolar；翻译：乔昱；校对：郎加泽仁；审核：刘绯）

第三节　2019 年克罗地亚社会发展回顾：人权保护的衰弱

摘要

2019 年，克罗地亚社会对女性和少数民族的仇恨事件增多，但是亦有反抗这种仇恨情绪的声音。2019 年，厌恶女性和民族主义的表现方式极具攻击性。这一年，在暴力侵害女性事件中，最著名的例子是扎达尔的一名少女遭受多次强奸，因而部分公众为了保护妇女和儿童免受家庭暴力，自发组织了新的协会、提出新的倡议，并组织了抗议活动，对象是针对女性的暴力行为。此外，民族沙文主义（nationalist chauvinism）也非常突出（针对塞族人和吉普赛人），以致主流媒体都不能忽视此事。塞族国民理事会（Serbian National Council）多次组织竞选运动，唤起公众意识，反对歧视克罗地亚塞族社区。遗憾的是，总统候选人在竞选过程中，禁止媒体报道有关保护克罗地亚境内塞族人和吉普赛人人权的问题，加剧了仇视他人的民族主义言论。保护人权再次被克罗地亚政治领导人置于脑后。

引言

人权保护问题反映了克罗地亚的真实情况。2019 年，出现了一些针对弱势群体和边缘化群体的仇恨言论和暴力事件，而国家机构未能履行保护这些群体人权的职责。此外，一些机构（主要是法院和社会福利中心）在社会中发挥的作用更大程度上是为了保护人权侵犯者，而不是受害者的利益。历史修正主义在克罗地亚社会和政治中无处不在，使得政治仇恨言论泛滥。历史修正主义意在恢复仇恨和不平等的意识形态，即克罗地亚纳粹主义至上。在大多数吉普赛人定居的 Međimurje 区域，吉普赛人受到仇外情绪和种族主义的极大打击。此外，塞族红星俱乐部的水球运动员在斯普利特（Split）受到袭击、布拉奇岛（Brač）的塞族工人遭受攻击，以及在塞族政党竞选海报上涂上反塞族法西斯标志，都是主流媒体不能忽视的仇恨事件。这些只是克罗地亚境内塞族社区日常生活中遭遇事件的一小部分。政府和总统对这个问题保持沉默，或者只是重复这样一句话，即：政府机构必须主动履行其职责，因为在总统选举年涉及这些问题太过冒险。

仇视女性：骇人听闻的家庭暴力案件

作为国家社会机构无能的体现，Pag 惨案将会永远铭刻在克罗地亚社会的记忆中。2 月底，Josip Rođak（54 岁）将 4 个年幼的孩子扔出阳台。Rođak 一家长期在当地社会福利中心的监管之下，但社会服务部门未能及时介入。坠楼的孩子们幸存下来，但他们的心理健康将会受到持久的影响。在本案中，防止功能缺失家庭发生冲突的机构完全没有起到作用。Pag 事件令公众非常愤怒，以至于一些公民共同提出了"拯救我"的新倡议，向国家机构施加压力，并直接要求政府改革体制，防止类似事件再次发生。市民的抗议成功迫使政府开始改革福利制度，但只是改革了部分社会保障制度。

10 月初，又发生了一起男性施暴事件，使公众感到恐惧。在扎达尔，5 名 17—19 岁的年轻男子集体强奸了 1 名 14 岁的女孩，他们在强奸期间对她进行拍摄,如果她不允许,就会再次对她进行性虐待,并以向公众公开照片相威胁。扎达尔刑事法院法官伊万·马尔科维奇（Ivan Marković）对这些暴行的判决竟然是释放这些嫌疑人,让他们在保释期间为自己辩护。该机构再次未能保护女性免受虐待,使公众极为愤怒。因此,国家政府机构必须立即作出反应,再次拘留涉嫌的所有年轻男子。在社交网络上,政府机构不能维护正义的无能表现被广泛传播,致使民众自己伸张正义,报复那些对女孩犯下强奸罪的年轻人。在法官决定拘押嫌犯后不久,克罗地亚各地发生了大规模的民间抗议活动。抗议活动期间的许多信息表明,克罗地亚社会不再接受父权至上和厌恶女性的行为。

针对少数民族的仇恨：民族主义影响下的塞族人和吉普赛人

30年来,在所有的坏事中,塞族人一直是克罗地亚民族主义者的主要替罪羊。距离上次与塞尔维亚的战争已有几十年了,但克罗地亚人对塞族区域的仇恨一直存在,仿佛战争从未结束。2019年年初,塞尔维亚水球运动员访问斯普利特时,这种仇恨就表现出来了。一些流氓袭击了塞尔维亚红星俱乐部的水球运动员,用铁棍迫使他们跳入大海逃跑。这不是一个偶然事件,而是反复出现的规律性事件。几个月后,布拉奇岛上的季节性塞族工人遭到袭击。20个流氓袭击了一群男女,质问谁是塞族人。布拉奇事件发生2个月后,在克宁（Knin）附近的Uzdolje小村庄,一家咖啡馆遭到流氓袭击,因为顾客经常在这家咖啡馆观看塞尔维亚足球比赛。这些流氓殴打咖啡馆里的每个人,包括西欧公民。因为这次涉及攻击欧盟国家公民,当局不得不做出反应。袭击者被逮捕,但主要政客发表的反塞族言论仍然存在。反常的是,一些主要的民族主义政客却为Uzdolje村庄事件指责克罗地亚塞族民主政党（SDSS）。

对吉普赛人的仇外心理也表现出来。仇恨意识有逐渐恢复的趋势,比如在第二次世界大战中产生的克罗地亚纳粹主义等,因此为针对另一种族成员的抗议活动提供了机会和空间。在这种情况下,吉普赛人是克罗地亚种族主义意识形态的理想针对目标。在查科韦茨,Međimurje公民经常选择自由派政客担任地方政府职务,还组织了一次针对吉普赛人的大规模抗议活动。这次抗议活动基于明确的种族主义和含蓄的法西斯意识。传统上,吉普赛人是克罗地亚社会最边缘化的群体,而抗议者要求进一步边缘化吉普赛人，将他们与正常的克罗地亚社会分离。在抗议活动中，吉普赛人被视为十足的、真正的罪犯，而克罗地亚人是正常而可敬的人。现在，种族仇恨（针对其他人、少数民族和完全不相干的人）的种子已经播下，然而执政者没有作出任何回应。

结论

无论是国内生产总值的增长、国家预算的财政整顿还是公共债务的偿还，2019年克罗地亚整个社会都在分崩离析。在经济方面，最明显的表现是在人口统计方面，主要是当地人口的高移民率和不稳定的养老金制度；在社会方面，表现在对社会弱势群体的仇恨日益加深。尽管随着经济自由的实现，女性越来越多地进入公共领域，但保守主义意识形态的回流迫使她们重新回到全职家务劳动的传统角色中。当这些性别角色得不到履行时，男性暴力就会以最恶劣的方式变得咄咄逼人。克罗地亚社会发生了不可逆转的变化，现在感受到了这场文化危机的后果。这场文化危机将社会分成两部分：一部分人希望回到神话般的黄金时代，那个时代女性的角色是固定的；另一部分人则希望维护和扩大对女性的解放，和男性一样享受自由和平等。克罗地亚社会在这个问题上正处于十字路口。在种族平等和民族身份平等方面，克罗地亚社会在未来有更长的路要走，人人平等比女性解放更难以实现。传统仇外心理助长了克罗地亚民族主义，克罗地亚民族主义又助长了现代仇外心理。只要目前的克罗地亚政治集团掌权，就不可能摆脱这种恶性循环。因为执政者显然是理智的行为者，他们会把自己塑造成真正能代表（基于共有种族和民族身份的）普通人和多数人的形象，这符合他们的利益。除此之外，执政者与普通人没有其他的共同身份。因此，他们向克罗地亚社会中的同类人和同族人不断传播仇恨意识形态，这是他们未来继续执政的保障。

（作者：Nikica Kolar；翻译：梁方圆；校对：郎加泽仁；审核：刘绯）

第四节　影响克罗地亚2019年政治环境的主要外交事务

概要

2019年，克罗地亚参与了大量国际级别的倡议活动。多年来，在这些领域的付出使得克罗地亚官员在国际组织中被授予了重要职务。与此同时，应当注意到，克罗地亚参与的部分国际活动并未很好地反映克罗地亚的社会、经济和其他重要问题。因此，有人提出了涉及国家利益的问题，即对克罗地亚而言，参与大量外交事务和倡议活动是否仅仅意味着彰显其在国际社会日益提高的声誉。

外交成就：克罗地亚籍的欧洲理事会秘书长

位于法国斯特拉斯堡的欧洲理事会（The Council of Europe）是克罗地亚公众十分陌生的国际组织。由于认识不足，加之长期对国际机构漠不关心，克罗地亚民众对欧洲理事会持冷漠态度。因此，当克罗地亚外交和欧洲事务部部长玛丽娅·佩奇诺维奇·布里奇（Marija Pejčinović Burić）于2019年6月26日当选为欧洲理事会下一任秘书长时，人们的兴奋程度远低于预期。因而，有必要指出欧洲理事会是促进人权、民主价值观和法治的一个主要国际组织。欧洲理事会成立于1949年，人们经常将其与欧盟的机构相混淆。欧洲理事会的成员更为开放，由47个成员国组成，其中包括俄罗斯、乌克兰、土耳其、亚美尼亚和瑞士等非欧盟成员国。此外，欧盟机构在欧洲人权法院拥有最大影响力，相比之下，欧洲理事会的影响力要小得多。

尽管如此，欧洲理事会仍然受到锐意进取、以现代欧洲为导向的政治家的高度重视。他们认为欧洲理事会是进一步一体化、加强机构间联系和泛欧伙伴关系的又一工具。作为这些政治家的代表，克罗地亚总理安德烈·普连科维奇感到非常自豪，因为他的内阁部长兼副总理布里奇当选了欧洲理事会领导人。事实上，布里奇性格温和、通晓多种语言且谨言慎行，以多边主义为导向、主张欧洲民主，显然是领导任何规格组织的最佳人选。在政治和管理方面，就开发克罗地亚品牌和认知的潜力而言，她的新职务无疑是一个成功的例子。此外，布里奇表示会致力于维护欧洲理事会的重要地位，因为欧洲理事会是一个能够处理当前和潜在问题（有能力处理）的有效机构。她的就职宣言对欧洲领导人的各种利益产生了积极影响，因为这些领导人往往依赖这样的机构发挥更广泛的影响力。

除了职位上升外，管理一个国际组织会如何影响克罗地亚还有待观察。作为一个人权组织的领导人，布里奇有机会强调困扰克罗地亚公民的许多问题，例如信息权、针对妇女的暴力活动、家庭权、教育权和媒体自由等。此外，在欧洲理事会人权专员杜尼亚·米亚托维奇（Dunja Mijatović）的支持下，有可能解决克罗地亚人在波黑境内受虐待的问题。综上所述，只有在当选欧洲理事会秘书长这件事不再仅作为功绩炫耀，而是成为克罗地亚外交官履历中的另一个亮点时，克罗地亚官员在国际组织任要职才能被称为外交上的胜利。

克罗地亚在欧盟中的地位提升了吗？

2019年5月欧洲议会（European Parliament）选举结束后，一个真正的大难题摆在了欧洲官员面前，因为主席候选人（Spitzenkandidat）的概念被证明是失败的，而此概念暗示着每一个政治力量都应提出自己的欧盟委员会主席候选人。欧洲领导人面临着国家利益的冲突，而遗憾的是这些国家利益影响了欧盟层面决策进程的结果，因此他们无法迅速达成共识。根据这一点，为避免进一步的混乱，结果只能在暗中敲定。这清楚地表明，民主赤字正在给欧盟的机构带来负担，欧洲人民党（European People's Party）在欧洲领导人中选出了该党最热心、最引人注目的代表之一——克罗地亚总理安德烈·普连科维奇，作为其首席谈判员。普连科维奇是一位经验丰富的外交官、前欧洲议会议员和德国总理安格拉·默克尔最信任的政治盟友之一。一方面，普连科维奇受到某些媒体、克罗地亚反对派成员、也许更多的是来自克罗地亚公众的批评，认为他把欧洲利益置于本国利益之上。但另一方面，还有一些人把普连科维奇的这些做法视为积极且有价值的。他们认为，普连科维奇是受过教育的欧洲官僚的完美写照，领导着一个发展中国家成为政治上获得认可的国家。

以上提及的每一件事都很重要，因为即使大家的意见不同，克罗地亚总理在选举欧盟委员会新主席时也确实发挥了关键作用。最后，决定权落在德国前国防部部长乌尔苏拉·冯德莱恩（Ursula von der Leyen）身上。这是一个重要的事实，因为普连科维奇曾提到与德国总理关系密切。这种特殊关系在冯德莱恩当选后选择克罗地亚作为她第三次正式访问的目的地时得到了证实。

冯德莱恩提名杜布拉夫卡·什伊察（Dubravka Šuica）为欧盟委员会副主席兼负责民主和人口部门的专员，这成了另一个显著的外交成果。领导一个新的部门，什伊察必须处理民主和人口问题，这些问题在每个成员国都存在，主要表现在欧盟公民对其机构的兴趣很低，特别是在欧洲议会的选举中。授予什伊察的另一项重要职责是，组织和主持一次关于欧洲未来的会议。该活动被视为吸引欧洲公民的方式，目的是在公民、民间社会组织和欧盟机构之间建立对话，强调民主进程，以及促进彼此之间的信任。

综上所述，克罗地亚在欧盟委员会新任主席团中找到了一个宝贵的盟友，但挑战在于如何保持与其的关系，并在欧盟层面上引导决策进程，以解决克罗地亚面临的一系列问题。

质疑克罗地亚参与国际维和任务

2019年7月下旬，发生在阿富汗的一场悲剧激发了克罗地亚公众的情绪。卷入战争将近20年的阿富汗成为全球热点地区。一名年轻的克罗地亚士兵，作为北约"坚定支持"任务的克罗地亚军事部门特遣队成员，在喀布尔（Kabul）附近的一次自杀式恐怖袭击中丧生。在一次针对军事护卫队的袭击中，另外两名克罗地亚武装部队成员受重伤，好在处理及时，他们的伤势痊愈。

失去生命本身就是一场悲剧，致使人们对克罗地亚参与国际维和任务的目的、必要性和未来提出进一步的质疑，并强调北约的"坚定支持"是风险最高的任务。这场悲剧背后的一系列问题浮出水面。因此，需要在外交、军事和安全等层面对这些问题进行深入分析。2009年以来，克罗地亚作为北约成员国，积极参与执行北约的各项决策和任务，是一个负责任且有能力的成员国的真正代表。

当一个悲剧事件越界时，因国家利益而轻视与盟国的团结问题必须得以解决。然而，另一个令人担忧的问题源于对国家利益的界定。在审视诸如克罗地亚这样的发展中国家必须实现的所有优先事项（从国家经济、贸易到发展和安全）之后，不难发现，克罗地亚介入阿富汗冲突于国家利益并无好处。唯一有价值的论据是，克罗地亚的介入有助于加强其与西方组织的关系。然而，成为一个积极的盟友本身不应该成为一个目标。以实现具体利益、完成国际合作范围的每一项任务为目标，才应是界定国家利益的标准，而不仅是宣布某一方将成为忠诚的盟友。

在媒体的鼓励下，科林达·格拉巴尔·基塔罗维奇总统（Kolinda Grabar Kitarović）、安德烈·普连科维奇总理和国防部部长达米尔·克里斯蒂切维奇（Damir Krstičević）都发表了简短的评论，强调了这场悲剧。但是，参与维和任务的问题仍然存在，因为它依据的理由不够明确。通过向克罗地亚公众明确说明克罗地亚武装部队人员参加维和任务的动机、理由和益处，或许能澄清这一问题。同时，这种说明必须基于专家的深入思考和战略分析。

遗憾的是，提交给克罗地亚议会国防委员会（Croatian Parliament's Committee for Defense）的国防部官方文件往往篇幅短小、内容笼统，无法供公众和专家讨论。在人们认识到这些影响克罗地亚国家目标的文件与这些目标和利益所代表的人民的命运有着千丝万缕的联系之后，也许在维护国家及其人民的利益方面会形成更坚定的态度。

欧洲人民党代表大会在萨格勒布（Zagreb）召开

2019年11月20—21日，克罗地亚在欧盟眼中的正面形象达到了当年的峰值。欧洲人民党是目前欧洲议会中最强有力的政治力量，该党举行了为期两天的大会，并做出了许多重要决定，其中，选举该党新主席的决定最为重要。值得注意的是，克罗地亚的主要政党克罗地亚民主联盟党（Croatian Democratic Union）是欧洲人民党（EPP）中的一员，因此许多反对党成员、媒体和公众不承认这次大会是克罗地亚的一项外交成就，而是总理安德烈·普林科维奇的一个宣传噱头——以提高自己和他所领导的政党的声誉和形象。

无论评论如何，重要的是要强调使大会具有意义的几个事项。首先，大会提供了一个隆重选举欧洲人民党新主席的机会。不出所料，前欧洲理事会主席、波兰前总理唐纳德·图斯克（Donald Tusk）当选，接替约瑟夫·道尔（Joseph Daul）。图斯克以一个真正的欧洲人和基督教民主党人的形象出现，能随时确保欧洲人民党在欧洲议会的重要地位。其次，作为最年轻的欧盟成员国，克罗地亚的价值在于它愿意承担更大的责任。因此，欧洲人民党大会是克罗地亚于2020年担任为期6个月的欧盟理事会主席一职的一个合理开端。为此，普林科维奇总理在开幕词中强调了一些将决定下一年工作方针的优先事项。克罗地亚希望解决的最引人注目的问题包括：经济增长、数字化、英国脱欧后的准备工作，以及阿尔巴尼亚和北马其顿的入盟进程。有趣的是，在不削弱上述问题重要性的同时，克罗地亚还需面对其他关切点，例如：在处理移民危机时平衡人道主义和安全问题、加入申根区进程滞后，以及许多内部问题造成的普遍的社会衰退。这些问题没得到解决，使得人们对政治漠不关心，在欧洲层面更是如此。

令许多人感兴趣的最后一点是，匈牙利总理维克多·欧尔班（Viktor Orban）的右翼民粹主义政党青民盟（Fidesz）被暂停欧洲人民党成员资格。由于违反民主原则、法治和价值观，欧盟和欧洲人民党于2019年3月将青民盟排除党外，因此欧尔班总理没有收到欧洲人民党代表大会的邀请。与此同时，另一个需要注意的问题是，关于打击日益增长的右翼民粹主义和非西方自由主义民主政体，以及维护人权和法治的讨论。最后，旨在展示欧盟中右翼保守派政治力量的活动在毫无争议的情况下结束了，并且对所有讨论到的问题都没有表现出乐观的态度，其中包括欧盟东扩、气候政策和应对政治极端主义等问题。

结语

2019年，克罗地亚参与了许多外事活动。上述只是媒体和公众广泛讨论的问题。可以得出结论，克罗地亚是国际社会中一个真正积极的成员，这一点在提名和选举其重要政治官员时得到了证实。凭借其能力，克罗地亚获得了国际盟友比预期更高的认可，但它必须警惕，这种认可不仅仅是宣示性的。作为团结与合作的旗手，克罗地亚必须为整个纷扰的社会带来积极的影响，并为其国家利益服务。毕竟，不可否认的是，国家利益比声誉和席位更重要。

（作者：Benjamin Petrović；翻译：乔昱；校对：郎加泽仁；审核：刘绯）

第 九 章

拉脱维亚

第一节　拉脱维亚：首批引入 5G 网络

2019 年 7 月，拉脱维亚成为欧洲首批引入 5G 网络的国家之一。拉脱维亚的网络覆盖范围领先于瑞典、挪威、立陶宛、法国和爱沙尼亚等欧洲国家，并且正在跻身全球 5G 网络技术引领者之列。目前，拉脱维亚 5G 网络正在营造一个将来能确保更高水平的出口环境，从而使拉脱维亚具备全球竞争性。5G 网络的开发和兼容性一直是欧洲议会的优先事项之一。它不仅是指网速与覆盖率，还指服务于数字环境中的传感器及其他设施的一系列功能。在拉脱维亚，5G 网络由拉脱维亚移动电话公司（LMT，Latvian Mobile Telephone）引进。该公司是拉脱维亚最具雄心和创新精神的公司之一，在通信领域有着 25 年多的历史。

拉脱维亚以高网速、低收费而闻名于世。因此，像拉脱维亚移动电话公司这样的电子通信公司能够为每日巨大的数据消耗量提供解决办法。拉脱维亚的互联网消费水平呈增长趋势，近年来互联网使用率快速上升。由于拉脱维亚的移动运营商能够确保用户以亲民的价格自由地访问高速互联网，消费者的需求量仍在不断上升。鉴于此，运营商未来面临的挑战之一是在提供公共信息容量的同时，确保数据传输的安全性和稳定性。

5G 技术的部署可以给商业带来高附加值，吸引投资并提高国家竞争力。5G 网络的推行是拉脱维亚技术领域的一大突破，它将创造新产业，对现有行业产生积极影响，并改变我们的日常生活。

引入 5G 网络对拉脱维亚大有裨益。这不仅是因为拉脱维亚人民将享受比以往快几倍的网络连接速度，而且 5G 网络的引入还将提供同时运行更多物联网（Internet of things，即 IoT，指一个链接计算机设备、机械和电子设备的系统）的可能性。拉脱维亚 5G 网络的覆盖还将为扩大 4G 网络覆盖范围提供机会。例如，窄频带物联网（NarrowBand IoT）将在迄今仍无网络的地方提供移动互联网。同样，针对公司或权威机构的特定需求，可以在原有 4G 网络的基础上建立本地的移动网络。5G 网络覆盖也将提高拉脱维亚网络数据传输的稳定性和网络覆盖的安全性，以此确保不间断的数据交换和较短的回应时间。这些改进将有助于在拉脱维亚实施新方案并保证其高质量，例如数字经济的发展、远程无人机管理，以及无人驾驶车辆。因此，5G 技术具有高附加值，可以带来新业务、吸引投资并提高国家竞争力。

尽管 5G 技术在拉脱维亚尚处于起步阶段，但拉脱维亚移动电话公司已经着手开发有关国防工业领域的创新出口产品。5G 网络将开设前所未有的移动通信功能，例如：为国家安全机构设立专用的传输线路，保证其不受开放互联网的干扰。拉脱维亚移动电话公司向潜在客户介绍了它在安全领域的创新性解决方案，比如任务管理系统、无人机交通管理和计算机视觉（computer vision）等。拉脱维亚 5G 网络的发展为开拓新的、潜在的出口领域以及开发新产品做出了贡献。

推行强大的 5G 网络能使拉脱维亚企业家在技术领域实现新的想法。拉脱维亚移动电话公司与内政部门、国防权威机构一起，联合里加工业大学（Riga Technical University）合作开发新的、创新的国防措施。拉脱维亚移动电话公司在拉脱维亚成功引进 5G 互联网覆盖，因此得以参与各类欧洲项目。开发任务管理系统整合了人工通信和数个物联网传感器，所有这些成果都有助于更快地评估形势，并做出更准确的决定。

在拉脱维亚的国家财政预算中，来自信息和通信技术产业的收入从 2015 年的 2.89 亿欧元增加到 2017 年的 3.56 亿欧元。信息和通信技术产业的出口量也在快速增长。5G 网络的引入主要支持拉脱维亚的信息和通信技术产业，并将极大地改善信息和通信技术产业的环境，从而加强它在通信基础设施建设方面的主导地位，对国家预算产生深远影响。

拉脱维亚的信息和通信公司数量在增加，这些公司引入了在全球市场具有竞争力的创新技术。例如，长颈鹿视觉公司（Giraffe Visual）是欧洲最早提供高质量可视互动情景的公司之一，如 360°虚拟漫游版式（360°

virtual tour format)、360°全景视频（360° video），以及触屏和虚拟现实技术服务项目，即交互式演示技术（interactive presentation technology）。这是一家来自拉脱维亚的小型青年公司，为拉脱维亚的家庭旅馆提供虚拟观光旅游（virtual tours）已有 2 年，已成为欧洲该行业的佼佼者，且拥有来自 27 个国家/地区的客户。这只是众多实例中的一个。目前，商业孵化器和加速器正在积极地为拉脱维亚年轻企业家提供财务支持、工作空间和有助于自我提升的机会。信息和通信公司的能力建设尤其得到大力支持。拉脱维亚国家层面的支持及 5G 网络的覆盖将为技术公司提供更好的环境以发挥其潜力，从而为拉脱维亚经济发展做出贡献。

拉脱维亚的教育和 5G 的发展有着共同的未来。拉脱维亚教育改革着重强调信息技术的学习，以此提高学生的计算机技能。近年来，信息和通信技术领域的学生人数也有所增加。因此，为该领域未来的专业人员提供在全球市场上具备竞争力的环境显得极为重要，这样的环境有助于他们增加该领域的知识。具体而言，在拉脱维亚开发 5G 网络将使学生能够利用大数据进行操作，并在信息和技术领域进行创新。

拉脱维亚移动电话公司总裁、管理委员会主席尤里斯·宾德（Juris Binde）教授强调："大数据是当今竞争、生产力和创新型发展的关键基础。移动通信是一个支持大数据概念的行业。专家预测，在未来几年内，500 亿台不同的智能设备将用于收集、分析和共享数据。我们生活中的数据量将会暴增。数据管理和分析步骤显示——大数据本源自一个流行语，而它现在就在这里。"

提高工作效率将是拉脱维亚 5G 互联网覆盖带来的显著好处之一。5G 将提升业务效率和生产力，并使人们的日常生活更加便利。由于 5G 互联网的高速发展，改善和实施智能解决方案（smart solutions）是有可能实现的，且不限于技术领域。例如，高速传输和处理大容量数据的能力将改善公共管理、医疗保健和教育体系的运作。5G 网络覆盖将确保拉脱维亚工作效率的提高。

同样，5G 使信息既能够集中，又能够在本地基站区处理，从而可以在有限的区域内快速执行数据分析。根据移动网络的大数据，LMT 与拉脱维亚大学联合开发了一种评估区域经济活动的方法。移动数据分析使测量人口动态、规划基础设施、寻求更有效的解决方案成为可能。这项研究效果良好，并确认了在拉脱维亚大量使用数据的可能性。

尽管引入5G为拉脱维亚经济带来了许多益处，但大约五分之一的公民（17%）认为拉脱维亚不应该采用5G技术。在拉脱维亚，阻碍部署5G网络的原因之一是社交应用软件上的虚假宣传。这类宣传扭曲了关于5G技术的事实，而这些事实被数百人分享，从而影响了成千上万的人。调查显示，反对推行5G技术的人群是老年人或文化程度较低的人。人们的经济状况也非常重要。经济状况越好的人对拉脱维亚引进新技术的态度就越积极。作为虚假宣传的一部分，2019年拉脱维亚国内甚至发起了针对5G的抗议活动。

值得注意的是，在拉脱维亚，电磁辐射率由卫生检查局监测。拉脱维亚卫生检察署在评论5G信号波的危害时强调，没有理由质疑4G或5G对人体的影响。营利性运营商必须持有确保天线安全的特定证书，以便进行安装。安装天线后，要进行独立检测。卫生检查局下令进行的检测从未显示出偏离规范的情况。

为了在拉脱维亚成功部署5G网络并充分利用这一技术，全球首个5G决策者的编程马拉松（hackathon）于2019年11月26—27日举行。该5G编程马拉松是决策制定中的一项创新。它旨在召集涉及5G技术的所有部门，共同评估5G技术当前面临的挑战，并提出促进波罗的海地区5G创新的方案。

在这次编程马拉松的帮助下，该领域专业人士、波罗的海和其他欧洲地区代表齐聚里加，旨在制定有利于发展5G技术的法规，同时促使波罗的海地区成为全球5G创新的引领者。通过举办此类活动，拉脱维亚政府表达了对地区企业家的关心，并且希望提供一个商业友好型和创新友好型的环境。

当前的立法框架不足以使5G技术实现效率最大化。创新的政策制定手段（例如5G编程马拉松）已帮助拉脱维亚乃至波罗的海地区的专业人士朝着建立法律框架的共同目标迈出了第一步。立法框架必须既有利于创新，又要对消费者和其他个体来说是安全的。正如上述所言，在未来，5G技术有机会促进经济增长，因此拉脱维亚已经着手制定对企业家和家庭用户都有利的法律。编程马拉松讨论了诸如跨境传输、基础设施、个人信息保护、安全性和数据可用性等重要议题。

拉脱维亚共和国经济部部长耐米罗（Ralfs Nemiro）指出："5G是具有强大潜力的技术突破之一，能改变我们的生活方式。我们有义务创设跨境层面的环境和法规，以激发创新并提升我们在全球的经济竞争力。有史以来的首个5G政策制定者的编程马拉松要齐聚波罗的海地区所有国家的主要代表，为决策者建言献策，帮助他们制定更好的法规，以建立并巩固波罗的海地区在5G创新领域的引领者地位。"5G编程马拉松会议仅仅是波罗的海地区制定5G政策的开始。会议之后，经济部和编程马拉松的成员向政策制定者提出了5项建议，它们将被进一步讨论。

（作者：Nina Linde；译者：张颜；校对：郎加泽仁；审核：刘绯）

第二节 拉脱维亚与中国的经济、科学合作不断加强

一直以来，中国都是拉脱维亚的重要合作伙伴。两国不仅在可持续发展和社会福利方面拥有共同目标，在推动企业家精神和实施投资项目方面亦是如此。必须注意到，中国是第一批承认拉脱维亚恢复独立的国家之一，这也使得两国的合作在过去的25年里更加紧密。

拉脱维亚与中国之间的贸易往来逐年增多，并且对于拉脱维亚来说，除欧盟成员国以外，中国目前是其最重要的贸易伙伴之一。经过10年来的密切合作，进出口商品总量一直呈上升趋势。2019年1—10月，拉脱维亚对中国的出口总值达到了1.3137亿欧元，较2010年同比增长5.25倍。而同期，从中国进口的总值共计4.3425亿欧元，较2010年同比增长2倍。

2019年拉脱维亚向中国出口的主要商品包括：木材及木制品（52.86%，主要为原木），矿产品（13.61%），机械、电气设备（9.35%，主要为电子集成电路），金属（4.49%）和果蔬产品（6.72%，主要为水果和坚果）。

2019年拉脱维亚从中国进口的主要商品包括：机械、电气设备（50.76%，主要为移动通信设备），各类工业产品（9.86%，主要为灯具、照明配件和家具），塑料、橡胶及橡胶制品（8.15%，主要为轮胎），

金属（6.83%，主要为金属框架），纺织品（5.59%）和化学工业产品（4.99%，主要为即用型黏合剂）。

拉脱维亚与中国的合作在中欧关系的框架下，以双边以及各种多边形式进行，例如：中国—中东欧国家合作框架以及"一带一路"倡议。

在这些项目中，拉脱维亚的首要任务是：推动运输和物流合作，吸引基础设施及其生产项目的投资，推动贸易关系和旅游业发展，以及开展教师、学生交换项目等。

2016年11月4日，拉脱维亚签署了《拉脱维亚共和国政府和中华人民共和国政府关于共同推进"一带一路"建设的谅解备忘录》。该备忘录的基础是中拉两国人民的传统友谊、两国政府的紧密合作，以及为推动丝绸之路经济带发展做出的努力。两国承诺，在"一带一路"倡议下协同努力，实现共同发展目标，并将各自的优势（体现在政治对话、经济互补性和民间交流领域）转换成务实的合作和可持续发展，以加强两国之间的政治联系、经济交流和人民友好往来。

作为倡议的一部分，首趟货运火车于2016年11月从中国义乌市出发到达里加（仅用12天就走完了超过1.1万公里的行程）。义乌的商业平台，即义乌市天盟实业投资有限公司，已将里加作为路线之一纳入其全球货物运输网络。此外，在欧洲，铁路运输被视为最有前景的货物运送方式。尽管"一带一路"倡议将更着重于运输和物流系统，但不可否认的是，它也将对拉脱维亚的贸易产生积极的影响。

自首趟货运火车成功运行以来，拉脱维亚的商人和企业向中国出口的兴趣与日俱增。随着货物的成功抵达，中国对拉脱维亚运输通道的兴趣也不断增长。面对中拉合作的可能性，越来越多的企业家热情高涨。来自义乌的代表们相信，义乌—拉脱维亚线极具潜力，但仍然需要促进运输商、发货商、铁路部门、物流终点站和海关之间更紧密的互动。这对两国间的运输系统和贸易关系都十分有益。

"一带一路"项目对拉脱维亚政府来说十分重要。国家机构的代表为推动这一国际合作做出了主要贡献。因此，拉脱维亚再次被邀请参加"一带一路"国际合作高峰论坛（于2019年4月25—27日在北京举办）。2017年，在第一届论坛上，交通部强调了与中国合作的4个重要方面（航空、铁路、海事和工业园区），并提出了6项举措，旨在使倡议涉及的合作更加紧密。从那时起，中国和拉脱维亚的运输和物流公司就一直处于积极合作的状态，在双边和多边合作中都取得了重大成就。

特别是，拉脱维亚国家邮局、里加国际机场正在与中国公司顺利地开展合作，为在欧洲或第三国的顾客通过拉脱维亚传递的电子商务信息提供有效的解决方案。来自两国的铁路部门代表正在开发全新的集装箱火车运输业务，建立一条横跨欧亚的海陆多式联运通道（将经过拉脱维亚）。此外，在海事合作方面，拉脱维亚一直积极参与中国21世纪海上丝绸之路的发展。自2017年年末，中国最大的物流公司已将里加港纳入北欧地区集装箱运输的常规线路。这极大地增强了运输和物流部门的自信，增加了市场投资机会，并为中拉两国的经济可持续发展奠定了历史性的基础。

2019年3月，拉脱维亚投资发展署（Latvian Investment and Development Agency）接待了来自宁波市商务局和"中基宁波集团股份有限公司"的（China-Base Ningbo group Co. Representatives of Ltd.）代表团，就于里加建立中国—拉脱维亚电子商务中心的相关事宜展开讨论。根据"17+1"合作形式，拉脱维亚首都里加被认为是货物分销至其他欧洲国家的最佳地点。里加港协调配合货物物流，将对拉脱维亚的经济发展产生正面影响。

关于在拉脱维亚扩展业务，中国商人也表现出了极大的兴趣。在里加，深圳华大智造科技有限公司（简称"华大智造"，MGI）已经正式启动了一个集研究、发展和生产为一体的研发中心，旨在建立中欧生命科学创新中心。这家公司已经在中国设立了3个类似的研发中心。新的研发中心占地7000平方米，设立在里加的机场园区。

里加的"拉脱维亚华大智造"将提供一个集产品生产、高通量测序（high-throughput sequencing，以能一次并行对几十万到几百万条DNA分子进行序列测定和一般读长较短等为标志）、培训和物流等功能为一体的中心。该公司旨在推动中国与欧洲在生命科学研究、产业应用和技术标准领域的创新型合作。这意味着，该中心将搭建起中欧之间跨国基因项目研究的桥梁，并促进企业间的经验与信息交流。

"基于拉脱维亚已有的良好生物技术基础，华大智造有信心凭借领先的产品和技术优势，在欧洲周边形成以'基因科技'为核心的生命健康科学创新平台，推动中国高端生命科研设备走出国门，并搭建完善的技术服务支持体系和产品供应链,以高效响应欧洲等区域客户需求并深耕欧洲市场。"华大智造总裁余德健(Duncan Yu)如是介绍。

在科学领域方面,中拉两国亦已开展了密切的合作。基于2017年11月22日签订的双边协议,中国和拉脱维亚教育与科学部展开了教育方面的合作。该协议为学生提供了诸如留学交换、奖学金和参加暑期学校的机会。此外,双方已就相互认可高等教育学历达成共识。如此,为两国人民增加了接受教育的机会。2018—2019学年,拉脱维亚境内共有45位中国籍学生。

2018年,为推动教育创新,拉脱维亚前总统(任期为2015—2019年)莱蒙德斯·韦约尼斯与中国签署了科技合作协议。作为合作的成果,拉脱维亚大学与华北科技学院在各自的院校携手建立了学术合作中心,旨在加强两国在教育和科学领域的伙伴关系。因此,中国学生有机会学习拉脱维亚的语言文化,而拉脱维亚学生亦有机会了解中国及其文化。此举也提升了两国合作的可能性。

(作者:Nina Linde;翻译:张颜;校对:郎加泽仁;审核:刘绯)

第三节　拉脱维亚:越来越受欢迎的健康旅游目的地

拉脱维亚是一个理想的医疗与康乐旅游胜地。它为游客提供了种类齐全、价格亲民的医疗服务。拉脱维亚健康旅游服务的客户不仅能够获得改善健康的高质量服务,更有独特的机会深入了解拉脱维亚壮美的自然景观和历史文化遗产。每年,约有1万名游客为改善身体状况到拉脱维亚进行健康旅游。数据显示,世界各国都有游客到拉脱维亚进行医疗健康旅游,包括德国、中国、英国、芬兰、乌克兰、瑞典、立陶宛、挪威、爱沙尼亚、加拿大、爱尔兰、以色列、俄罗斯、法国、阿塞拜疆、印度、意大利、哈萨克斯坦、白俄罗斯以及其他国家①。

在过去的几年里,健康旅游已成为拉脱维亚不断发展壮大的产业。

---

① https://healthtravellatvia.lv/medicinas-turisms-latvija/.

2017—2023年，该行业的年均增长率预计达到15%左右。这一方面是由于客户在这里有更多机会以优惠的价格改善健康状况；另一方面，与旅游部门和地方当局的合作使得游客有机会探索异国的文化。数据显示，瑞典、爱尔兰等国的民众对医疗旅游的需求最大[1]。而消费者选择国外的医疗服务有着不同的原因。一种解释是，西欧和北欧的医疗服务价格水平远远高于东欧[2]。因此，对于价格偏高的医疗项目，人们会选择在东欧进行。此外，消费者选择到东欧进行康复，是因为他们自己的国家没有类似的服务，或者不如这里的服务便捷。

在拉脱维亚，最受外国人青睐的医疗保健服务是牙科、妇科、泌尿科、美容和全科（general medicine）。根据调研，人们选择拉脱维亚的医疗旅游是因为这里的高技术及低成本[3]。

2018年，拉脱维亚与其他国家的医疗服务费用对比汇总显示，拉脱维亚的医疗服务费用是美国的10%—20%，是德国、挪威和英国1/3—1/2[4]。拉脱维亚的门诊以精心制定的价格政策为特点，且没有隐性消费。拉脱维亚的医疗服务价格在波罗的海地区同样具有竞争力，且低于西方和斯堪的纳维亚国家的价格，这使得患者可以节省50%—70%的费用。

如今，拉脱维亚的医疗健康机构（如康复设施、诊所等）的水平均较高。通过结合医生的专业知识和现代化医疗设施，拉脱维亚有望有效改善患者的健康状况。拉脱维亚不仅是医疗健康旅游的热门目的地，也是世界各国医学学生的优先选择[5]。为了在拉脱维亚获得医生资格，学生必须获得国际承认的教育证书，并要不断学习更前沿、更有效的医疗方法。大多数情况下，拉脱维亚医生都会在国外接受培训以及通过国际交流项目完善自己、提高资质。拉脱维亚最知名、知识最渊博的医生也成功进行了数场国际示范性手术。同时，只有足够优秀的专科医生才能为医疗游客服务。尤其值得一提的是，由于地理位置的原因，这里的医生大多同时掌握

---

[1] 欧洲晴雨表（Eurobarometer）数据。
[2] https://ec.europa.eu/eurostat/news/themes-in-the-spotlight/price-levels-2018.
[3] 朱里斯·赫兹纳、妮娜·林德：《拉脱维亚公民发展研究》，拉脱维亚经济学院，2018年。
[4] https://healthtravellatvia.lv/wp-content/uploads/2019/09/proceduru_cenas_tabula-en.jpg.
[5] 拉脱维亚共和国教育科学部：《2018年拉脱维亚高等教育报告》。

英语和俄语，从而确保了医生和病人之间的相互理解。如有必要，患者们还可以得到口译服务。

在改善价格水平的同时，拉脱维亚提供的健康服务也达到了世界领先的诊所标准。在这里，只有符合国际质量标准的设备才会被用于医疗游客。每年，拉脱维亚医生与其他国家的医学专家一起开展各种科研活动，从而提高疾病诊断以及有效治疗的水平。

拉脱维亚的医疗专家希望为患者提供尽可能高的服务质量。为此，拉脱维亚卫生当局与世界医疗设备制造商保持着密切的合作关系。医疗设备也会定期更新，以确保符合国际标准。拥有现代化的医疗设备也是人们选择前往拉脱维亚的原因之一，这使得他们能够快速、无痛苦地获得准确的医疗检测结果。拉脱维亚拥有一些创新的检测方法，在波罗的海和整个东欧都是独一无二的。例如，2019年5月，拉脱维亚引进了PET/CT设备，以便在早期阶段为肿瘤、神经、心脏及其他疾病患者提供更准确的检测结果。该技术可在检查过程中及早发现癌症疾病和患者健康情况。此技术结合图像，是癌症诊断最精准的方法之一，能够快速准确地洞察病情发展和扩散情况[1]。值得一提的是，这项技术目前在整个中欧和东欧是独一无二的。

在患者到达之前，拉脱维亚的医疗机构便会与患者密切沟通，并为他们提供个性化的治疗方案。此外，根据客户要求，相关机构还可以提供机场欢迎、护送、口译等服务，以确保患者最大程度的舒适。从婴儿、儿童到成人，拉脱维亚为各个年龄段的患者都开发了医疗方案。在治疗期间，患者可以住在酒店，也可以住在配有看护和各种便利设施的酒店式病房。

拉脱维亚最受欢迎的健康旅游目的地是度假城市尤尔马拉（Jurmala）和首都里加（Riga）。尤尔马拉设有数个疗养院和康复中心并提供种类齐全的服务，包含水疗、按摩、复健以及艺术疗愈等。外国旅客最喜欢在夏天去疗养院，因为大多数疗养院距离波罗的海仅5分钟的步程。在那里，人们可以在宁静的海滨和松林环境中度过治疗之后的时光。在夏季，尤尔马拉还会举办有来自世界各地的艺术家参与的音乐会等活动。游客不仅可

---

[1] https：//arsmed.lv/2019/05/ars-diagnostikas-klinika-iepazistina-ar-baltija-pirmo-digitalo-pet-ct-iekartu/.

以改善健康状况，更有机会享受拉脱维亚的气候，参观文化活动，探索拉脱维亚的文化和历史遗产。

如今，里加是一些需要接受医疗手术的游客或患者的首选。里加拥有许多高级门诊，包括牙科、康复、外科整形、美容医疗、眼科、神经科和心理治疗等。在接受治疗之余，患者还有机会认识拉脱维亚的首都里加。里加是拉脱维亚最古老的城市之一，拥有保存完好的新艺术派建筑。在美丽的老城区，更有着不同年代的建筑。此外，里加的居民十分友好，对游客亦很热情，因为他们大多同时掌握俄语和英语。

外国人选择前往拉脱维亚，不仅是因为优质的医疗服务，还因为能够通过参加各种体育活动来改善身心健康。近年来，各种形式的马拉松比赛在拉脱维亚越来越受欢迎，来自世界各地的参与者在这里聚集一堂。其中，拉脱维亚最受欢迎的公共马拉松是自行车马拉松和跑步马拉松——已成为拉脱维亚大城市的传统赛事。

里加长跑马拉松赛是最为人熟知、最亮眼的例子之一，每年有来自80多个国家的数万名选手参加[1]。近年来，里加马拉松已成为里加最活跃的市民传统，同时也是游客通过跑步了解里加的绝佳机会。里加马拉松包括不同赛程的比赛，不仅适合专业人士，也适合有孩子的家庭。

里加马拉松赛是国际公认的世界顶级马拉松之一。世界田径协会认证里加马拉松为世界著名的优秀马拉松赛，每年经审核后都会提名里加马拉松赛获得金标（Golden Label）奖。这样高的评价，在整个北欧只有里加马拉松才拥有，因而每年都会吸引越来越多的游客和体育爱好者从世界各地来到里加。世界田径协会的这一提名还确保了里加马拉松赛作为整个北欧最重要的马拉松运动的地位。此外，里加马拉松赛被列为世界175个最佳马拉松赛之一，在此赛事中，参赛者可以在不同年龄组中争夺世界冠军的头衔。

（作者：Nina Linde；翻译：王雨辰；校对：郎加泽仁；审核：刘绯）

---

[1] http://rimirigamarathon.com/lv/par-maratonu/world-athletics-gold-label/.

第四节　拉脱维亚森林：拉脱维亚的绿色黄金

拉脱维亚的森林覆盖率占国土面积的一半以上，使其成为世界上绿意最浓的国家之一。正因如此，木材加工业在拉脱维亚经济中扮演着重要角色。2018年，木材加工约占出口总额的20%。目前，拉脱维亚的木材出口呈持续上升趋势：企业为木材的高效利用提供了新的途径，并生产高附加值产品。总的来说，木材加工业是拉脱维亚最为常见的木材子行业，例如：木材制造、软木制品制造、纸及纸制品制造、唱片制作与复制、家具制造等。

由于木材加工业的大部分产品都出口到其他国家，因此各种木材产品在拉脱维亚的出口额中占比很大。一般而言，拉脱维亚出口的木材可以分为原材料和加工产品两大类。通过分析2000年年初以来的数据，可以得出结论，加工产品在拉脱维亚木材出口中的比例正在增加。生产商为客户提供具有高附加值的产品。拉脱维亚木材产品主要出口到欧洲和亚洲国家。2019年，木材出口总量的约40%运往英国。出口至韩国、中国、德国、荷兰等国的比例分别约占该行业总出口额的5%。

近年来，木制家具在拉脱维亚木制品出口总额中所占份额逐渐增加。数据显示，该行业已持续增长数年。2018年出口的木制家具价值约1.7亿欧元。拉脱维亚生产的大多数木制家具出口到瑞典和丹麦这两个斯堪的纳维亚国家，出口到丹麦的木制家具额约占全部出口额的23%，出口到瑞典的占10%。另外，约有13%的产品出口至德国。

总共约有4万—5万的拉脱维亚居民从事林业与木材加工业。在拉脱维亚，林业从业人员约占非预算工作（non-budget jobs）的7%，其缴纳的税款约占国家经济的1/12。对许多拉脱维亚居民（特别是农村地区）而言，木材是重要的收入来源。一半以上的木材加工厂位于城市之外，因此，该行业不断刺激并雇用农村地区居民。由于木材加工业是拉脱维亚最具战略意义的区域制造业之一，其他许多行业（如零售业和运输业）的市场需求也越来越大。据估计，拉脱维亚木材加工业已额外创造了3万—4万个就业岗位，而这些岗位与木材领域并无直接关系。

在过去100年中，拉脱维亚的森林总面积几乎增加了4倍，因此拉脱维亚已成为欧洲和世界上森林覆盖率最高的国家之一。为了防止森林污染，拉脱维亚每年都会进行森林例行清理，届时，会有成千上万的人参与清理周围森林。拉脱维亚的森林主要由云杉、松树和桦树等树木组成。拉脱维亚把森林的财产权按比例分配给公共和私营部门。拉脱维亚森林的49%为国有，48%为私有，其余份额属于拉脱维亚各市。同样，拉脱维亚的森林资源开采也按比例分配——约一半属于国有，另一半属于私有。

拉脱维亚木材生产行业的投资吸引力主要有四个方面：原材料容易获取、薪资水平适中、雇员外语技能良好、地理位置优越。由于进入森林非常方便，企业很容易获得原材料。

此外，拉脱维亚运输产品的方式多样且便捷。拉脱维亚是欧盟和亚洲市场之间物流中转的理想地点。港口、铁路以及公路运输的运营商、海关仓库、物流中心和船舶代理均提供高效且有竞争力的服务。在拉脱维亚经济中，中转和物流约占服务出口的四分之一。因此，不论在国家还是在企业层面，拉脱维亚都十分看重物流和中转服务，而且交通基础设施（港口、铁路和公路）方面的主要投资首先投到中转服务领域。锯木等产品的运输最常使用铁路和公路，而船舶或公路运输则主要服务于家具等制成品的出口。

拉脱维亚是欧盟中薪资水平最低的国家之一。尽管如此，在25—64岁的人口中约有96%的人表示懂一种或多种外语，这是欧盟第二高的水平。由于教育水平高且劳动成本低廉，拉脱维亚对投资者具有很大吸引力。低廉的劳动力成本使拉脱维亚企业能将更多的成本用于生产制造升级，从而提高公司的效率。数据显示，制造业城市工人的每月平均薪资约为750—1000欧元，而农村地区雇员的薪资则约为500—750欧元。此外，拉脱维亚提供了各种层次（职业教育和高等教育）的林业和木材加工业课程。

近年来，拉脱维亚经济（包括木材加工业）见证了高附加值产品份额的快速增长，且增长速度高于欧盟国家的平均水平。因此，拉脱维亚在吸引投资和盈利方面具有很大的潜力。在吸引新投资的全球性竞争中，这是一个十分重要的方面。

在拉脱维亚的木材加工业中，木材家具、纸及纸制品制造目前最具发展潜力。约20%的拉脱维亚木材加工企业直接从事家具生产。相对而言，这一比例很高，因为拉脱维亚的产品份额与拉脱维亚的竞争力并不相符。

因此，木制家具行业是国内外投资者想要投资的行业之一，从而增加了出口额。

目前，在木材加工业中，造纸与纸制品行业的企业数量最少。由于拉脱维亚木材原料的供应非常方便，而且全世界对各种木材产品的需求不断增加，投资者对纸制品行业发展的兴趣还在酝酿之中。

木材加工业的投资额不断增加，新的大型投资项目正在开发当中。2018年，林业龙头企业之一的里加克诺斯邦（Kronospan Riga）投资了约1亿欧元用于生产开发，这是拉脱维亚木材加工业最雄心勃勃的投资项目，也是最近的一次重要投资项目。

该投资项目旨在通过增加原材料供应和生产技术现代化，提高公司在全球市场上的竞争力，并由此提高现有生产能力及生产过程的效率。此外，该公司还准备投资开发更加环保的技术。由此，公司将能够在制造过程中使用可回收利用的木材，而这种木材是一种具有替代性且更高效的原材料。此外，公司还打算对木板生产工艺开发进行重大投资，从而确保生产能力、生产效率以及整体性能的提高。

拉脱维亚政府也支持这一投资项目，计划在该项目实施后，向该公司提供2000万美元的企业所得税优惠，以提高公司的全球竞争力。

财政部部长雅尼斯·雷尔思（Janis Reirs）强调，"木材加工是制造业的主要引擎。最近的数据还表明，今年年初这一趋势仍在继续。木材公司在过去的一年里对该行业的发展进行了投资，并计划今年继续投资。这增加了高附加值产品在此行业的份额"。

（作者：Nina Linde；翻译：王雨辰；校对：郎加泽仁；审核：刘绯）

第十章

立 陶 宛

第一节 2019年立陶宛政坛变革

2019年，立陶宛政治局势风云变幻。这一年，在地区选举和总统选举后发生了两项重大变革，即：前总统达利娅·格里包斯凯特（Dalia Grybauskaitė）和新总统吉塔纳斯·瑙塞达（Gitanas Nausėda）的权力交接，以及地方层面组建新执政联盟。前半年为变革创造了条件，后半年则记录了选举结果导致的实际变革。与此同时，执政党及其执政伙伴在权力部门的地位下降，且总统对立法部门和政府司法部门的直接影响减少。

根据立陶宛宪法，行政和立法部门中的三个职位对权力制衡至关重要，即总统（民选）、总理（由总统根据执政党或执政联盟的提名任命）和议会议长（由执政党任命）。作为宪法执行的监督部门，宪法法院进一步确保和落实分权制衡。如果上述任一职位出现变化，该制度就会通过重新调整三者之间的权力关系修正不平衡的情况。在极端情况下，这种修正会导致总统被弹劾（2004年曾发生这种情况）或者加强总统的权力。

前总统格里包斯凯特在两任任期中积极参与国内政治，并帮助整个政治体制实现自上而下的平衡，特别是当体制受到不稳定政治因素影响之时。随着格里包斯凯特离任，该体制经历了不可避免的动荡。尽管议会议长对执政党失去了信心，执政党仍在信任投票中幸存，但处处受挫、变得更加脆弱。总理在总统选举中落败（未能进入第二轮选举），对他的权力地位产生了影响，削弱了他作为总统和议会中间人的作用。

目前三个关键职位中的两个出现了改变。因此，新总统吉塔纳斯·瑙塞达发现自己面临"没有明确的主要掌权者可以开展工作"的局面。瑙塞达虽然获得了执政党立陶宛农民和绿党联盟（Lithuanian Farmers and Greens Union）领导人的支持，但仍缺乏议会和跨党派的支持。多项民调显示，瑙塞达是最不受欢迎的政治家之一。除了在党内行使权力外，他的权力来源有限。主要反对党——保守党（Conservatives）——在格里包斯凯特任期内为总统提供了足够支持，但瑙塞达却与之保持距离，所以该党与他的关系尚不明朗。这些情况造成了政治真空，也塑造了一种新兴的、无党派的空间。

两党政治作为当前一党政治的对立面，已在2019年3月的地区选举中初现苗头。维尔纽斯市（Vilnius）的执政联盟围绕市长雷米吉尤斯·希马修斯（Remigijus Šimašius）成立。希马修斯首先同议会中的自由派，即立陶宛共和国自由运动（Liberals Movement of the Republic of Lithuania）保持距离，然后自己宣布成立新政党，即自由党（Freedom Party）。由考纳斯（Kaunas）市长维斯瓦达斯·马蒂尤赛迪斯（Visvaldas Matijošaitis）领导的考纳斯联合（United Kaunas）成为该市的主要执政成员（这一执政联盟中鲜有社会民主党和自由党议员）。希奥利艾（Siauliai）的执政联盟由市长阿尔图拉斯·维索茨卡斯（Artūras Visockas）组建。维索茨卡斯领导着"我们为城市工作"（We work for the city）。在帕涅韦日斯（Panevezys）则由"同舟共济"（Together）领导。可见，国家层面的主要政党在地区治理层面的权力基础受到了侵蚀，因而使两党政治在国家政治层面开展成为可能。

不过，政治体制向两党制转变存在一个重大障碍，即：参加国家议会选举的政党需要达到议会席位占比的最低要求（必须获得5%的选票）。2019年12月11日，议会通过《议会选举法》修正案，将政党的参选门槛降低至3%，政党联盟则降低至5%。尽管仍需总统批准，但预计在2020年议会选举后，这一修正案将对立陶宛政治环境产生重大影响。反对修正案的政党认为，降低参选门槛将进一步削弱政党制度、破坏政治环境，使得在议会中组建多数派联盟更加困难。

在未对议会选举设立法定门槛的国家中，得票率是政党选举成功的一个关键因素。一些政治学家对降低或完全取消门槛的政治影响进行了分析。丹尼尔·博什勒（Daniel Boschler）认为，在设立参选门槛的国家中，平均门槛为3.8%。大多数中东欧国家普遍在3%—6%。在中东欧国家的欧盟成员国中，只有斯洛文尼亚（1990—1996年）的门槛一度较低（2.5%），但后来提升至4%。但是研究未发现参选门槛变化会产生任何可以量化的影响。博什勒称，分析政党制度削弱原因的关键是衡量社会分裂对选举制度的影响。通过政党支持者的籍贯分布来衡量的政党本地化（party nationalization）在那些存在重大社会分裂的地区水平较低。这种分裂可能是因为不同族裔群体的存在。例如在立陶宛，使用波兰语的社会群体只能支持一个政党，即"波兰人选举行动"（Electoral Action of Poles），因而间接削弱了在这一群体内建立更为民主的制度的希望。此外，这种分裂还可能源于不同社会团体的存在，且多发于具有地域特性的社会团体的分裂之中。而且，如果存在领土分裂，政党制度分裂的程度也可能会很高。

因此，社会分裂和整合是了解立陶宛政治分裂的真正途径。2019年12月，立陶宛智库维尔纽斯政策分析研究所（Vilnius Policy Analysis Institute）发布了题为"2019年城市福利指数"的研究结果（The 2019 Welfare Index of Municipalities）。该研究着眼于不同城市的福利水平，以5个子指数为基础，涵盖社会保障、人身安全、可持续经济、优质教育和人口统计。只有维尔纽斯市、克莱佩达市（Klaipeda）和内林加市（Neringa）的福利指数高于5分（1—10分，最高为10分）。大多数城市在福利状况方面排名较低（2—3.5分）。这表明，立陶宛很可能存在社会分裂。这进一步表明，只有在维尔纽斯、克莱佩达和内林加的选区内，制度化的政治组织（政党）无须特别应对那些非制度化的政治组织，而在其他选区，非制度化的政治组织可能成为政党不可忽视的对手。因此，社会分裂再加上参选门槛低的现象，很可能致使全国选票更为分散。

两党政治在立陶宛国内政治舞台上的作用日益加强。这一现象或有助于加强以瑙塞达总统为代表的新领导风格。通过强调社会福利，新总统宣布建立福利国家的使命是其主要政治抱负，这意味着新总统正在对社会分裂影响下的选民喊话。选民对该信息的反应十分明显。新总统已成为最受欢迎的政治人物。根据最新民调结果，他在2019年11月的民调支持率为72.8%。

（作者：Linas Eriksonas；翻译：于溪；校对：马骏驰；审核：刘绯）

第二节 2019年立陶宛经济发展回顾

2019年立陶宛经济稳定增长且符合预期。立陶宛国内生产总值增长了3.7%（高于2018年的3.5%）。失业率稳定在6.1%左右，其中男性劳动力的失业率为6.9%，女性劳动力的失业率为5.2%。雇员平均月总收入保持增长，达到税前1317.6欧元。实际收入指数（Index of real earnings）上涨至111.8（上年同期为106.6）。然而工业生产指数（Index of industrial production）与上年同期相比保持不变。出口水平与上年相比也没有显著变化。立陶宛2019年的经济表现没有暴露出任何重大问题，但立陶宛央行（Bank of Lithuania）已发出谨慎警告，认为经济可能因外部环境恶化而放缓。

根据列格坦研究所（Legatum Institute）和坦伯顿世界慈善基金会（Templeton World Charity Foundation）发布的最新一期全球经济开放指数报告（Global Index of Economic Openness），立陶宛连续两年（2018年和2019年）在157个接受评估的国家中排名第32位，为中东欧国家中第三高的成绩——排在立陶宛前面的是爱沙尼亚（排名第21）和捷克（排名第29）。但是与其他欧盟成员国相比，立陶宛的成绩尚属中等。该指数根据四项标准衡量：市场准入和基础设施、投资环境、企业经营环境和政府治理。

总体而言，立陶宛在投资环境方面得分最高。该分数用于衡量一个国家在产权、投资者保护措施和合同执行方面充分保护企业的程度，以及国内和国际资本可用于投资的程度。立陶宛在市场准入和基础设施（衡量那些促进贸易的基础设施的质量，如通信、运输和能源，以及阻碍一国贸易往来的商品和服务因素）方面的得分稍差（排名第38位）。立陶宛在企业经营环境方面，排名第36位（衡量企业开办、竞争和扩张的容易程度）；在政府治理方面，排名第32位（对权力的制衡和限制程度，以及政府有效运作和没有腐败的程度）。该报告的结论称，当前全球经济开放程度处于历史最高水平，经济开放程度较高的国家拥有较高的生产力。该报告还指出，政策的选择会对经济增长产生影响，也是各经济体增长水平不同的最重要的影响因素。

具体来看，在市场准入和基础设施方面，该报告指出通信基础设施（包括正在开发的新一代移动网络）是一个国家经济开放的关键。立陶宛在通过通信进一步开放经济方面遥遥领先，例如已经准备在2020年公开招标其5G网络的建设项目。

在投资环境方面，该报告指出了三个对提高经济开放度非常重要的问题，即：产权、投资者保护和金融生态系统。立陶宛过去几年在这些领域均取得了重大成就。立陶宛在2018年已严格执行了经济合作与发展组织的相关建议。特别是在金融技术领域，立陶宛正在改善投资环境，一个典型例子是2019年11月27日在维尔纽斯举行的国际金融科技峰会（由立陶宛央行和财政部主办）。

在企业经营环境方面，该报告根据相关程度对各个因素进行了排序：开办企业的环境、企业治理和国内市场竞争程度。立陶宛在减少开办企业的烦琐流程方面迈出了重要一步。根据世界银行的最新数据，立陶宛在190个经济体中的营商便利度排名，从2018年的第14名提高到2019年的第11名。

在政府治理方面，政府的有效性和政治问责制被单独列为影响经济开放性的两个主要驱动因素。立陶宛政府在2019年做出了一项重要的决定，即：建立政府机构的共享服务中心，以确保政府资源的整合和优化。自2020年开始，政府将以前所未有的方式，把166个政府机构（约2.6万名公务员）的会计和人力资源职能集中到一个共享服务中心（将配备400名工作人员）。预计到2022年，所有政府机构的会计和人力资源职能将通过单一服务中心提供服务，从而建立一个更加精简和负责任的公共治理管理系统。

然而，尽管在营商便利性和政府有效性方面有所改善，立陶宛在其他方面仍面临挑战。这些挑战源于立陶宛经济的结构性弱点，即仍以中低附加值的经济活动为主。正如立陶宛创新和经济部的报告所指出的，制造业对立陶宛经济具有重要影响，但该行业缺乏创新。2019年欧洲创新计分榜（European Innovation Scoreboard）显示，立陶宛企业的研发支出水平和知识密集型服务占整体经济的比重在欧盟国家中均是最低的。此外，立陶宛虽然在数字经济方面的排名有所提高，但没有反映在整体经济表现上。

OECD认为，阻碍立陶宛经济增长的主要结构性缺陷之一是税收占

GDP 的比例。OECD 年度收入统计报告（OECD's Annual Revenue Statistics Report）指出，立陶宛的税收与 GDP 之比从 2017 年的 29.5% 上升到 2018 年的 30.3%，上升了 0.8 个百分点。这一水平在 36 个经合组织国家中排名第 28 位，在欧盟国家中排名倒数第四（欧盟 28 国平均税收与 GDP 之比为 40.3%）。

对税收结构与经济增长之间联系的最新研究表明，在国民收入水平不同的国家，不同的税收结构对经济增长的推动作用可能会有所不同，不能采取一刀切的办法。例如，通过增加国内消费税来抵消贸易税减少的办法，对中等收入水平的国家可能有效，但对低收入国家的效果就会有所不同。从消费税和财产税转向所得税的改革方案可能会减缓中高收入国家的 GDP 增长，但对中低收入国家的不利影响较小。

根据世界银行的最新分类，立陶宛属于高收入国家。因而，立陶宛对税收结构中所得税和社会保障比重的增加更为敏感，而对财产税和公司税比重的增加反应较为迟缓。这一点尤其重要。当前立陶宛的税收结构与经合组织成员国的税收结构明显不同。立陶宛政府从社会保障和增值税中获得的收入大幅增加，而从公司税和财产税中获得的收入比例较低，从个人和企业所得税中获得的收入占比更低。

针对这一问题，国际货币基金组织曾建议立陶宛加大税制改革的力度并提高免税条件。IMF 在 2019 年关于立陶宛的报告中指出，立陶宛仍然面临严重的人口压力、巨大的社会差距和外部不确定性。只有通过结构性改革才能解决这些问题。这是确保工资持续高增长和提高生活水平的唯一途径。此外，该报告还进一步指出，应实施积极的劳动力市场政策，以解决技能错配问题和有效提高劳动力参与率。

阻碍经济增长的另一个问题可能与违法活动有关。欧盟委员会在其对立陶宛的年度国别建议中指出，立陶宛在打击影子经济方面取得了一些进展，但还需要进一步努力。欧委会表示，虽然立陶宛的增值税缺口从 2015 年的 26% 略微下降到 2016 年的 25%，但仍是欧盟最大的税收缺口之一。

（作者：Linas Eriksonas；翻译：陈朔；校对：马骏驰；审核：刘绯）

第三节　2019年立陶宛社会发展

2019年，立陶宛社会开展了有关收入不平等程度和影子经济等棘手问题的公开辩论。这些问题阻碍了更公正、拥有更多可再分配资源社会的建立。辩论的总基调是由总统吉塔纳斯·瑙塞达确定的。他在赢得总统选举后于7月12日宣誓就职。他的主要目标是在立陶宛建立福利国家。因此，2019年上半年公众围绕这一问题形成了基本共识（主要是受竞选言论的驱动）。而2019年下半年（在新总统的领导下），人们看到了将整个想法概念化的初步措施。

如上所述，在这些辩论中有两个问题对立陶宛社会构成了关键挑战。首先是收入不平等程度。立陶宛的基尼指数为34.2%，在欧盟国家中是水平最高的；其次，是影子经济的程度。根据立陶宛国家审计局（National Audit Office of Lithuania）的最新估计，立陶宛的影子经济可达国内生产总值的23.9%，在欧盟中表现最差。

人们越来越认识到，福利国家的兴衰取决于家庭的经济表现。通过观察家庭的财务和消费状况，可以全面地认识福利国家的起源。为此，欧洲中央银行（European Central Bank）自2013年起，每两年开展一次家庭财务和消费调查（Household Finance and Consumption Surveys，HFCS）。该调查收集被抽样的欧盟成员国家庭的实际资产及其融资、信贷、经营、赠予、消费和储蓄等方面的数据。虽然立陶宛2017年才加入该调查项目且调查结果尚未公布，但很多相关研究报告已经公开。

立陶宛银行（Bank of Lithuania）和维尔纽斯大学（Vilnius University）的研究人员使用了3种统计学方法开展了一项研究。其目的是检验"立陶宛家庭收入不平等水平是整个欧盟最高之一"的说法是否属实。分析结果证实，在3种情况下，立陶宛的收入不平等程度都是欧盟国家中最高的之一。

研究人员注意到两个可能对收入不平等统计产生重大影响的因素。第一，立陶宛存在规模较大的影子经济。第二，对富人的收入抽样不足影响了收入不平等的整体统计结果。因此，有人认为"家庭财务和消费调查"的结果可以部分弥补这两个缺陷。因为该调查可以提供消费数据，而这些数据又可以用来评估影子经济的水平并对富裕家庭进行更多抽样。不过，欧洲中央银行强调，由于"家庭财务和消费调查"是基于有限的家庭群组进行的，其结果不能外推至更多的人口基数之中。因此该调查不能用于评估收入不平等水平。

对斯洛伐克2017年"家庭财务和消费调查"结果的分析则得出了一些独特的结论。这些结论也可以适用于其他中东欧国家。与2014年的调查结果相比，斯洛伐克央行注意到家庭的实际资产（实际资产总额与信贷之间的差额）增加了40%。该调查中的实际资产涵盖了家庭主要住所、其他不动产财产、车辆、贵重物品（珠宝、古董或艺术品）和自营业务。如上所述，实际资产增加是由房地产价格上涨带来的，而房地产的价值在被调查家庭的实际资产中占比最大。立陶宛也出现了类似的情况，即：房地产价格上涨增加了拥有房地产家庭的资产。

如果要真实准确地评估单个家庭的实际资产，可以从他们参与共享经济以获取租金以及那些除了工作薪水以外的额外收入来判断。

例如，通过爱彼迎（Airbnb）这一平台可以获得家庭实际资产的间接证据。根据2016年和2018年的爱彼迎房东调查数据，立陶宛在该平台上有5200个住宿场所，其中近一半在首都维尔纽斯。42%的爱彼迎房东为了负担家庭主要住所的租金，从而依靠在爱彼迎平台上出租房屋的收入来补贴生活。立陶宛爱彼迎房东的平均年龄为40岁（平均在各自的家乡居住了27年），其中59%为女性。根据nomadlist.com的数据，维尔纽斯是577个被调查城市中爱彼迎房东赚钱最多的地方。平均每个房东每月收入2125欧元，排名第22位。立陶宛2019年第二季度的平均工资为818欧元（税前为1289欧元）。

此外，家庭还可以通过共享汽车服务从实际资产（如车辆）中获得收益。当地市场挤满了类似于优步、由网络平台支持的公司。每家公司都为个人提供了驾驶自己的汽车或使用这些公司共享的汽车赚取收入的可能性。根据公开的信息，一个共享汽车司机每月可以赚到2500—3000欧元。其他家庭收入来源还包括参与二手市场的旧物买卖，例如，可通过eBay或Vinted等国际共享经济平台等从事相关活动。

上述情况表明，在立陶宛，每个家庭都可以通过多种方式从其资产的租金中获取收益，因而在一定程度上补偿了收入不平等差距。这种自我补偿机制的补偿程度反映了立陶宛的食品消费模式。根据欧盟统计局的最新数据，立陶宛的"家庭食品和非酒精饮料支出"为欧盟第二高（2018年为20.9%），比欧盟平均水平高出8.8%，例如：斯洛伐克为17.4%，斯洛文尼亚为14%（在中东欧国家中最低），而罗马尼亚为27.8%（在中东欧国家中最高）。食品是社会的基本需求，是福利国家发挥作用的一个良好指标。负担得起的食物越多，财富就越多。

（作者：Linas Eriksonas；翻译：陈朔；校对：马骏驰；审核：刘绯）

第四节 立陶宛根据地缘政治战略优先实施外交政策

尽管国际环境不断变化，但2019年立陶宛的外交政策没有出现重大变化。虽然许多人猜测，总统选举可能会带来一些改变，但前总统达利娅·格里包斯凯特（曾连任两届）的离任和新总统吉塔纳斯·瑙塞达上台并没有使外交政策出现变化。上任伊始，新总统就宣称自己是瓦尔达斯·阿达姆库斯（Valdas Adamkus，1998—2003年、2004—2009年两度担任总统）的继任者，而非格里包斯凯特的继任者，但并没有导致外交政策出现变化。新总统的做法仅仅是为了展现其新的领导风格。

瑙塞达的总统任期从2019年7月12日开始，上任后的第一个外交举措与前任格里包斯凯特有着显著的相似之处，即关注白俄罗斯和俄罗斯。格里包斯凯特在任上时（2009—2010年）曾表示，虽然立陶宛与上述两个国家的双边关系存在历史遗留问题，但立陶宛可能会对两国采取更加开放的政策。

瑙塞达在其总统任期的前半年里采取了相似的举措。2019年9月，瑙塞达发表讲话称，立陶宛将采取措施继续与白俄罗斯发展关系。但立陶宛在阿斯特维耶茨（Astravyets）核电站问题上的立场不变。阿斯特维耶茨核电站由俄罗斯原子能出口公司（Russia's Atomstroyexport）建造，将于2020年1月投入运营。该核电站已成为立陶宛与白俄罗斯关系中的棘手问题。在用尽一切可以终止核电站建设的手段后，立陶宛决定抵制购买该核电站生产的电力。

但与此同时，立陶宛一直对白俄罗斯敞开大门，继续进行对话。9月25日，外交部部长利纳斯·林克维丘斯（Linas Linkevičius）在纽约联合国大会上会见了白俄罗斯外长弗拉基米尔·玛克伊（Vladimir Makey）。立方提议白俄罗斯通过立陶宛进口石油，以减少对俄罗斯能源的依赖。立陶宛外长表示，立陶宛对白俄罗斯尽可能保留其主权的行为感兴趣。白俄罗斯与欧盟之间的对话应有助于缓解目前的局势。立陶宛外长重申了本国需求，即白俄罗斯应遵守国际安全准则，并允许欧委会代表监督核电站的运营。

外交政策学者托马斯·雅科柳纳斯（Tomas Jakeliūnas）说，格里包斯凯特在任的前十年，立陶宛外交政策的战略定位非常简单，即更深入地融入北约和欧盟，向美国寻求安全保障，并遏制来自俄罗斯的威胁。这一狭义的外交政策也适用于立陶宛转型时期。然而，心怀壮志的格里包斯凯特也常常采取主动，冒险偏离该国外交政策的默认轨道。更个人化的高层互动有助于立陶宛提升国际知名度并找到新的合作伙伴。瑙塞达总统也采取了类似的做法，在上任后的上半年，试图塑造和呈现更个人化的领导风格。

12月12日，瑙塞达在一年一度的立陶宛外交政策会议上表明了其外交政策的战略立场。在演讲中，他重申坚信美国会继续参与欧洲的防务建设，并要求各国增加军费开支。预计到2030年，立陶宛军费支出将占国内生产总值的2.5%。关于俄罗斯，新总统则表示，俄罗斯继续对立陶宛和欧洲—大西洋安全构成直接的长期威胁。他将继续采取遏制政策，包括制裁。

总统表示，立陶宛显然既不能代替其他国家做出决定（是否回到基于规则的世界秩序中），也不能代替俄罗斯做决定。然而，立陶宛可以且必须尊重自己的决定。两国关系稳定与正常化不能违背共同的价值观。制裁必须持续，直至俄罗斯的行为发生根本变化。

关于与白俄罗斯的关系，新总统表示，从更广泛的东方伙伴关系角度来看，立陶宛需要承认，白俄罗斯对立陶宛造成了一种独特的挑战。立陶宛孤立白俄罗斯的外交政策目前没有奏效，但这并不意味着立陶宛会主动使两国关系升温。立陶宛应保持警惕，确保对方没有越过立方设定的红线。

关于与中国的关系，新总统认为，国际环境不断变化，需要正视中国日益壮大这一事实。瑙塞达表示，立陶宛需要与其欧洲—大西洋伙伴努力共同应对。总统还强调，立陶宛目前与中国进行建设性对话和发展双边经济关系没有任何障碍，只要不加剧国际紧张局势。与中国的关系不能损害立陶宛国家安全和欧盟的共同利益。总统还提到了"立陶宛—中国困境"（Lithuanian-China dilemma），但没有明确说明究竟是什么构成了这一困境。相反，总统表示，所谓"立陶宛—中国困境"非常清楚地表明了立陶宛外交政策在当下面临的挑战，即：立陶宛必须现实地评估国际权力平衡的变化。立陶宛在保持自我的同时，还必须在国际舞台上积极努力，为本国做出有利的决定。立陶宛不能被动地袖手旁观。

总之，在新总统关于外交政策的年度讲话中，俄罗斯、白俄罗斯和中国被单独提及，并列入立陶宛外交决策者的观察名单。新总统讲话中透露出其对以下观点的支持，即：俄罗斯是直接威胁，而白俄罗斯是潜在的威胁来源（核电站的建设使其同俄罗斯的一体化更加紧密）。他将中国视为国际政治变革的推动者，在谈及中国时言辞谨慎、节制。根据乔纳森·马尔科维茨（Jonathan N. Markowitz）和克里斯托弗·法里斯（Christopher Farris）的最新研究，一个国家面临的地缘政治竞争程度由三个因素决定，即：其他国家的相对经济实力、地理上的接近程度，以及拥有互补利益的程度。在全球体系中经济实力越强的国家，越能更多地投资那些能够产生威胁的军事力量。在这种情况下，俄罗斯对立陶宛的威胁程度最高。立陶宛的军事力量薄弱，北约则对其进行了补足和强化。

其他国家在地理上与立陶宛的接近程度以及它们拥有互补或不互补的利益程度，都影响着地缘政治竞争的程度。由于立陶宛和白俄罗斯之间的地缘政治竞争程度低于俄罗斯，两国开展了跨边境合作，并在欧盟东部伙伴关系框架下与欧盟进一步接触。2019 年 5 月，考虑到阿斯特维耶茨核电站的影响，立陶宛否决了欧盟—白俄罗斯关于伙伴关系优先事项的协定。立陶宛要求白俄罗斯在最终完成阿斯特维耶茨核电站建设和安全程序时，将欧盟的压力测试建议纳入考虑。

地理距离同样会影响各国在国际体系中考虑其他国家的利益和能力的程度。有关军事竞争和冲突的研究表明：地理上的接近和冲突之间存在关联。在鲍尔丁（K. E. Boulding）富有开创性的著作《冲突与防御：一般理论》（Conflict and Defense: a General Theory）中，随着地理距离的扩大，冲突的强度会降低。布鲁斯·拉西特（Bruce Russett）和约翰·奥尼尔（John R. Oneal）在谈到民主、经济依存和国际调解的相互作用时指出，地理距离是最重要的制约因素。因此，距离遥远的国家不会产生激烈的地缘政治竞争。所以立陶宛对相隔约5000公里的中国采取了更加模棱两可的立场。

（作者：Linas Eriksonas；翻译：于溪；校对：马骏驰；审核：刘绯）

第十一章

罗马尼亚

第一节 2019年罗马尼亚政治发展概况

对罗马尼亚而言，2019年的政治事务颇丰。从年初的两个重大选举便可知其一二，即欧洲议会选举和国家总统大选。然而，这种情况让政治舞台发生了彻底的变化。简而言之，2019年年底，主要的反对党国家自由党（National Liberal Party，NLP）成员组建了罗马尼亚新一届政府，而现任总统克劳斯·约翰尼斯（Klaus Iohannis）在总统选举中获得连任。

近期，罗马尼亚发生了一件重要的政治事件。总统大选是2019年最令人期待的活动之一，分两轮进行选举（2019年11月10日和24日）。11月底，克劳斯·约翰尼斯再次得到罗马尼亚公民的支持，在第二轮选举中获胜，连任总统。

约翰尼斯的支持率为66.09%，而其对手、前总理维奥丽卡·登奇勒（Viorica Dacila）在第二轮选举中的得票率为33.91%，是社会民主党（Social Democrat Party，SDP）历史上最低的得票率之一。约翰尼斯认为，这是"有史以来对社会民主党最显著的胜利"。全国几乎有一半的人口，即超过900万罗马尼亚公民参与投票。超过93万罗马尼亚人在国外投票，创下了海外侨民的投票纪录。国外93%的选票投给了约翰尼斯。他一开始就受选民爱戴，并以近38%的选票赢得了第一轮总统选举。约翰尼斯获胜的关键原因是，为争取司法制度保持不变做出的努力，以及设法在对外关系中树立良好形象。实际上，在与记者的辩论中，他甚至表示："没有我，罗马尼亚的法治将会崩溃。"根据国际媒体的报道，在其承诺重启司法改革（社会民主党政府减缓了这一过程）并保持罗马尼亚亲欧路线之后，克劳斯·约翰尼斯轻松击败对手维奥丽卡·登奇勒，也在意料之中。

然而，约翰尼斯在获胜后发表的演讲中并未表示欣喜，而是声明"这场战争尚未结束"（暗指将在2020年举行的地方和议会选举）。社会民主党目前在议会中占有最多的席位，能够轻松地获得多数投票。

尽管社会民主党在1月被击败的可能性很小，但这些选举和国家自由党的胜利使得2019年年末成为关键。2018年引发欧盟委员会严厉批评的司法问题事件后，2019年在总统府和政府机构之间开始出现紧张气氛。这也是罗马尼亚担任欧盟理事会轮值主席国的开始。由于国内对5月底举行的欧洲议会选举十分关切，所以公众担心罗马尼亚不能胜任轮值主席国（6个月）的任务。

执政党继续坚持始自2018年下半年的态度，指责欧盟未公平对待罗马尼亚（例如将罗马尼亚排除在申根区之外），或是指责外国企业和银行只求高利润，而不顾及公民的福利。2019年前5个月，社会民主党（SDP）主要致力于推行司法法律修正案，而该修正案允许正在接受调查或审讯的人摆脱犯罪档案。司法部部长由于拒绝采取相应行动并发布这一法令而遭到同事的惩罚并被免职。

在此期间，欧盟委员会和12国大使馆都劝说罗马尼亚政府不要采取削弱法治以及罗马尼亚反腐能力的措施。大家都在呼吁政府启动改革进程，并停止做出改变，因为这些改变可能逆转司法领域过去几年取得的进展。此外，两个执政党（社会民主党和自由民主联盟党，ALDE）都受到了来自欧洲大党派的排斥。有人推测，欧盟可能会针对罗马尼亚启动《欧盟条约》第七条款。

为了避免欧盟采取此类措施，总统约翰尼斯决定在欧洲议会选举同一天举行针对司法（改革）的全民公投，以了解人民的反腐意愿。若要禁止对腐败犯罪实施特赦和赦免，或禁止政府对犯罪活动发布紧急令，那么，就需要征得罗马尼亚人民的同意。公投结果得到罗马尼亚宪法院的证实，对当时的总统而言是一个重要的收获。

欧洲议会选举伊始，社会民主党就已走下坡路。社会民主党在通过具有争议的《刑法修正案》之时就损失了大部分选票，这一点从欧洲议会选举的结果以及11月的选举结果中都可以看得出来。社会民主党在欧洲议会和总统选举中都获得了有史以来最低的投票率。因涉嫌在特列奥尔曼社会和儿童保护局（Teleorman Social and Child Protection Service）虚假聘用两名妇女并用公共资金支付，前执政党领袖利维乌·德拉格内亚（Liviu Dragnea）被判处3年零6个月的监禁。这对于社会民主党而言是一个惨痛的损失——必须重新定位并推举在总统大选中最有可能获胜的人选。社会民主党推选当时的总理维奥丽卡·登奇勒（Viorica Dacila）作为领袖而不是利维乌·德拉格内亚。尽管登奇勒在罗马尼亚的政治形象不佳，但是她仍被推选为总统候选人。

削弱政党的另一个举动是年轻的执政党自由民主联盟决定于8月下旬打破执政联盟，这令中央和地方各级都陷入僵局。这一情形在议会中引起了反响，多数支持社会民主党的人第一次开始动摇。有关政府更迭的讨论第一次变得如此严肃，并被视为最大的变化。

在国家面临高额赤字之时，国家自由党接替政府可能会采取影响选民投票的措施，而当时这种担心普遍存在。然而，针对登奇勒政府的不信任动议发起之后，国家自由党成功地在总统选举之前组建了一个新的合法政府。尽管多数议员实力不强，但总理卢多维克·奥尔班（Ludovic Orban）仍成功提供了部长提名名单，且他们都获得了议会的批准。

在失去总理职位后，社会民主党总统候选人维奥丽卡·登奇勒在总统大选第二轮中被击败，并辞去了社会民主党领导职务（过去5个月担任领导人）。目前，罗马尼亚众议院（Romanian Chamber of Deputies）议长马切尔·乔拉库（Marcel Ciolacu）是临时总统，其主要职责是为可能于2020年2月举行的全国代表大会选举新领导班子做准备。

另一方面，反对党开始巩固其地位。国家自由党在欧洲议会选举中曾获得最高的支持率（27%），其后是社会民主党（22.5%）和由两个新的反对党拯救罗马尼亚联盟（USR）和自由统一团结党（PLUS）组成的2020联盟（Alliance 2020，22.4%的支持率）。投票率超过了其他传统的党派。这个结果超出了对2020联盟领导人最乐观的预期。最初的预测是他们将获得约16%的支持率，因为这两个政党还很年轻，并且在该国没有支持它们的机构。但是，拯救罗马尼亚联盟（USR）的候选人在总统选举中未能保持自己的优势，仅以14%的选票位居第三。

正如年初设想的一样，产生影响的因素是更高的民众选举参与度。欧洲议会选举吸引了创纪录数量的公民投票,根据民意调查,最终人数达到了总人口的49.02%。对于总统选举,尽管第二轮选举聚集了该国几乎一半的人口,但比往年有所减少；然而,在海外却创下了纪录。由于海外侨民以前有效投票时间不足,所以这次海外侨民的投票时间有所延长。罗马尼亚海外侨民有3天时间进行投票。结果,近100万人行使了这项权利。这种参与被认为是惩罚政治党派的一种方式,也是日益关心政治措施的表现方式。

这些选举胜利主要归功于国家自由党,特别是该党现在同时负责总统府和政府事务——开始改革并使医疗保健和教育系统正常运转,建立必要的基础设施,以及结束腐败和行贿。克劳斯·约翰尼斯赢得了将近70%的选票,这表明他对改革罗马尼亚肩负重任。

(作者：Oana Popovici；翻译：齐欣雨；校对：郎加泽仁；审校：刘绯)

第二节　2019年罗马尼亚经济发展回顾

罗马尼亚面临着经济放缓和预算赤字的问题,2019年的预算赤字将超过国内生产总值(GDP)的3%。在进口居高不下的情况下,前10个月贸易逆差占GDP的比重达到6.5%。鉴于2020年将进行几轮选举,经济和财政滑坡很难调整,因而可能进一步导致赤字扩大。在这种情况下,国际评级机构标准普尔(Standard&Poor's)将罗马尼亚的评级从"稳定"降至"负面"。尽管如此,2019年经济方面最好的消息之一(可以与加入欧盟相比)是布加勒斯特证券交易所(Bucharest Stock Exchange)的地位从前沿市场(frontier market)提升为二级新兴市场,这一地位的提升扩大了罗马尼亚可用的投资基金储备。

2019年年初,人们担心经济增长放缓,预算赤字也难以控制在GDP的3%以内。这种担心现在已被证实。

根据国家统计局最近发布的数据,在经济连续几个季度下滑之后,2019年前三个季度经济增长放缓至4%。第三季度GDP增长3%,而上半年为4.6%。工业和农业对GDP的增长产生了负面影响。工业对GDP的贡献率为 22.6%，但生产活动减少了 1%，对 GDP 增长的贡献为负 0.2 个百分点。农业产出下降幅度更大，为 4.1%，但由于其对 GDP 的贡献率仅为 5%，所以对 GDP 增长的影响是负 0.1 个百分点。消费和建筑业是正向拉动 GDP 的主要部门，分别贡献 0.9 和 0.6 个百分点。经济增长继续由消费驱动，经济学家警告说，从长期来看，这是不可持续的。

贸易逆差扩大。2019 年前 10 个月的最新数据表明，贸易逆差已超过 140 亿欧元（占 GDP 的 6.5%），比 2018 年同期增长了 18.4%。这一增长几乎是官方对 2019 年贸易赤字增长预测的 2 倍，原本的预测是 9.9%。进口增长高于出口增长的趋势一直持续。因此，尽管前 10 个月的出口总值达到了 580 亿欧元，增长了 1.7%，但进口额却达到了 720 亿欧元，同比增长 4.6%。

这种情况是社会预算支出的结果。工资和养老金增加刺激了对商品和服务的需求。由于本国企业无法满足商品需求，因此对价格和进口量进行了调整。在这种情况下，罗马尼亚仍然是欧盟年通胀率最高的国家，尽管呈下降趋势，但与前一年相比，10 月的通胀率仍达到 3.2%。官方数据显示，11 月的通胀率有所上升，罗马尼亚国家银行（National Bank of Romania）预计通胀率将在年底达到 3.8%。

在新政府的协调下，罗马尼亚开展了一场关于预算赤字的大辩论。2019 年最重要的预测之一——预算赤字不可能低于 GDP 的 3%，变成了现实。这一年的预算赤字预计占 GDP 的 4.3%，有人指责上届政府没有及时采取必要措施避免这种情况的发生。遗憾的是，2020 年无法调整预算状况。下一年的预算将建立在赤字率 3.6% 的基础上，这是与欧盟委员会协商后达成的协议。然而，有人担心，如果养老金进一步增加，这一目标就无法实现。在这种情况下，年底的经济前景不容乐观。

鉴于 2020 年实施养老金上调计划以及预算赤字增加可能带来的风险，标准普尔最近决定将罗马尼亚的评级从"稳定"下调至"负面"。据估计，如果从下一年开始实施 7 月通过的养老金法，2020—2022 年，国家养老金支出增长将超过 GDP 的 3%。

标准普尔认为，鉴于 2020 年将进行几轮选举，上届政府的巨额支出偏差很难由现任政府进行调整，因此 2020 年的预算赤字将更高，达到 GDP 的 4%；在增加养老金的情况下，2022 年预算赤字将达到 GDP 的

6%。这将增加公共债务在 GDP 中的比重,从而导致利息支出增加,因此情况将更加恶化。

然而,罗马尼亚长、短期外币和本币主权信用评级维持在"BBB-/A-3"级。在未来两年中,如果不采取措施调整财政失衡,标准普尔将降低其评级。

奥地利第一储蓄银行(Erste Group)的一份报告指出,随着公众对公共财政状况有了更多了解,投资者信心在 2019 年年底降低了。

为了增加预算收入,政府拟通过 2018 年年底出台的紧急条例 EO 114(Emergency Ordinance 114)在能源及银行业推行新税收和激进改革。为纠正某些行业的混乱现象,以及为了避免欧盟委员会启动侵权程序,这一条例不得不进行了多次修改。最终,EO 114 的主要目标(增加预算收入)没有实现,反而造成了经济扭曲,必须要重新审议。2020 年的预算正在规划中,可能会对 EO 114 条例规定的一些措施进行修改,其中一些已经公布,比如取消税务银行(elimination of the tax bank)、取消第二支柱养老基金管理人的资金要求等。

在制造业(特别是汽车业)的影响下,工业生产也有所减少。2019 年 10 月,罗马尼亚创下工业生产连续 5 个月大幅下降的纪录,经工作日和季节性调整后的产值创下了同比下降 7.7% 的纪录。工业部门是决定经济走势的部门,经工作日和季节性调整后,2019 年前 10 个月的总体累计降幅为 2.8%。事实上,由于汽车工业占 GDP 的 14%,对出口的贡献率高达 26%,2019 年,由于贸易战和德国企业活动急剧下降,工业受到全球经济形势变化的严重影响。

这降低了对罗马尼亚生产的汽车零部件的需求,从而对出口造成了严重影响。然而,国际层面的困难使需求转向了价格具有竞争力的汽车,这些汽车是由达契亚雷诺(Dacia Renault)和福特(Ford)两家工厂在罗马尼亚生产的。因此,2019 年上半年汽车产量有所增加,而福特则在 2019 年年底推出了在罗马尼亚生产的首款混合动力汽车——新福特彪马(new Ford Puma)。就此而言,汽车生产在下一年会有良好的前景,可以进一步吸引外国投资,以提高这两家汽车生产商的生产能力。

2019 年经济方面最好的消息之一是:9 月布加勒斯特证券交易所的地位从前沿市场提升为二级新兴市场。全球评估机构富时罗素(FTSE Russell）的这一决定是在满足流动性条件之后做出的，并将于 2020 年 9 月生效。因此经济学家认为，该证券交易所的地位升级产生的影响，能够与罗马尼亚加入欧盟相比。据估计，罗马尼亚将获得比目前分配的资金高出 30 倍的投资基金，因为以前大型全球投资基金受到限制，不能投资于前沿市场，现在则可能会瞄准罗马尼亚。这将导致在布加勒斯特证券交易所上市的公司的股票市值及需求增加。布加勒斯特证券交易所未来 10 年的目标是使罗马尼亚上市公司的资本化水平翻一番，从目前占 GDP 的 10% 提高到 20%。

（作者：Oana Popovici；翻译：刘芷彤；校对：郎加泽仁；审核：刘绯）

第三节　2019 年罗马尼亚社会发展概况

2019 年年底，罗马尼亚的失业率降至几十年来的最低水平，与上年相比平均收入增加，子女津贴增加 1 倍，并计划在 2020 年进一步提高工资和养老金。然而，罗马尼亚公民的生活质量和社会福利仍然是欧盟国家中最低的，医疗体系急需改善，地区之间的贫困差距仍然存在。这一年采取的措施受到欢迎，但要实现可持续发展目标还有很多工作要做。

国家就业局（National Agency for Employment）的最新官方数据显示，10 月登记失业率降至过去几十年来的最低水平，低于 3%（2.98%）。失业人数在 26 万人以下，其中三分之二以上来自农村地区。超过四分之一（26.4%）的失业者年龄在 40—49 岁，19% 的失业者年龄在 55 岁以上。年轻人更容易找到工作，10 月失业人口中 20—29 岁的只占 5%。受教育程度低者求职更困难，没有受过教育或只有初等教育水平的人在登记失业总人数中占很大比例（27.8%），而受过高等教育的人仅占 5.7%。

总体而言，工资也有所增长。10 月的平均净收入为 3116 列伊（约合 653 欧元），环比增长 1.1%，同比增长 14.6%。总收入同比、环比皆增长了 1%。收入最高的行业是信息技术业（包括 IT 服务），其平均工资水平是全国平均工资水平的 2 倍以上。服装业从业人员的收入最低，不到国民净收入平均水平的 58%。由于实际收入同比增长 10.8%，环比也有所增长，所以购买力有所提高。2019年黑色星期五活动超出预期的销售量，亦证实了促进过去几年国内生产总值（GDP）增长的消费趋势。

经讨论，2020年将进一步提高工资和养老金。由于对预算赤字的影响较大，可以通过其他措施或补充税收来弥补，但目前尚无定论。基于通胀率和生产率的提高，政府公布了一项法案，其中包括自2020年1月起将最低工资标准提高7.2%。2020年9月养老金应增加40%，而国会议员刚刚决定将儿童津贴增加1倍。

然而，尽管有着良好的经济增长表现、低失业率和高收入，罗马尼亚的社会进步指数（Social Progress Index）在欧盟国家中仍排在最后。这一指数由非政府组织社会进步促进会（Social Progress Imperative）和德勤（Deloitte）制定，用于衡量生活质量和公民的社会福利。尽管罗马尼亚的得分与上年相比略有提高，但这一进步不足以保持排名，因为其他国家有更好的表现。因此，罗马尼亚与上年相比下降了1位，当前在149个国家中排名第45位，这是2014年以来的最低排名。在用于量化生活质量的各个指标中，罗马尼亚的排名为：水与环境卫生服务第83位，健康状况第74位，获得基础教育机会第73位，人身安全第36位，环境质量第40位，基本食品与医疗第47位，人身权利第48位。

欧盟委员会在一份类似的报告中指出，罗马尼亚近三分之一的人口面临贫困或社会排斥的危险，这一比例在欧盟国家中居第二位。迄今为止采取的措施是有效的，但弥合差距的进程太慢，差距仍然很大。2019年，世界宣明会（World Vision Foundation）和国家反贫困与社会包容网络（National Anti-poriture and Social Inclusion Network）在罗马尼亚组织的一次辩论中发出警告，如果继续以类似的节奏执行措施，2030年就无法实现消除贫困和促进可持续发展的目标。

实际上，罗马尼亚开展了各种活动，以解决国内外分析人士针对最脆弱领域提出的问题，包括医疗保健、水、卫生和环境问题，以及受教育机会。

在卫生部预算增加45%之后，医疗保健被视为2019年的优先事项，因而国家的各项措施得以推进。然而，欧盟委员会最近关于欧盟成员国健康状况的报告显示，由于有人死于可治疗的疾病，罗马尼亚的死亡率在欧盟国家中最高、预期寿命最短，而且卫生系统资金最不足。

欧盟委员会的报告称，罗马尼亚的许多死亡是可以通过更好的预防和治疗阻止的。但罗马尼亚对疾病预防不重视，卫生总支出中只有1.7%用于预防，而欧盟的平均水平是3.1%。基本上，每年每人用于疾病预防的支出仅为18欧元。此外，生活方式也是原因，例如吸烟、饮酒、营养不良和体育活动量低造成了几乎一半的死亡。罗马尼亚五分之一的成年人每天吸烟，而不定期过量饮酒的比例高于欧盟平均水平。因此，罗马尼亚是欧盟中预期寿命最短的国家之一，为75.3岁，而欧盟的平均寿命则达到80.9岁。一些为解决儿童和青少年使用烟草与非传统烟草产品问题的补充性限制措施正在讨论中，这些措施将在下一阶段实施。

无论采用何种方法计算（人均或占GDP的百分比），罗马尼亚的医疗保健预算在欧盟成员国中都是最低的（不到欧盟平均水平的一半），因而导致卫生系统资金严重不足。尽管工资有所增加，医生和护士短缺问题仍然很严重。罗马尼亚平均每千名居民只有2.9名医生，而欧盟的平均水平是3.6名医疗专业人员。近年来，医务人员为寻求更高的工资和更好的工作条件而移居国外，这对罗马尼亚的医疗服务产生了不利影响。据卫生部部长称，在过去10年中，有超过25000名医生离开了罗马尼亚。提高工资的措施没有产生预期效果，因而应强调改善工作条件，使医生返回罗马尼亚。为解决这个问题，卫生部部长表示已制定了一项包括具体措施的中短期计划，其重点是改善医院的工作条件，因而将对卫生系统产生立竿见影的效果。这一计划将在与欧盟代表磋商后通过。

尽管公共卫生系统通常提供免费服务，但由于跨国公司为员工提供私人医疗保险，因而私人医疗服务在近几年扩大了规模。罗马尼亚市场调研公司Reveal在2019年11月进行的一项调查显示，年轻人越来越多地倾向于获得私人医疗服务。此类服务的主要优势包括整洁（81%）、患者受到尊重（75%）、检查时间短（74.7%）、医生更专业（57.5%）和整体信任度高（51%）。

在环境方面，罗马尼亚2019年主办了欧盟环境部长非正式会议。会议讨论了气候变化、生物多样性和水资源管理等问题。政府计划为向低碳社会过渡提供充分的条件。目前，罗马尼亚的空气质量不佳，是欧盟中污染第五严重的国家，仅次于保加利亚、波兰、克罗地亚和捷克。除此之外，罗马尼亚需要加强废弃物管理，以提高回收率和资源有效利用率。政府还应实施欧盟城镇污水处理指令（Urban Waste Water Treatment Directive）并采取措施提升饮用水的数量和质量。对于罗马尼亚而言，提高环境意识是目前最重要的需求之一。

根据欧盟委员会发布的罗马尼亚2019年国别报告，该国教育系统用于提高现代化建设能力的资金不足。罗马尼亚仍然是为数不多的几个尚未实现2020年主要教育目标的国家之一，这些目标与未完成教育和培训的人员以及高等教育学历有关。政府和总统府都宣布推进教育系统现代化，目标包括：扩大义务教育，在私营企业的参与下推动双重教育，为开展体育活动提供支持，向公众通报"受过教育的罗马尼亚（Educated Romania）"项目的进展情况——该项目包括教育制度改革措施。尽管已宣布2019年会制定新的教育法，但由于教育部长更换，尚无任何进展。2019年年底公布了2018年国际学生评估项目（PISA）的测试结果，这对罗马尼亚学生来说是一个坏消息，他们的分数低于往年。这种情况对认识和纠正制度缺陷提出了新的挑战。

很明显，社会领域的进步既有赖于收入增长，又需要增加对医疗、教育和环境等核心领域的投资，以提高生活质量并取得进一步的发展。

（作者：Oana Popovici；翻译：刘芷彤；校对：郎加泽仁；审核：刘绯）

第四节　2019年罗马尼亚外交领域取得的进展

2019年，罗马尼亚在外交领域取得的进展，集中于与欧盟、美国和中国这三个主要伙伴的关系上。尽管罗马尼亚在上半年陷于内外交困，但依然成功担任了欧盟理事会轮值主席国的职务。罗马尼亚顺利获取了北约改善黑海地区安全形势的承诺，并与美国通过了一项共同声明，使两国战略伙伴关系得到巩固。罗马尼亚派代表团参加了中国国际进口博览会，中罗两国高级官员致力于推进合作项目、提高双边贸易和投资水平。罗马尼亚与中国的合作机会有所增加。

对于罗马尼亚外交政策而言，2019年充满了挑战。2019年前6个月，罗马尼亚担任欧盟理事会轮值主席国，其座右铭是"以凝聚力为欧洲共同价值观"。尽管罗马尼亚陷于内外交困,但依然成功完成了受命进行的工作。罗马尼亚内部动荡因素主要包括:司法领域的问题导致欧盟领导人对罗马尼亚给予严重警告;总统与政府常在司法议题上出现分歧;罗马尼亚执政党与其他欧洲政治党派间关系紧张。在外交方面,由于欧洲议会选举活动于4月中旬举行,罗马尼亚提前完成了各项工作,日程安排极其紧凑。在上一届欧盟委员会和欧洲议会任期结束前,罗马尼亚首次担任欧盟理事会轮值主席国,并在前100天里通过了90份立法文件。因此,无论是在促成各成员国达成共识,还是在出色完成各项工作方面(从技术角度和管理角度看),罗马尼亚的效率都获得了高度赞赏。但有批评指出,罗马尼亚事实上并没有开展任何有关欧洲政治主题的工作,如爱沙尼亚的数字化问题,以及保加利亚支持欧盟扩大的问题。

2019年的欧洲日(Europe Day)于5月9日在锡比乌(Sibiu)举行,罗马尼亚在欧洲日当天首次主持了欧盟峰会(EU summit)。此次峰会旨在重启"欧洲计划"(European Project),并结束先前关于"多速欧洲"(multi-speed Europe)或将欧洲分为"核心"与"周边"国家的讨论。"锡比乌精神"推动欧盟领导人承诺欧洲作为一个整体,将保持联合、在困难时期团结一致。随后于6月21日通过了欧盟《2019—2024年战略议程》(Strategic Agenda 2019 - 2024),以确保在瞬息万变的世界中维护"欧洲生活方式"(the European way of life),充分体现欧盟领导人在锡比乌达成的十项承诺。

罗马尼亚的欧洲议会选举结果再次表明了公民的亲欧态度。主要的反对党国家自由党赢得了选举,其竞选活动旨在支持欧洲计划。执政党受到了《国家报告》(Country Report)和《合作与核查机制报告》(Cooperation and Verification Mechanism report)的影响,对欧盟表现出了明显的反对态度,释放民族主义信息、推崇欧洲怀疑论(Euroscepticism)。《报告》批评了欧盟机构,坚称执政联盟与欧盟的核心价值观相抵触。在罗马尼亚,民众表现出了明确的(亲欧)态度,投票率达到了创纪录的49.02%。此外,在总统约翰尼斯的要求下于同一天组织了司法领域全民公投。公投结果驳回了执政联盟修改法律的提议,确认将与欧盟尊重法治的要求相一致。

尽管罗马尼亚成功担任了轮值主席国,但未能加入申根区(Free

Movement Area）。容克（Juncker）在欧盟委员会的任期结束前，欧盟代表已数次宣称计划将罗马尼亚纳入申根区，但这一计划尚未实现。与此同时，欧盟委员会于10月批准克罗地亚加入申根区，预计将会得到所有成员国的认可。罗马尼亚等待加入申根区已有8年，尽管已经符合加入申根区的法律标准，但仍需努力赢得其他成员国的信任。法国和荷兰反对取消罗马尼亚与其他申根国家的边境管制，主要是因为罗马尼亚存在腐败和法治问题。罗马尼亚仍在接受"合作与核查机制"对反腐与司法改革进度的监督，而且近期没有撤销这一监督的迹象。

欧盟选举后，在欧盟代表的大力支持下，罗马尼亚国家反贪局（National Anticorruption Directorate）前局长劳拉·科杜鲁察·科韦西（Laura Codruța Kovesi）被任命为首任欧洲首席检察官（European Chief Prosecutor）。鉴于她未得到罗马尼亚政府的支持，在2018年被司法部部长解雇，还曾差一点失去竞选资格，她在年初的职务升迁出人意料。作为欧洲首席检察官，她的主要职责是组织欧洲检察院（European Public Prosecutor's Office，EPPO）的活动，并在与欧盟机构、成员国和第三方国家的往来活动中担任欧洲检察院中央办公室（Central Office）的代表。该办公室预计于2020年开始工作。

年初参加在斯洛伐克举办的"布加勒斯特9国峰会"（Summit of the Bucharest 9 Format）后，罗马尼亚与北约的合作迈出了重要步伐。在北约成立70周年以及罗马尼亚加入北约15周年之际，会谈聚焦于黑海地区安全形势，以及应对多重威胁、增强防御能力、加强北约军事存在、支持东部伙伴关系国和支持西巴尔干国家等话题。罗马尼亚关心的问题之一是4月通过的黑海一揽子措施——旨在强化北约在东翼地区的地位。在担任欧盟轮值主席国期间，罗马尼亚努力引导欧盟与北约加强安全领域合作。在12月初于伦敦举行的峰会上，总统克劳斯·约翰尼斯支持重新巩固北约凝聚力与一致性，希望改善该地区的安全形势。他在第74届联合国大会上发表的讲话中，再次对气候变化、黑海地区周边冲突以及反恐斗争这三个热点问题表示了关切。对于罗马尼亚的一个重要消息是：罗马尼亚前参议院议长、前外交部部长、罗马尼亚前驻美国大使米尔恰·杰瓦讷（Mircea Geoană）被任命为北约副秘书长。

通过约翰尼斯与美国总统唐纳德·特朗普2019年8月的会晤，罗马尼亚加强了与美国的战略伙伴关系。两国总统签署了一项共同声明，为将来的双边关系制定了议程。共同声明强调，两国将共同应对安全挑战，并加强经济与能源领域的伙伴关系。美国重申其对保护黑海地区的承诺以及对罗马尼亚反腐败斗争的支持。然而，罗马尼亚公民是欧洲公民中为数不多需要签证才能进入美国的群体。尽管共同声明强调：美国支持罗马尼亚按照美国法律要求，为获得加入美国免签计划（Visa Waiver Program）资格所做出的努力，但该声明并不包括任何明确的免签证旅行条款。

2019年是中华人民共和国成立70周年，同时也是中罗两国建交70周年。罗马尼亚于1949年10月5日成为世界上第三个承认中华人民共和国的国家。罗马尼亚声明：愿意同中国在共同利益领域增加合作项目，加强投资与外贸领域的双边经济关系，利用好"17+1"合作机制提供的机会。

这种合作机会在2019年有所增加。罗马尼亚组织了规模更大的经济使团，参加11月举行的第二届中国国际进口博览会，在亚洲地区推广有机食品和饮料。中国—罗马尼亚农业科技园（Scientific and Technological Park for Agriculture China-Romania）落成仪式于2019年5月举行。随后，中罗两国在农业技术领域和工业领域加强了合作，农产品贸易也得到进一步加强。

通过派出经济代表团在中罗两国企业家之间建立直接联系，从而加强双边贸易力度的做法得到了好评。2019年，罗马尼亚区域性商会（regional Chambers of Commerce）在中国不同省份组织了数次商务会议，邀请中国专家发表演讲，旨在帮助罗马尼亚企业做好准备，满足中国市场的需求。

在政治方面，罗马尼亚参加了2019年4月举行的中欧峰会，以及在克罗地亚杜布罗夫尼克举行的中国—中东欧国家领导人会晤。中罗两国高级官员代表在各次会议上都承诺进行政治对话与项目合作。两国官员就改善中罗两国间贸易逆差问题进行了多次讨论。

随着中罗两国关系积极发展，中国又于2019年12月在布加勒斯特开设了中国银行分行，中国在罗银行业领域的影响力有所提升。此外，中国农业银行已经告知罗马尼亚国家银行（National Bank of Romania）计划在罗马尼亚提供直接服务，并于2019年秋季进行了财政登记。

（作者：Oana Popovici；翻译：喻言；校对：郎加泽仁；审核：刘绯）

第十二章

北马其顿

第一节 2019 年北马其顿政治发展概况

引言

经历了长期危机和不确定性之后，决策者、专家和大众希望2019年北马其顿共和国的政治秩序能够朝着以和解、改革和融入国际规则为基础的方向发展。为了与邻国希腊解决延续了数十年的国名争端，北马其顿于2018年启动了更改国家宪法名称的诉讼程序。2019年年初，随着几套宪法修正案的通过，正式更名。北马其顿政府希望自己的努力能够得到国际社会的奖励，并根据这一假设制定了政治战略。北马其顿希望，奖励的方式是坚定而顺利地推进其加入北约和欧盟的进程（两项进程都曾因希腊的反对而停滞）。人们希望，这两项进程能够成为同时推动民主改革和促进经济进步的动力。

然而，这些期望都很难实现。与往年一样，2019年充满挑战和困难。这些挑战和困难都严重阻碍了对北马其顿具有重要意义的政治转型。其中一些原因包括：北马其顿政府在国际舞台上触发的政治动荡，党派分歧持续加深，国家更名导致民主主义势头上升及其伴随的身份政治问题，还有一个出乎意料的大规模腐败丑闻（"球拍"案）。该案对于大众来说似曾相识，涉及泄漏涉罪录音带问题，并暗示了国家精英的权力分配问题。与此同时，北马其顿于年底宣布将在2020年4月再次提前举行议会选举，这又令大众有了似曾相识的感觉。

更名、选举和政治发展轨迹

截至 2019 年 1 月 11 日，议会已全面实施《普雷斯帕协定》（the Prespa Agreement），这意味着国家更名程序正式结束，国家自此被正式称为"北马其顿共和国"。取得这一成功的关键一步，就是确保三分之二的议会成员通过宪法修正议案（也就是说，政府需要确保获得 120 名议会成员中 80 名的支持）。由于执政联盟马其顿社会民主联盟（SDSM）和一体化民主联盟（DUI）的总票数不超过 60 票，所以政府还需要寻求反对派的支持，以确保在议会内有足够的支持者。反对派主要来自较小的阿尔巴尼亚种族政党（贝萨和阿尔巴尼亚联盟，Besa and Alliance for Albanians）和议会中的最大的政党（马其顿内部革命组织—马其顿民族统一民主党，VMRO-DPMN）。作为对阿尔巴尼亚种族政党的回报，政府支持推动阿尔巴尼亚语成为该国的第二官方语言（《语言使用法》于 2019 年 1 月 14 日生效）。执政联盟同样确保了 8 名 VMRO-DPMN 议员的支持（他们或多或少牵涉腐败案件）。作为回报，这些涉案议员受到了宽大处理（有些被赦免）。这两项交易（支持将阿尔巴尼亚语作为第二官方语言，让 VMRO-DPMN 涉案议员免受法律制裁）使得国家更名进程更具争议。

1 月 25 日，希腊议会投票通过了《普雷斯帕协定》。之后，北马其顿全面采取了有关更名的实际行动。边境处的官方标志首先被替换掉。然后就是更改以政府为首的公共机构的名称，汽车牌照和个人文件登记名称也将陆续更改。同时，希腊—马其顿委员会（Greek-Macedonian committees）还讨论了其他许多问题，包括含有"马其顿"及其衍生词的品牌和商标、教科书中对有关历史的解读问题等。

公众对国家更名和与之相关的新身份政治问题展开了激烈辩论。尽管政府及其支持者对未来加入北约和欧盟持乐观态度，但以马其顿族为主的民众也表现出了不满和挫败感，因为他们感到被羞辱和伤害，其中反应最强烈的是即将卸任的总统格奥尔基·伊万诺夫（Gjorge Ivanov）。但事实上，与他们发表的政治言论相比，马其顿民族的政治议题（以 VMRO-DPMN 为首）显示，反对加入北约和欧盟的声音其实很小。从这个意义上讲，很大一部分人的愤慨没有表现出来，因而在接下来的时间里会一直存在。

2019年，国家更名一事在北马其顿内部造成了新的政治分歧。一方面，一些人支持国家更名；另一方面，国家更名也使部分马其顿族人不满（由VMRO-DPMN代表的人）。新的政治分界线造成了围绕2019年4月和5月举行的总统大选的政治现实。在格奥尔基·伊万诺夫（VMRO-DPMN支持的一位大学教授）即将完成他的第二任期（2014—2019年）时，直到大选前几个星期大家才得知他的继任候选人名单。由马其顿社会民主联盟和一体化民主联盟领导的执政联盟提名斯特沃·彭达罗夫斯基（Stevo Pendarovski）为候选人。彭达罗夫斯基是一名大学教授，在2014年的大选中排名第二，在政治上倾向马其顿社会民主联盟。在第一轮选举中，提名彭达罗夫斯基是一体化民主联盟首次支持马其顿族候选人。VMRO-DPMN提名高尔达娜·斯莉娅诺夫斯卡（Gordana Siljanovska）为候选人。斯莉娅诺夫斯卡也是大学教授，有进步激进主义的政治背景，但对《普雷斯帕协定》持强硬立场。大学教授布莱利姆·莱卡（Blerim Reka）在北马其顿和科索沃都曾担任公职，被阿尔巴尼亚联盟和贝萨提名为阿尔巴尼亚族候选人。第一轮选举于2019年4月21日举行，投票率较低（占登记选民的41.67%），勉强达到有效投票率（40%）。莱卡（79888票）被淘汰，彭达罗夫斯基（322581票）和斯莉娅诺夫斯卡（318341票）则几乎打成平手，相差约4000票。在5月5日举行的第二轮投票中，投票率上升到46.7%；斯莉娅诺夫斯卡（377446票）成功吸引了一些在第一轮选举中弃权的人，而彭达罗夫斯基（435656票）获得了一些弃权者和莱卡选民的支持，并以可观的优势获胜。彭达罗夫斯基获胜标志着马其顿社会民主联盟大权在握——控制了三大行政支柱：中央政府、地方自治政府和总统府。彭达罗夫斯基是马其顿更名的坚定拥护者。伊万诺夫在任期内的最后几个月一直反对更名，而彭达罗夫斯基自上任第一天起就积极地推动更名事宜。因此，彭达罗夫斯基的胜利被解读为亲西方势力胜利的象征，增强了人们对北马其顿在2019年加入北约的期望，同时也激发了公众对正式开启入盟谈判的期望。

然而，到2019年夏天，人们发现加入北约和欧盟的进程显然将会更加复杂，并且还需要满足其他条件，而不仅仅是国名问题。尽管北约成员国已批准马其顿加入北约的决议，但成员国国内政治事态的发展致使无法结束整个程序。开启加入欧盟的谈判则更为复杂。虽然北马其顿获得了欧盟委员会和大多数欧盟成员国政府的支持，但 2019 年发生的一些情况清楚地表明，几个欧盟成员国（首先是法国和荷兰）的国内政治已成为阻碍因素，导致开启谈判再次延期。因而，尽管北马其顿政府仍然保持乐观而且没有改变其入盟进程，但在某种程度上承认，虽然付出了努力和牺牲，北马其顿并未从国际社会得到预期的奖励。10 月 18 日，欧洲理事会否决了与北马其顿开启入盟谈判（法国再次阻止），时任总理佐兰·扎埃夫（Zoran Zaev）利用此次机会呼吁尽快提前举行议会选举（议会选举原定于 2020 年冬季举行）。

由于在政治危机后制定了复杂的法规（如 2016 年《普尔兹诺协定》所规定），议会选举必须按照特殊程序进行，以确保最大程度的透明度并防止政府可能进行的任何操控。这些特殊程序包括：现任总理下台、在选举百日前由反对派候选人替换内政部和劳动与社会政策部部长等。各政党领导人同意将提前选举的日期定为 2020 年 4 月 12 日。2019 年 12 月 27 日，作为《普尔兹诺协定》的一部分，佐兰·扎埃夫卸任总理职位，并由来自马其顿社会民主联盟的奥利弗·斯帕索夫斯基（Oliver Spasovski）取代。斯帕索夫斯基被认为与扎埃夫关系密切并忠于扎埃夫。在扎埃夫政府时期，斯帕索夫斯基担任内政部部长职务。与扎埃夫一样，马其顿民主联盟政府中的后起之秀米拉·卡洛夫斯卡（Mila Carovska）辞去了劳动与社会政策部部长职务，并成为负责经济事务的副总理。

法治问题

2015—2017 年发生重大政治危机后，北马其顿一直在努力应对马其顿内部革命组织——马其顿民族统一民主党执政时期（2006—2017 年）发生的大量重大腐败案件的指控。2019 年，对 VMRO-DPMNE 精英有罪不罚的现象有所增加。当然，最引人注目的是前总理尼古拉·格鲁耶夫斯基（Nikola Gruevski）的案件。他因非法影响采购程序被判有罪，判处 2 年徒刑。然而，他于 2018 年年底逃至布达佩斯，并在那里获得了庇护。格鲁耶夫斯基已在布达佩斯安全地度过了 2019 年，而且在社交媒体上十分活跃。有关格鲁耶夫斯基的逃亡，北马其顿政府从未做出一个连贯的解释。2019 年夏，匈牙利当局拒绝了引渡格鲁耶夫斯基的请求。2019 年 11 月，针对格鲁耶夫斯基在两条高速公路修建中有腐败行为的指控已到期，并被驳回。

此外，尽管特别检察院（SPO）进行了数十项调查并对一些前VM-RO-DPMNE官员提起指控，但一些案件因无结果而在2019年宣布告终或被迫重新审理。2019年3月，前国家安全负责人、格鲁耶夫斯基的堂兄萨绥·米亚科夫（Sasho Mijalkov），以及阿尔巴尼亚民主党领导人门杜·塔奇（Menduh Tachi）均因选举欺诈而被判刑。但是，米亚尔科夫和塔奇对此案提起上诉。2019年12月，上诉法院（Appellate Court）撤销了对他们的判决。他们被无罪释放，目前正在等待重审。与格鲁耶夫斯基同案的前内政部部长高尔达娜·扬库洛斯卡（Gordana Jankuloska）被判处4年徒刑，但暂缓执行。前斯科普里卡尔波什（Karposh Municipality）市长、马其顿公民选择党（GROM，VMRO-DPMNE的一个年轻合作伙伴）成员斯特夫乔·亚基莫夫斯基（Stevcho Jakimovski）因滥用职权而被捕（在家拘留），后被释放。但是，有一个例外的案例，即2018年4月暴力闯入议会案。该案的数十名参与者被起诉，其中包括前内政部部长米特科·查夫科夫（Mitko Chavkov）。查夫科夫是VMRO-DPMNE成员，因涉嫌参与恐怖主义活动而被判入狱18年（16名参与者累计被判有期徒刑211年）。但是，其他许多嫌疑人被赦免或被判无罪，其中包括VMRO-DPMNE高层人物。

2019年7月还爆出了一件新的丑闻：泄漏出的一系列录音和录像带揭示了一个涉及面极广的事件。涉及者包括：著名的"博基13"博扬·约万诺夫斯基（Bojan Jovanovski，自媒体人、亲马其顿社会民主联盟媒体1TV的经理），佐兰·米莱夫斯基（Zoran Milevski）——又名基切茨（Kichee），即米亚科夫（Mijalkov）内部圈子的安全侦探。此外还有卡迪查·娅内娃（Katica Janeva，首席特别检察官）和马其顿社会民主联盟的高官，他们共同密谋向奥尔茨·卡姆切夫（Orce Kamchev，北马其顿最富有的人之一，亲VMRO-DPMNE的大亨）勒索150万欧元。直到2019年年底，所谓的"球拍"案一直在北马其顿政治中占主导地位。约万诺夫斯基、米莱夫斯基和娅内娃均被捕，然而其他几个政治人物，包括前总理扎埃夫在内，被认为先前就知道"球拍"案的操作过程，其他人则是同谋。马其顿内部革命组织——马其顿民族统一民主党的官员对这些人进行了谴责，并在公关活动中指出"球拍"事件可能会有"续集"，暗示有更多马其顿社会民主联盟官员涉及其中。同时，娅内娃被免职使特别检察院名誉受损，并使 VMRO-DPMNE 执政时期发生的案件变得更加复杂。作为法律改革和政治谈判的一部分，涉及特别检察院高层的案件于 2019 年由公共检察官办公室接管，这实际上意味着特别检察院的终结。

总之，2019 年对北马其顿来说又是动荡的一年。随着国家更名、政治分化加深以及另一个重大贪污丑闻曝光，北马其顿进入了新的一年，期待提前举行议会选举。

（作者：Anastas Vangeli；翻译：齐欣雨；校对：郎加泽仁；审核：刘绯）

第二节 2019 年北马其顿经济回顾

引言

对北马其顿共和国而言，2019 年又是经济稳定但表现平平的一年。总体而言，GDP 同比增长 2.8%，与欧洲平均水平相比增长可观，与区域平均水平（2.4%）大致相当，但与欧洲较为发达地区相比却相差甚远。北马其顿想要真正赶上欧洲较发达的地区，须达到至少 5% 的增长率。虽然社会政策出现了一些变动，但 2019 年在经济领域及国家经济政策方面没有重大的结构性变化。

总体轨迹

2019 年，北马其顿的经济又是平凡的一年，也许很容易就被人们遗忘。GDP 增长率低于 5%—6% 的预期——马其顿社会民主联盟（SDSM）承诺 2016—2020 年的平均增长率可达 5%—6%，并且低于 2020 年，超过 3% 的最初预测。低于预期水平的主要原因是资本投资率持续低下，尤其是战略项目的公共投资不足。最初，政府计划投资约 4.2 亿欧元，但修正后的预测显示，政府只能投资约 3.7 亿欧元。然而，到年底，政府仅投资了约 2.9 亿欧元。国家迟迟未落实投资资金（已开始筹集资金）背后的原因，目前尚无合理的解释，但该资金自 2017 年马其顿社会民主联盟（SDSM）和阿族融合民主联盟（Democratic Union for Integration，DUI）联合执政以来就一直存在。一种假设是，马其顿社会民主联盟（SDSM）在梳理财政、审查先前的安排、改革税收制度以及试图控制和降低公共债务水平方面花费了大量时间，所有这些都主要集中在再分配性政策上——这些政策抑制了公共投资的动力。换句话说，政府不敢冒险——与国家运作的核心假设背道而驰。

然而，尽管承认存在投资不足的问题，政府官员——特别是负责经济事务的前副总理科乔·安格尤切夫（Kocho Angjushev）——经常重申他们的评估，即：尽管增长低于预期，但与VMRO-DPMNE执政期间的增长率相比，北马其顿近年来的经济增长更健康、更可持续。这尤其要归功于新的公共投资模式，因为它更加谨慎且注重规避风险。政府认为增长来源于"实体经济"和生产部门，而不是通过向"空壳"建设项目（就像他们评论VMRO-DPMNE之前的政策那样）投入资金而人为获得的增长。然而，前总理扎耶夫一直以来特别关注解决投资不足的问题，并一再承诺之后将增加对基础设施和其他部门的公共投资。

政府采取了一些积极的措施，旨在维持和改善对外国直接投资（FDI）的支持，吸引更多的投资者。然而，尽管采取了这些措施（促进外国直接投资一直是政府政策的组成部分），2019年北马其顿吸引的投资也明显少于2018年（2019年为3.26亿欧元，而2018年为6.24亿欧元）。虽然政府没有出台雄心勃勃的工业和技术政策，但推行了一些促进国内创新的政策。然而，成果喜忧参半，一方面创新政策巩固了国家创新和技术发展基金的作用，并视其为创意孵化器、创造新就业机会以及刺激增长和发展的手段；但另一方面，该基金也受到许多关于潜在利益冲突和腐败丑闻的影响。

政治稳定、官僚机构灵活运作和法治是良好商业环境的基石。但2019年北马其顿的商业环境明显缺乏这些因素，至少国内外企业如此认为。政府对政策进行了一些调整，尤其在税收方面。企业家认为，调整后的政策依然于其不利。国内越来越多的企业抱怨缺少训练有素的高技能劳动力，北马其顿的高技能人才不断地离开，2019年人才流失加剧。人才外流背后的一些关键原因是非经济性的，许多人因为整体生活质量较低而离开这个国家，但经济政策也是一些人移民的推动因素。从护士到医生，很多医疗专业人员由于工资低而离开了北马其顿，使得国家的医务人员锐减。机械工程师和技术员也纷纷离开，到国外寻求更有利可图的职位。最新的移民群体是信息技术领域的专业人员，包括工人和企业家。在某种程度上，对他们来说，新的累进税（progressive taxation）和所得税是一个推动因素。

2019年，北马其顿政府参与了被称为"小申根"（Little Schengen）的区域经济一体化，其首要目标是消除阿尔巴尼亚、塞尔维亚和北马其顿之间，以及（可能的话）黑山、波黑之间的人员流动障碍。随着该地区边界和移民管制的放宽，可能会形成一个共同的劳动力市场，因而有助于解决该地区所有国家不断出现的人才流失问题。预计这些措施还将促进区域内部及对外贸易的发展，并促进各国之间的货物流通。然而，尽管采取了加强区域联通性的措施（虽然北马其顿加入欧盟的时间有所延迟），但北马其顿的经济仍然与欧盟国家紧密相连，尤其是与德国的经济往来密切。由于北马其顿加入了德国汽车工业供应链（北马其顿拥有多家汽车零部件生产商），北马其顿与德国之间存在贸易顺差。总体而言，2019年对于出口型企业比较有利，因为国内市场和国内消费水平似乎不太稳定，且规模过小。

税收、再分配和批评

前总理扎耶夫表示，2019年的一些成就包括社会援助增加了300%、公共养老金有所增加。此外，增加了对社会状况不佳的儿童的帮助，幼儿园员工和社会工作者的工资均增加了21%，教育工作者工资提高了20.6%，医务工作者（取决于专业化程度）的工资上涨幅度高达40%，军队的工资待遇也有所提高。最低工资已增加到14500第纳尔（约240欧元）。这是马其顿社会民主联盟（SDSM）政府提高最低工资的最新举措。通过推行这一措施，中等工资也得以提高。预计政府还将对私营企业提供某种形式的补贴，以提高工资。这一临时措施将在未来3年内持续推行。失业率已降至20.7%，虽然仍然很高，但呈下降趋势。一些批评人士认为，这些措施是不可持续的，今后一旦再发生严重危机，结果可能适得其反。

2019年，北马其顿开始实行累进税制。为了使民众积极接受累进税制并刺激企业纳税，政府推出了一项计划，即：将15%的增值税退还给消费者。为了落实该计划，政府推出了一个移动应用程序，市民可使用该程序扫描印在企业收据上的特殊二维码。政府还为扫描收据的市民推出了彩票，激发了市民积极主动地索要所有交易的收据。2019年也是财政公开的一年。政府史无前例地公开了完整的公共开支数据。这一举措旨在提高透明度，打击腐败。

VMRO-DPMNE对政府的所谓经济业绩进行了严厉批评。该党多次指出，导致失败的3个关键原因是：国内生产总值增长低于预期，且远低于必要的水平（更远远低于马其顿社会民主联盟做出的承诺）；公共债务持续增加，尽管马其顿社会民主联盟承诺采取更为谨慎的政策（尽管执政期间大量借款）；所有的社会福利措施都遵循特定的政治逻辑，并服务于马其顿社会民主联盟和阿族融合民主联盟的利益，以便建立它们的客户关系网络（值得注意的是，VMRO-DPMNE也支持此类政策）。此外，VMRO-DPMNE一再争辩说，大多数成功的案例都是其领导的政府采取的经济政策的结果，例如：外国投资增加、工业生产增加，这些都不是马其顿社会民主联盟（SDSM）政府的功劳。

VMRO-DPMNE的批评可能有些偏见且针锋相对。但前总理扎耶夫也对该国经济政策的执行情况表示不满，这在2019年秋季就已显现。令人惊讶的是，在内阁成员改组期间，扎耶夫决定撤换前财政部部长德拉甘·特夫多夫斯基（Dragan Tevdovski）教授。最初，扎耶夫想亲自接管财政部，理由是他有一个雄心勃勃的经济计划，需要他全面负责以确保实施。然而，在其提出的接管财政部（兼任总理和财政部部长）的动议被视为违宪后，扎耶夫撤回了这一提议，转而任命年轻的电子商务企业家尼娜·安吉洛夫斯卡（Nina Angelovska）担任新的财政部部长。此举引起了很多人的不满，特夫多夫斯基（Tevdovski）优先考虑社会福利和提高税收（尤其是对企业而言），而安杰洛夫斯卡被认为具有明显的亲企业、低税收倾向。事实上，特夫多夫斯基推出的一些具有里程碑意义的政策被安吉洛夫斯卡"冻结"，例如累进税制；还有一些新推出的措施，例如增加高收入人群的个人所得税。2019年年底，随着政府选举前的换届，政府再次改组——主管经济事务的副总理科乔·安格尤切夫（Kocho Angjushev）由前劳动与社会政策部部长米拉·卡洛夫斯卡接替。尽管安格尤切夫来自商界，被视为亲商业政策的倡导者，但卡洛夫斯卡是推动再分配性政策的关键人物。因此，更具社会导向性的马其顿社会民主联盟与亲商业派之间的老矛盾，已成为北马其顿 2019 年经济政策的主要驱动力。这一矛盾可能继续影响 2020 年的经济发展。

（作者：Anastas Vangeli；翻译：刘帅杰；校对：郎加泽仁；审核：刘绯）

第三节　北马其顿社会 2019 年的关键话题

2019 年，北马其顿共和国经历了一系列政治、经济和外交挑战。这些挑战影响了社会动态和公共辩论，但对政治、经济和外交关系的影响有限。与前几年政治危机时期相比，北马其顿社会似乎失去了一些活力（民众不再那么活跃、直言不讳、乐观向上，对彼此以及重大社会话题也不再那么上心），但分裂和两极分化现象仍然存在（主要是种族和政治派别之间的分歧以及阶级意识）。下面将讨论 2019 年北马其顿社会和公共辩论中的关键话题——消极力量以及乐观态度和自豪感的来源。

关键话题

国家名称的变更增强了民族主义情绪和怨恨。此外，新法律确立阿尔巴尼亚语作为该国第二种官方语言的地位，更可谓火上浇油。一些马其顿族人感到自己成为目前事态发展的受害者，不受政治机构的重视，还被国内外政治、知识和媒体精英欺骗。一些小规模的组织采取基层活动、在线活动和半正式协会的形式，试图借机号召马其顿族人民团结起来，但效果有限。尽管如此，马其顿族民族主义仍在等待动员民众和组织活动的时机。

民族主义仍然是动员阿尔巴尼亚族裔的重要社会力量。阿尔巴尼亚族政治集团的多元化推动了这一进程，因为在争夺选票的过程中，阿尔巴尼亚族各政党都想成为本民族利益的代表并展开了争夺，反过来又点燃了民众的民族主义情绪。两大民族在国内占据主导地位，其他民族则处于不受关注的边缘地带。那些易受种族歧视影响的少数民族社区面临的挑战根本没有纳入 2019 年的主流辩论，特别是面临最严重社会经济问题的罗姆人

（即吉普赛人）。2019 年，北马其顿公共医疗体系进一步恶化，社会对公共卫生问题的关注不断下降，尽管爆发了持续数月的大规模麻疹疫情。医疗机构的能力受到人才持续流失和医务人员外流的严重影响，因而政府希望通过提高医护人员的工资来抵消这一影响（效果有待观察）。私人医疗保健机构成功地利用了公共医疗保健体系的衰落，并确立了其作为高级医疗保健形式的地位，但同时也付出了巨大代价，让高质量的医疗保健成为富人的特权。具有广泛政治联系的大型私人医疗机构，甚至能够将公共资金从公共医疗体系转移到私人医疗体系（例如通过公私医疗机构合作）。在公共医疗保健系统衰落的同时，反科学的阴谋论在公共舆论中进一步兴起，包括一场声势浩大的反疫苗运动（与麻疹爆发直接相关）。

空气污染和环境问题仍然是北马其顿 2019 年的主要问题。年初和年底，斯科普里（Skopje）和其他城市都位居世界污染最严重城市的前列（有时居首位），严重污染都出现在供暖季节（缺乏足够的集中供暖系统是造成污染的主要原因），而且全年的污染水平也相对较高（说明其他因素也很重要，包括废物贸易、垃圾填埋场和废物管理在内的合法性和道德都值得怀疑）。民众对此一直不满，并试图将大家动员起来；环境保护人士和政策制定者之间发生了几次冲突，前者指责后者未采取足够措施减轻污染影响、解决污染原因。然而，不论存在多大分歧，空气污染仍然是所有北马其顿公民面临的最突出问题之一，而且很可能会引起更大的社会问题和政治冲突。2019 年，北马其顿开展了新一轮环保活动，包括在全球"星期五为未来"（Fridays for Future）倡议的影响下，青年参加环保活动的人数激增。除了空气污染外，土壤和水污染也被作为环保问题提了出来，而这些未解决的问题遗留给了新的一年。此外，2019 年，与世界各地一样，北马其顿野火的数量及其破坏性影响不断增加，导致污染、森林锐减和野生动物损失更加严重。野火引起了公众的广泛关注，但并没有带来实质性的政策回应或改革。

2019 年，北马其顿经济不平等程度相对较高，社会不公现象普遍，尽管政府为改善这种状况采取了一些重大措施，如增加社会援助和提高最低工资。尽管制定了这些社会政策，但民众仍然不满，工人组织也在继续积极争取工人的权利（特别是在纺织业从业人员和文化工作者中）。在过去的一年里，民间人士也非常活跃。值得注意的是，2019 年，北马其顿举行了第一次"骄傲游行"（Pride Parade），争取女同性恋、男同性恋、双性恋、跨性恋、同性恋者和其他非异性恋者的权利受到保护，尽管基于性别的歧视和骚扰仍然存在——包括前总理扎耶夫发表的引人注目的煽动性言论。北马其顿的女权主义活动也在持续进行，包括日益增多的全球反性骚扰运动的衍生活动。市民抗议征用制度（system of expropriation），还发起了很多的在线请愿、倡议和干预活动。高官涉嫌重大腐败案件而逍遥法外是引发不满的主要原因之一。然而，民间社会的活力仍远未达到2015—2016年抗议运动高峰时期的水平。

北马其顿媒体依然动荡不安，气氛紧张。"敲诈勒索"事件引起了重大反响，一些知名人士被曝参与其中，包括首席特别检察官以及博扬·约万诺夫斯基。揭露丑闻的文章最初是由资深记者布兰科·戈洛斯基（Branko Geroski）撰写，他用化名发表了一系列精彩的评论文章，引发了各路媒体和政治派别之间的冲突。约万诺夫斯基是新成立的1TV电视台的主管，该电视台很快成为国内领先的电视台，招募了一些最知名、最有经验的记者。约万诺夫斯基经常炫耀自己与马其顿社会民主联盟党和政府高层联系密切，因而很快使1TV成为国内最有影响力的媒体。随着他的垮台，1TV停止了运营（电视台的所有权关系复杂，且陷入了"敲诈勒索"事件中）。

虽然"敲诈勒索"事件是媒体大战的巅峰，但除此之外，整个2019年媒体都普遍处于两极分化的格局中，政治党派也存在严重的立场分歧，最终导致信息泡沫化（甚至是对现实相互矛盾的解释）。此外，造谣、传播虚假信息和"假新闻"在2019年受到了更多指责。这些信息超越本国背景，经常恶意地提及外国的影响（通常与俄罗斯或中国有关），与美国和欧洲媒体传播的信息并无两样。

通过言论倾向可以看出，这些媒体已经变成了政治战场，并被激进的政治党派言论、诽谤和网络霸凌所主导。

国际影响与民族自豪感

在社会逐渐分裂和衰落的时代，一个主要的抵消力量是文化产业。有时音乐、书籍或电影可以对社会产生重大的积极影响。2019年上映的专题纪录片《蜂蜜之地》（*Honeyland*）便是一例子。这部影片讲述了世界上最后一个野生蜂养殖人阿提兹·穆拉托娃（Atidze Muratova）的故事。她来自距斯科普里（Skopje）不远的一个废弃村庄贝基尔利加（Bekirlija），虽生活贫困，但与自然保持了和谐的关系。但这个和谐的小村庄却被入侵者的到来破坏了，与入侵者一同到来的还有资本主义社会的弊病——经济上的不安全感和对利润的追逐。这部纪录片在全球热映，在世界各地赢得了许多大奖，并赢得了著名评论家的好评。它讲述的美丽而凄惨的故事揭示了当今社会一些最紧迫的问题，包括人类对环境、可持续性、社会公正、性别和种族的态度。《蜂蜜之地》吸引了北马其顿以及全球的观众。它在国际上取得的成功给北马其顿民众带来了极大的欢乐并使他们对未来持乐观态度，更使北马其顿公民为自己的国家感到自豪。

斯科普里的瓦尔达尔（Vardar）手球队的成功也是一个抵消力量。该手球队在经济困难的情况下，成功赢得了3年来的第二个欧洲冠军。瓦尔达尔队的成功令北马其顿民众欢欣鼓舞，然而却被国庆活动的民族主义色彩所笼罩。

（作者：AnastasVangeli；翻译：刘帅杰；校对：郎加泽仁；审核：刘绯）

第四节　北马其顿2019年外交回顾

2019年北马其顿共和国在外交方面十分活跃，开展了多项外交活动，即使并非所有结果都是积极的。社会民主联盟领导的政府基于以往的政绩进一步采取了积极的外交政策，把重点明确放在加入欧盟和北约上，即：实现双重一体化（double integration）的战略目标上。成功缔结《普雷斯帕协定》（Prespa Agreement）是实现这一目标过程中的里程碑。这实际上意味着，必须完成将国名更名为北马其顿的艰辛任务。

然而，在成功更改国名并几乎确定了加入北约后，北马其顿在加入欧盟的道路上仍面临着更多挑战。这些挑战源于欧洲内部复杂且不断加深的政治分歧，即欧盟成员国政府在欧盟扩大问题上存在分歧。这使得北马其顿的外交事务议程复杂化，迫使政府为新出现的问题寻找解决办法。办法之一是寻求与塞尔维亚和阿尔巴尼亚开展更密切的区域合作。此外，2019

年北马其顿与保加利亚的睦邻友好关系——2017 年起实施的马其顿—保加利亚睦邻友好关系协定（the Macedonian-Bulgarian agreement）——也遇到了困难，特别是其中涉及象征和历史解释的问题。

因此，北马其顿 2019 年的外交重点十分有限，几乎将所有资源都用于周边区域外交和加入"欧洲—大西洋一体化"（Euro-Atlantic integration），其他事务都服从于这些首要战略目标。尽管 2019 年是大国关系日益紧张、世界舞台不确定性增加的一年，然而斯科普里政府对其立场几乎没有进行任何反思和调整。相反，政府领导层认为，北马其顿作为一个小国，自身负担过重，根本无暇顾及全球问题。更不用说，北马其顿政府既没有制定任何与全球或跨国问题（例如气候变化或第四次工业革命）相关的政策，也没有试图适应国际关系发展新趋势（例如经济民族主义和贸易保护主义的兴起等）。对斯科普里政府来说，2019 年的世界没有改变，因而仍然致力于在世界舞台上找到自己的位置，或者像精英们所说的：寻求北马其顿作为西方的一部分在国际舞台上应有的地位。

更改国名问题得以解决

2018 年，尽管国内为举行公投开展了很多活动，且得到了广泛的国际支持，但针对《普雷斯帕协定》的全民公投仍然失败了。为确保获得三分之二议会成员的支持以达到修改宪法必需的条件，社会民主联盟领导的政府从反对党 VMRO-DPMNE 中挖走了几名议员。作为回报，这些涉嫌腐败案的议员受到了宽大处理。在几经政治动荡之后，社会民主联盟政府在保持执政地位、使其候选人赢得总统选举的同时，成功地解决了涉及希腊的国名问题并彰显了其外交能力。这在过去是难以想象的。这一结果似乎更加不可思议，如果把解决国名问题方案的不对等性考虑在内，即：虽然北马其顿是进行重大变革的承诺方，但协议的最终批准取决于希腊议会的投票结果。

在一定程度上，更改国名背后的意图是恢复和改善国家的国际地位和声誉。这一目标在 2019 年实现了。更改国名被国际社会视为一个积极的信号。社会民主联盟领导的政府，特别是前总理佐兰·扎埃夫和外交部部长尼古拉·迪米特洛夫（Nikola Dimitrov）赢得了国际舆论的支持，其在解决国名问题方面发挥的作用多次受到赞扬。人们甚至认为，扎埃夫应当与他的希腊对手亚历克西斯·齐普拉斯（Alexis Tsipras）一起获得诺贝尔和平奖提名。

斯科普里政府不仅取得了象征性的成果，也取得了最切实的成果：2019年几乎所有北约成员国都批准了北马其顿加入北约的议定书。但并非所有成员国都在2019年12月北约峰会（NATO Summit）前批准了该议定书，因此北马其顿正式加入北约的时间被推迟到2020年。然而，北马其顿加入欧盟的道路更为艰辛。尽管赢得了欧盟委员会（European Commission）和大多数欧盟成员国的赞扬和支持，但北马其顿并未如愿在2019年开启入盟谈判。

虽然此举的长远目的是确保北马其顿在欧洲—大西洋一体化中的未来，但更名最直接的效应是与希腊关系的正常化。2019年4月，希腊总理亚历克西斯·齐普拉斯对斯科普里进行了具有里程碑意义的访问，这是希腊政府首脑首次访问北马其顿首都（随同来访的还有一个大型商务代表团）。这次访问不仅在解决双方冲突，而且在启动跨境经济合作方面都取得了突破。希腊承诺支持北马其顿加入欧盟和北约，并与其建立密切的安全合作关系。国名问题解决后不久，希腊也加入了中国主导的"17＋1"合作平台，并宣布愿意在"一带一路"框架（Belt and Road framework）内与北马其顿合作。

然而，齐普拉斯和他的激进左翼联盟（Syriza coalition）在2019年年底的希腊选举中失利，并由新民主党（New Democracy, ND）的基里亚科斯·米佐塔基斯（Kyriakos Mitsotakis）接任。新民主党声称对《普雷斯帕协定》持批评态度，而北马其顿政府最初担心这可能会使跨境合作复杂化。然而，希腊新民主党政府在保持批评态度的同时，并未违背齐普拉斯和激进左翼联盟做出的承诺。但在政府换届后，希腊推进与北马其顿关系的热情明显下降。对斯科普里政府来说，获得希腊新政府半心半意的支持已足够。但斯科普里不曾预测到，其他问题的出现或重现使其外交议程复杂化了。

前进路上的障碍和慰藉

公众认为在政府解决了更改国名问题后，北马其顿加入欧盟的谈判就会尽快开启。毕竟，一些高调的欧洲决策者在2018年更名公投前夕曾做出过承诺。但到2019年夏天，入盟谈判明显将被一再推迟。欧盟国家的一些人特别关注北马其顿的法治问题。此外，由于扩大事务的讨论重点是北马其顿和阿尔巴尼亚入盟的一揽子计划，而一些欧盟国家认为与阿尔巴尼亚开启入盟谈判很有问题，北马其顿则连带受到影响。到2019年秋季，基本没有反对与北马其顿开启入盟谈判的声音。然而，由于对入盟谈判方式及监督机制不满，法国政府强烈反对与阿尔巴尼亚开启入盟谈判。因此，直至2019年秋季，北马其顿也未能与欧盟开启入盟谈判。这对北马其顿政府来说是一个巨大打击，直接导致大选提前进行，时间定于2020年4月。

此外，在北马其顿缓和与希腊关系的同时，与保加利亚的关系出现了新的裂痕。在2017年签署睦邻友好条约后，北马其顿和保加利亚致力于建立互信，并解决了一些最具争议性的国家象征问题，例如解决了存在争议的历史叙述问题。然而，2019年，误解和不信任依然存在。在联合委员会成员重新解释两国的民族历史问题上陷入僵局之后，两国政府间再次产生摩擦。保加利亚总理博伊科·鲍里索夫（Boyko Borisov）和一些内阁成员特别警告说，除非北马其顿采取更具建设性的做法，否则他们准备反对北马其顿加入欧盟。但幸运的是，对斯科普里政府来说，与保加利亚的紧张关系只隐约体现在该国外交关系上，目前还没有导致任何实际后果。

2019年，北马其顿在外交方面并非完全失败。一个重要进展是发起了所谓的"迷你申根"（Mini Schengen）倡议，其宗旨是促进区域一体化与合作，特别是促进塞尔维亚、阿尔巴尼亚和北马其顿之间的人员和货物自由流动，并有可能进一步扩大规模，邀请波黑及黑山加入。该倡议发起于2019年秋季，当时北马其顿和阿尔巴尼亚的入盟进程明显停滞。在新区域合作平台机制下，北马其顿前总理扎埃夫、阿尔巴尼亚总理埃迪·拉马（Edi Rama）和塞尔维亚总统亚历山大·武契奇（Aleksandar Vucic）举行了几次会晤。"迷你申根"倡议如何在实践中发挥作用还有待观察。

（作者：Anastas Vangeli；翻译：陈明卉；校对：郎加泽仁；审核：刘绯）

第十三章

塞尔维亚

第一节 塞尔维亚的 2019 年：成功之年还是失败之年？

多数塞尔维亚人可能更愿意生活在一个无聊的国家。他们宁愿不知道本国的总统和部长是谁，或者他们在做什么。不幸的是，30 年来，塞尔维亚人一直未能如其所愿。

如果我们根据大众可获得的信息来做回顾，那么可以说，2019 年是塞尔维亚与内外敌人做斗争的一年、真假事务参半的一年、政府与反对派之间无法对话的一年、科索沃问题仍未解决的一年。如果摆脱这种系统的、来自媒体的压力，我们就会看到有所不同的现实。事实最能说明这一点。

国内政治与往年相比变化不大。政治活动的主要动力是：争取赢得或至少保持政治和经济实力、入盟进程及其所需的内部改革，以及尚未解决的科索沃问题。

执政的塞尔维亚进步党（Serbian Progressive Party）显然处于权力的鼎盛时期，而各党派和民间团体的反对力量则既分散又微弱。这是过去几年系统化地巩固权力导致的必然结果，执政党用尽了一切可用的手段。议会只顾及部分议员的想法，但是多数人不认可议会的工作，这已成为常态：他们之间的对话降格为争吵和辱骂。执政党的多数党假装被迫与反对派进行了一次对话，因此反对派获得了小小的让步。反对派数月的抗议活动没有使执政党妥协。武契奇总统及其亲信主导着带有攻击性的媒体竞选活动，几乎未给其他人留下活动空间。

政府出台的政策是政治决策的结果。政策的目标和成果决定了人民的整体生活水平。政策不只是纯粹的政治问题，也是人民的生计问题。总统和政府声称：塞尔维亚人民的生活从未如此富裕过，在塞尔维亚历史上，政府的成就最大。根据其制定的政策目标，政府在几个重要领域取得了成果，主要集中在经济领域，其次是社会领域：财政和预算稳定、就业增长、外国直接投资持续流入，以及基础设施建设、保育和妇产状况改善等。

政府政策的某些影响并不值得称赞：贫困率不可忽视、生活水平低。尽管失业有所减少，但塞尔维亚人口因向外移民（每年约 5.1 万人）而下降。外国企业备受优待和补贴，因此国内企业在市场上处于劣势。最近的一项国际学生能力评估计划（PISA）测试表明，塞尔维亚儿童的知识水平较低。加之国家分配给科学和文化领域的拨款很少，塞尔维亚难以有光明的未来。更遗憾的是，主要政客普遍对高等科教持消极态度。几个政客被指在文凭和博士学位上造假，这件事特别能说明政客对高等教育的消极态度。贝尔格莱德大学及其校长就一个纯粹的学术问题发表了长篇谴责性演说，指出：教育、知识和专业知识并不重要，它们只是主要政治集团的附属品。

塞尔维亚 2019 年在构建民主社会方面有何进展？或许这样问更恰当：主要的政治集团被迫做出了多少让步？在过去的 30 年里，尽管改革方案是政府议程的优先事项，但政府显然很快就发现实现改革目标会对其权力构成直接威胁。塞尔维亚的所有改革成果，很大程度上都是在外部压力的作用下取得的，或者说，改革条件是外部提出的。这就是塞尔维亚政府不愿执行这些改革方案的原因。因此，他们通过各种手段规避改革并不罕见。很难说这种情况是好是坏，但是来自欧洲和国际机构的压力是塞尔维亚改革的主要推动力。

与往年一样，欧盟机构和官员在报告和声明中反复给予塞尔维亚同样的评价，这表明某些领域的情况基本未改善。这些领域仍然是：媒体自由、法治、腐败、民主制度。需要强调的是，哥本哈根标准（Copenhagen criterion）之一就是法治。

反腐败国家集团（GRECO）于 2019 年 4 月 2 日发布了《塞尔维亚临时合规报告》。报告显示，在全球层面上，塞尔维亚取得的成果还算令人满意，但是 13 条建议都不是通过令人满意的方式得以实施的。塞尔维亚于 2019 年 5 月 2 日通过了《防止腐败新法》（New Law on Prevention of Corruption）。此外，欧盟委员会于 2019 年 5 月 29 日发布的《2019 年塞尔维亚报告》（European Commission's Serbia 2019 Report）指出，腐败在许多领域都很普遍，这仍然是一个令人担忧的问题。然而，塞尔维亚官员通常称此类报告评价不准确或部分准确等。还算不错的是，武契奇总统表示已经听到了欧洲议会成员的意见。

塞尔维亚法官协会、塞尔维亚检察官与副检察官协会的代表积极参与了新法律的通过或更新。然而，他们的建议或反对意见只有一部分被接受。此外，政界人士对正在进行的诉讼或非终审判决提出了评论意见，并对司法及起诉程序施加压力，因而招致了不少反对声音。目前，塞尔维亚尚没有像罗马尼亚前国家检察官劳拉·科德鲁扎·科维希（Laura Codruța Kövesi，他被视为罗马尼亚反腐败的代表性人物——译者注）那样的人。稳固的法治基础可以消除阻碍社会快速发展的大部分因素。

科索沃的主要问题尚未得到解决。武契奇总统的倡议也未得到积极实施。10 月 6 日在科索沃举行的早期议会选举中断了之前的所有活动。武契奇总统唯一的成就是塞族名单党（the Serbian List），而该政党由塞尔维亚当局独立支持（塞族名单党是科索沃的塞族政党，与塞尔维亚政府关系密切——校者注）。未来科索沃政府的政策很难预测。在上届选举中，赢得多数票的两个前反对党——自决党（Self-determination）和科索沃民主联盟（the Democratic Alliance of Kosovo），计划于 12 月组建新政府。根据其声明，这两个党不想让塞族名单党代表进入新政府。但结果有待观察。

结语

塞尔维亚主要政治集团统治该国多年，这也暗示着塞尔维亚政府对取得的成果负有责任并享有荣誉。然而，荣誉无从谈起，赞美倒是不少。而政府的拖延导致了令人不满或半途而废的结果。承认这一点还远远不够，因为这种情况可能会持续数年。

从政治角度看，2019 年是失败之年：没有任何一个政治民主的支柱得以改善，政治文化和沟通进一步受到损害。另外，一些社会领域的状况得到了改善，比如：整顿了财政和预算、维持了高水平的外国直接投资流入、继续进行了基础设施和投资项目。

（作者：IIPE，Serbia；翻译：甘霖；校对：郎加泽仁；审核：刘绯）

第二节　塞尔维亚 2019 年经济成就总结

引言

回顾对 2019 年的预测，我们可以说，塞尔维亚政府、外国金融机构和国内分析人士的大部分预测都是正确的。塞尔维亚每年都有一些改进，这些改进引领着我们向正确的方向前进。在经济方面，许多事情都已经或正在改变，但不幸的是，某些领域的进展缓慢。公共采购法方面的变化极其缓慢，且腐败正以一种影响深远的方式损害经济。一些分析人士指出，如果这一现状得以改变，国内生产总值（GDP）可能会提高 1%。目前改变这一点并取得更好的经济成就极为重要。

塞尔维亚 2019 年经济成就分析

首先，我们将分析宏观经济的基本指标。2019 年塞尔维亚的国内生产总值增长率将处于国际货币基金组织预测的 3.3% 和塞尔维亚共和国统计局（The Statistical Office of the Republic of Serbia）预测的 3.7% 之间，为 3.5%。2019 年第一季度和第二季度的效益不佳，这是由于工业部门和农业部门表现不佳。工业部门在德国、意大利、波黑、黑山和北马其顿等主要出口伙伴国中遭遇了危机。农业部门则是喜忧参半，有些作物收成不错，有些作物则受到气候的影响。第三季度和第四季度的效益则要好得多，因此塞尔维亚的国内生产总值将大体上按照计划增长。值得一提的是，这一增长率仍然较低，如果想赶上其他中东欧的欧盟成员国，增长率就需要达到 5%—7%。这是一个很难实现的目标，不仅因为塞尔维亚的内部原因，还因为世界经济的状况。

根据官方声明和国际货币基金组织的报告，2019 年 1—8 月塞尔维亚均有预算盈余。尽管如此，塞尔维亚政府决定在年底前花掉一部分资金，用于资本投资、提高工资和发放养老金，因此年底将有一个相对较低的预算赤字，约占国内生产总值的0.5%（根据计划的预算提案完成的）。

自2016年起，公共债务开始呈下降趋势，每年占国内生产总值的比例依次为67.8%、57.9%和53.7%，到2019年，这一比例为52.0%。考虑到2015年公共债务占国内生产总值的70%，这是一个得益于强有力的财政政策而取得的巨大进步。

世界银行的官方声明称，"2019年第二季度失业率下降至预计的10.3%，15—64岁人口的失业率为10.8%"。失业率正在降低，若是在其他时间和环境下，这将是一项巨大的成就。但在2019年，人们对此并不应该感到满意。塞尔维亚显而易见存在人才流失问题。不同于以往那些以年轻人离开塞尔维亚为主的日子，如今各年龄段、各种文化程度的人都在离开塞尔维亚。他们大多去往地处欧洲的西方国家，因为那里对劳动力和专家的需求很大。因此，失业率下降不仅是因为有大量外国直接投资流入、有更多的人在工作，还因为人们在别的地方拥有更好的机会。这是一个严峻的问题，塞尔维亚政府对此十分清楚。

为了阻止此类事情继续发生，塞尔维亚政府采取的措施是在2019年年底将公共部门员工的工资提高约9.5%，而国际货币基金组织则建议将其提高5%—5.5%。这项措施是为了激励在公共部门（尤其是卫生部门）员工留在塞尔维亚。虽然这对许多公民来说是个好消息，但国际货币基金组织在其年度报告中提醒：工资增长可能会给塞尔维亚的预算增加负担。

根据塞尔维亚国家银行（National Bank of Serbia，NBS）的报告，"2018年，通货膨胀率达到了2%，而且在年末也稳定在2%；2019年1—10月，通货膨胀率波动在1.9%的平均速度范围，这与塞尔维亚国家银行的预测一致。通胀预期稳定在目标许可范围之内（3±1.5%）"。国家货币稳定，1欧元的年平均价值约为117.7第纳尔，因此2019年第纳尔比前几年更加强势。得益于塞尔维亚国家银行采取的措施，银行部门是强势而稳定的。

正如之前所述，强有力的财政政策措施反映在1—8月的预算盈余上，盈余占国内生产总值的0.9%。这是通过税收水平提高而实现的，而税收水平的提高可以通过税务管理改革（tax administration reform）来实现。由于塞尔维亚政府提高了工资，年底的预算产生了变化，2019年将出现

0.5%的预算赤字。

2019年10月末，塞尔维亚的贸易逆差为5.885亿美元，似乎年底的贸易逆差将与上年年底持平。受到服务业、制成品和农业出口的推动，2019年商品和服务出口保持了增长势头，1—9月同比增长了10.9%。塞尔维亚的主要出口国为德国、意大利、波黑、黑山和北马其顿。塞尔维亚主要从德国、俄罗斯和中国进口。2019年出口遇到的最大问题是与科索沃的冲突尚未解决，导致塞尔维亚向科索沃出口商品的关税提高至100%。塞尔维亚贸易部部长称，在短短1年内，塞尔维亚因为这项关税损失了3.957亿美元。

与2018年相同，2019年是塞尔维亚外国直接投资创下历史新高的一年。塞尔维亚国家银行在2019年的官方报告中指出，"宏观经济的稳定和营商环境的改善促进了外国直接投资的大量流入，2019年1—9月流入了29亿欧元。外国直接投资流入也因来源地的不同而呈现出多样性，除了塞尔维亚主要的投资伙伴欧盟之外，亚太地区和中东地区国家所占的比例也很大"。更重要的是，这些投资的结构正在改变。不同于10年前外国直接投资流向贸易和服务业，如今工业和农业领域有了更多的外国直接投资。

2019年塞尔维亚最大的几笔投资为：法国万喜公司（Vansi）接手了尼古拉·特斯拉机场（Airport Nikola Tesla）；紫金矿业公司（Zijin Mining）收购了冶铜企业RTB Bor集团63%的股份；山东玲珑公司（Shandong Linglong）在兹雷尼亚宁市（Zrenjanin）建造了轮胎厂；德国ZF Fridrichshafen公司在潘切沃市（Pančevo）开设了汽车零部件厂。

塞尔维亚目前缺乏的是来自国家的资本投资，更重要的是来自国内企业的投资。塞尔维亚国内就国家为什么不将钱用于资本投资展开了辩论，学术界力促政府改变这一局面。另外，国内企业主要是自己投资，而非利用外部资源。大多数分析人士认为，这是由于企业担心无法返还这些资金，而且它们无法像跨国公司那样轻易进入外国市场。因此，国家也面临着来自研究人员和商界人士的压力——要为国内企业创造更好的营商环境。

银行部门主要由外资银行构成，表现十分稳定，好于前几年。得益于塞尔维亚国家银行采取的措施，9月末不良贷款在贷款总额中所占比例下降至 4.66%。这是自 2008 年开始使用这一指标以来，不良贷款在贷款总额中占比最低的一年。

此外，塞尔维亚的国际金融评级正在提升，令人备受鼓舞。2019 年 9 月，惠誉（Fitch）将塞尔维亚的信用评级从 BB 提升至 BB+。此外，穆迪（Moody）也在同月将信用评级前景从"稳定"提升至"积极"。标准普尔（Standard & Poor's，S&P）2018 年将塞尔维亚的信用评级前景从"稳定"提升至"积极"，我们仍在等待 2019 年的结果。

除此之外，2019 年塞尔维亚在全球营商环境报告（Doing Business List）中的排名也有所上升，目前排名第 44 位，比上年上升了 4 个名次。据世界银行称，塞尔维亚主要在办理施工许可证、减少纳税和供电可靠性方面取得了进步。

在由世界经济论坛（World Economic Forum，WEF）发布的全球竞争力报告（the List of Global Competitiveness）中，塞尔维亚的排名没有发生变化，全球竞争力指数（the Index of Global Competitiveness）排名第 72 位。该指数共分为 12 个方面，塞尔维亚在 8 个方面取得了进步。不幸的是，由于进步相对较小，所以名次没有变化。此外，根据这份报告，塞尔维亚宏观经济保持了稳定，这与之前的分析相一致。全球竞争力指数显示，塞尔维亚主要在商业活力方面取得了进步，而得分最低的则是卫生领域、商品市场和信息通信技术的实施。

结论

塞尔维亚经济正在复苏，现在的形势比 2014 年国际经济危机刚结束时要好得多。这意味着先前规划的改革有助于经济复苏，而如今正是复苏的关键，我们需要审视变化，分辨哪些变化是正面的、哪些变化是负面的。

2019 年的积极因素包括：稳定的宏观经济指标、大多数时候良好的货币政策（除了强势第纳尔政策之外）、良好的财政政策、公共债务减少、稳定的外国直接投资流入、更优的信用评级和税收改革。

未来几年需要改变的事情包括：国内资本投资和国内直接投资、国内市场更好的就业机会和薪酬、人民生活水平（例如，为了减少人才进一步外流）、外国直接投资流入科技更先进的领域、法律和司法系统的改善，以及惩治贪污腐败。

[作者：塞尔维亚国际政治经济研究所（IIPE）；翻译：高贺初盈；校对：郎加泽仁；审核：刘绯]

第三节　2019年塞尔维亚的社会发展

2019年年初，政治抗议活动频频举行。民间抗议活动始发地是首都，此后每周都会举行并扩散至全国各地。抗议活动的初衷是探寻奥利弗·伊万诺维奇（Oliver Ivanović）被暗杀的动机，但随后利益诉求日益增多。一开始，抗议活动的组织者似乎是对某些政治问题不满的公民群体，但后来发现抗议活动的幕后支持者某些政党——它们联合抵制政治机构并呼吁公民抗议。

一些抗议者代表表示，政治暗杀是触发当前抗议活动的诱因。2018年，科索沃塞族政客奥利弗·伊万诺维奇在科索沃米特罗维察（Kosovska Mitrovica）的办公室前被一名至今仍不为人知的凶手杀害（该市位于科索沃和梅托希亚自治省，简称科索沃——校者注）。而就抗议活动本质而言，诉求具有普遍性，涉及媒体和公民自由、民主、自由和公正的选举、防止年轻人因工作需要移民到西方国家等。最初，武契奇总统表示没有必要与抗议者讨论他们的诉求，因为他们只是塞尔维亚的一小部分人口。他的立场是，塞尔维亚仍有很多人相信，他们的政府可以继续领导国家走向更美好的未来。武契奇总统已开始参加竞选活动，到全国各地访问并与公民讨论他们的问题和需求。正如一些调查结果所显示，武契奇的竞选活动帮助他获得了更多的支持者。

在2019年的最后几周，反对派抗议活动的支持率出现了下降迹象。同时，抗议者将其活动转向塞尔维亚广播电视台，一再要求改变当前的审查制度，并要求获得表达自己想法的机会。

随着播种期来临，公众也开始讨论有关农村地区状况的问题。最重要的问题之一是农村人口和农村经济发展潜力。据塞尔维亚共和国统计局2019年3月发布的数据分析，造成农村人口减少和经济下滑的原因包括：农业生产不发达，乡村基础设施、卫生、教育和文化服务不完善，大量农村人口向城市转移，以及农民普遍贫穷等。塞尔维亚2018年的死亡人数为10.2万，而出生人数只有6.5万。两个数据之差是近年来的一个人口发展趋势，该数值约为塞尔维亚一个普通城镇的人口。造成出生率低的原因是，农村正在迅速丧失生育潜力。2018年，农村的新生儿数量达到了近百年来的最低点。面对这种情况，最好的解决办法是：国家为农村地区的发展，特别是为农业和经济"合作社"的重建投入额外资金。

医务人员向外移民引起了塞尔维亚社会的高度关注。非官方数据显示，越来越多的医务工作者（尤其是技术人员）为了获得更高薪水，离开本国前往欧盟国家（尤其是德国）工作。塞尔维亚政府意识到了这个问题，并启动了多个项目来努力消除其造成的负面影响。塞尔维亚共和国卫生部目前正在进行一个大型项目，该项目涉及医务工作者专业协会、"巴图特"（Batut）公共卫生研究所、医学院系和国家健康保险基金。该项目是一项为期10年、有关医学专业人员教育和培训的国家计划。其目的是预测在未来10年内将要退休的医生人数和公民对在岗医生数量的需求，以便最终制订教育和就业计划。同时，国家预计对基础设施增加新的投资并提高工资。该计划在未来几年将如何发展还有待观察。

除经济状况不佳外，塞尔维亚社会还必须应对性别不平等问题——相关问题在2019年成倍增加。在塞尔维亚，对女性的施暴行为不断增加。对妇女的暴力行为是性别不平等的原因和结果，而现有的规则和态度导致性别不平等现象持续存在。塞尔维亚仍然是一个重男轻女的社会，男人在家庭、工作和公共领域均占主导地位。

自2010年暂停义务兵役制以来，相关话题的热度在塞尔维亚社会中不降反增。最近，政界人士再次提出了重新启动义务兵役制的议案。主要问题包括：社会能否承担义务服务机构的开销；外部安全威胁能否成为重启该制度的理由；在欧洲一体化政策方面，塞尔维亚希望效仿其他国家的哪些经验；普通公民对这个问题的看法，以及义务兵役制与目前军队专业人员之间的关系。重启义务兵役制可能引发的特别挑战是移民增加，年轻人移民将影响义务兵役制的实施。义务兵役制对社会产生的影响深远，必须根据国家财政能力、安防需求和公民意愿等进行严密部署。这几个要素之间的关系，需要由专业军队根据其他拥有相似社会价值观国家的经验来衡量。政治和社会争论虽有必要，但看起来更像是实现政治目标的工具，因而引发了普通民众的担忧和恐惧。有些人认为,义务兵役制是国家安全的重要推动力,尽管这种看法未得到现有证据和安全专家的支持。

在过去20年,就业率一直是一个非常重要的问题。官方数据显示,在财政整顿后,2014—2019年的就业率有所提高,主要是因为国内外投资增加,特别是绿地投资(Greenfield)的增加。2019年第二季度,塞尔维亚的就业人数为291.65万,失业人数为33.4万。同期的就业率为49.2%,失业率则保持在10.3%。与第一季度相比,就业人数增加了10.6万,就业率上升了1.8个百分点;失业率和闲置率(inactivity rates)分别下降了1.8个百分点和1.0个百分点。2019年年底,官方公布的失业率还不到10%(确切来说是9.5%),这是自20世纪90年代以来南斯拉夫遭到国际制裁之后失业率首次低于10%。

10月上旬,贝尔格莱德出租车司机组织了将近两周的抗议活动。出租车司机抗议"不正当竞争",即:互联网约车软件卡多(Car Go)阻碍了他们的工作,而且他们认为卡多的运营不合法。几个月来,出租车司机和卡多代表一直在进行"拉锯战"。出租车司机对卡多不执行《道路运输法》(Road Transportation Law)不满,并要求取缔卡多的非法出租车服务。卡多的代表始终坚称他们的运营模式不同于出租车服务,卡多只是通过该应用程序来帮助公民按其需求制定行程。贝尔格莱德市中心被封锁12天后,武契奇总统"扼杀"了出租车司机的抗议活动,在与出租车司机交涉两个小时后,他承诺为他们提供新车购买补贴,以改善出租车服务。每位司机将获得数千欧元的补贴,但必须承担自己该承担的部分。国家可以通过此类措施使数十年来一直未被规范化的出租车行业重回秩序。多年来,一直存在非法出租车、出租车计价器和高额账单可疑、出租车在机场和汽车站争抢乘客等问题,这使得出租车这一重要运输行业的声誉大大受损。

与塞尔维亚社会的绝大多数负面事件相比,2019年秋季举办的几场大型文化活动熠熠生辉。

10月,塞尔维亚东正教会(Serbian Orthodox Church)在全国各地举行了多场活动来庆祝一个伟大的周年纪念日,即:从普世宗主教(Ecumenical Patriarchate)独立800周年。除此之外,10月的重要文化活动还包括贝尔格莱德大型集会,例如:第64届国际书展,俄罗斯归还受联合国教科文组织保护的中世纪手稿《米洛斯拉夫福音书》（Miroslav Gospel）的遗失章节、第35届贝尔格莱德爵士音乐节，以及世界著名表演艺术家玛丽娜·阿布拉莫维奇（Marina Abramović）在故乡举办的第一次大型回顾展《清理者》（后者由当代艺术博物馆主办）。

结论

2019年，塞尔维亚社会面对着许多挑战，其中一些问题已找到了解决方案，其余问题则有望在来年解决。有人认为，一些问题的解决办法取决于将在2020年第一季度举行的议会选举和地方选举的结果。

[作者：塞尔维亚国际政治经济研究所（IIPE）；翻译：甘霖；校对：郎加泽仁；审核：刘绯]

第四节　2019年塞尔维亚外交发展回顾

塞尔维亚以相当积极主动的方式开启了2019年的外交活动。1月17日，俄罗斯总统弗拉基米尔·普京访问塞尔维亚。2018年是塞尔维亚与俄罗斯建交180周年，两国举办了各种学术和文化活动来庆祝这一重要的周年纪念，其中最主要的活动便是俄罗斯总统访问贝尔格莱德。普京表示，"俄罗斯和塞尔维亚一样，希望巴尔干地区局势保持稳定和安全"。他的声明被解读为针对塞尔维亚自2008年以来面临的最大政治挑战，即其南部省份科索沃和梅托希亚（Kosovo and Metohija）宣布独立的事件。塞尔维亚公众普遍将俄罗斯视为传统盟友，因为两国人民之间有着牢固的宗教、历史和文化联系。此外，在普京访塞期间，双方还签署了能源政策、经济、技术开发、创新、军事合作、教育、科技等领域的重要合作协议。

每年3月，塞尔维亚都会沉痛缅怀北约轰炸周年纪念日。这场轰炸已经过去了20年，造成了超过2500人丧生。3月23日，在贝尔格莱德召开了国际会议，来自14个国家的著名学者出席了会议，并就议题发表了自己的见解。当年，北约的侵略行为违背了国际法，因此塞尔维亚停止遵守国际法。如今，对于塞尔维亚欲恢复国际法体系之主要原则的外交争论，人们表示理解与支持。可以说,随着全球向多极化转变,人们意识到危险的先例已经出现。因此,数个国家撤回了对科索沃独立的承认,这种趋势可能在未来还会继续。

次月,即4月9日在布鲁塞尔(Brussels)召开的中欧峰会(China-EU Summit)之后,第八次中国—中东欧国家领导人会晤在克罗地亚(Croatia)杜布罗夫尼克(Dubrovnik)举行。安娜·布尔纳比奇(Ana Brnabić)总理代表塞尔维亚出席了此次会议。她在论坛开幕式上强调,塞尔维亚仍是与中国共同实施和签订基础设施项目最多的国家之一,如:收购斯梅戴雷沃钢铁厂(Smederevo Steel Factory)、修建米洛什大公高速公路(Milos Great Highway)、修建通往布达佩斯(Budapest)的高速公路、修建贝尔格莱德—博尔察大桥(Belgrade-Borca Bridge)等。尽管欧盟委员会(European Commission)的统计数据显示,欧盟仍是西巴尔干地区最大的贸易伙伴和总体直接投资的领军者,但在基础设施相关支出方面,中国与欧盟处于同一水平。据中华人民共和国驻塞尔维亚共和国大使陈波女士介绍,目前中国在塞尔维亚的投资超过100亿美元。两国均有意在共同利益的基础上建立更加密切的双边关系。

谈及欧盟的西巴尔干地区政策,法德两国均有意把自己定义为欧洲共同倡议(common European initiatives)的真正代表,这种意图在4月底表现得特别显著。在德国总理安格拉·默克尔和法国总统埃马纽埃尔·马克龙的协调下,于柏林(Berlin)举办了一场会议。人们认为,此次会议旨在打破当前的僵局,推进关于科索沃地位问题的政治对话。自从普里什蒂纳(Priština)当局对原产于塞尔维亚及波黑的商品征收100%的关税以来,一直无法恢复对话。由于这一尚未解决的问题缺乏进展,于是取消了原定于7月1日在巴黎举行的峰会。马克龙总统于7月15日、16日对塞尔维亚进行了访问,并与武契奇总统讨论了深化政治和经济合作的可能性、科索沃问题,以及塞尔维亚和整个西巴尔干地区国家加入欧盟的前景。马克龙总统再次证实了他对欧盟扩大前景的强硬立场。他认为欧盟只有在完成自身改革后才可以进一步扩大,并将其称为"真诚的立场"。可以说,他延迟接受新成员国的观点暂时占上风的标志之一是,欧洲理事会(European Council)近期阻止了阿尔巴尼亚和北马其顿共和国的入盟谈判进程。

对塞俄关系而言，2019年的秋天具有多方面的重要意义。10月19日，俄罗斯总理德米特里·梅德韦杰夫访问了贝尔格莱德，并出席了苏联和南斯拉夫从纳粹占领中联合解放贝尔格莱德75周年纪念活动。他再次重申，俄罗斯支持依据《联合国安理会第1244号决议》（UNSC Resolution 1244）和平解决科索沃问题。梅德韦杰夫的访问带来了两个重要的政治突破。10月末，塞尔维亚与欧亚经济联盟（Eurasian Economic Union，EAEU）签署了自由贸易协定。先前塞尔维亚、俄罗斯、白俄罗斯及哈萨克斯坦之间的协定必须由一项更全面的新协议取代。现在，塞尔维亚和整个欧亚经济联盟签订了协议，而亚美尼亚和吉尔吉斯斯坦已是欧亚经济联盟成员国。通过与俄罗斯主导的经济集团密切合作，塞尔维亚渴望促进世界范围内更紧密的经济联系，并提高其市场地位，最终实现更强劲的经济输出。对塞尔维亚深化与后苏联地区的经济联系，欧盟官员表示，尽管塞尔维亚可以签订不同的自由贸易协定（如上述与欧亚经济联盟签订的协定），然而，一旦塞尔维亚成为欧盟成员国，这些协定必须全部废除。此外，10月24—29日，在塞尔维亚举行了名为"斯拉夫盾牌"（Slavic shield）的俄塞联合军事演习。俄罗斯在塞尔维亚部署了两套防空系统，一套是先进的S-400导弹防御系统（S-400 missile defence system），另一套是铠甲防空炮和导弹系统（Pantsir anti-aircraft gun and missile system）。

由于临近年底，塞尔维亚的外交活动在很大程度上以区域合作为导向。继欧盟的无边界区之后，名为"迷你申根"（mini-Schengen）的倡议使塞尔维亚雄心勃勃，且潜在影响深远。该倡议最终可能实现西巴尔干地区国家之间的商品、服务、人员和资本自由流动，因而引起了更多关注。武契奇总统与阿尔巴尼亚总理埃迪·拉马（Edi Rama）及北马其顿总理佐兰·扎埃夫（Zoran Zaev）举行了多次会议，共同商讨建立自由过境区的问题。如果建立自由过境区，预计将促进经济增长并吸引更多外国投资。他们希望西巴尔干地区的其余伙伴国自愿加入"迷你申根"倡议。然而，应当指出的是，欧洲共同市场（Common European Market）建立之后，申根协议才生效。尽管"迷你申根"倡议包含了四项自由流通，但仍被视为政府间关系的一种前卫思想。然而，上述雄心勃勃的目标能否成为政治现实仍有待观察。因为这些目标与过去遗留的问题交织在一起。依据不断变化的地区和欧洲事务,地区合作平台有望形成,无论是作为入盟前的一种准备,还是作为提升各国经济发展地位的一种方式。

结论

2019年,塞尔维亚维护了可信的入盟谈判承诺,开启新的谈判就是证据。塞尔维亚加入欧盟的进展缓慢,一部分原因是欧盟就内部团结问题采取的迂回方式,另一部分原因是塞尔维亚在实施法治改革和保障媒体自由方面缺乏进展。尽管如此,塞尔维亚已经达成了有价值的协议,而且除已有的伙伴关系外,还与重要的国际行为体建立了关系。总而言之,尽管过去几年塞尔维亚的入盟进程呈现出更加广阔的政治和经济前景,但需要注意自己的最大利益。最重要的是,这意味着塞尔维亚要与中国和俄罗斯等支持塞尔维亚国家利益的友好国家建立不同的合作模式。

[作者:塞尔维亚国际政治经济研究所(IIPE);翻译:高贺初盈;校对:郎加泽仁;审核:刘绯]

第十四章

斯洛伐克

第一节 斯洛伐克 2019 年政治回顾

本届斯洛伐克政府因其任期内的腐败案和调查记者扬·库恰克（Ján Kuciak）及其未婚妻被残忍谋杀的事件而蒙上阴影。库恰克在被杀害前正着手调查时任总理罗伯特·菲佐（Robert Fico）手下官员与意大利黑手党之间疑似存在的联系。这起谋杀案引起了公众的强烈抗议，他们要求进行彻底调查并发起了自"天鹅绒革命"以来最大规模的抗议活动。斯洛伐克公众呼吁采取反腐败措施，并对国家的民主状况提出了质疑。这最终导致菲佐辞职，取而代之的是彼得·佩莱格里尼（Peter Pellegrini）。多位部长也相继下台。然而，由于菲佐仍然领导着执政的社会民主—方向党（SMER-SD，以下简称"方向党"），依然具有对总理佩莱格里尼施加影响和左右政府执政方向的能力。2019 年，抗议活动仍在继续。这起谋杀案加速了方向党的衰落并壮大了反对派的势力。总统选举处于一个十字路口：是坚持旧的制度，支持方向党成员、欧盟委员会内负责能源联盟的副主席马洛什·谢夫卓维奇（Maroš Šefčovič），还是转而支持追求革新、倡导社会自由主义的年轻政党，即进步的斯洛伐克党（Progressive Slovakia）成员、政治新手苏珊娜·恰普托娃（Zuzana Čaputová）。此外，斯洛伐克 2019 年还面临着另一个问题，即先是宪法法院法官选举出现混乱局面，接着执政联盟内部发生 Threema 软件信息泄露丑闻。另外，2019 年的欧洲议会选举可能为 2020 年国家议会选举做出铺垫，而 2020 年的国家议会选举将决定斯洛伐克是走进步主义还是民族主义的道路。

斯洛伐克总统大选

由于苏珊娜·恰普托娃成功当选总统，斯洛伐克成为世界上为数不多拥有女性总统的国家。她在最新一届的总统选举中获得了 105.6582 万票，不仅是斯洛伐克第一位女总统，也是中欧国家中的第一位女总统。虽然有观察者警告称，不要对斯洛伐克社会在性别平等方面取得的进步妄下定论，但选举一名女性担任总统这一宪法规定的最高职位，必定是一个转折点。尽管恰普托娃的选举具有象征意义，但人们应该明白斯洛伐克人民选择的不是"一个女人"，而是一位特定候选人担任总统。她有在法律和第三部门的工作经验，并公开表明了其自由主义态度，认为斯洛伐克的政治充斥着攻击性和模棱两可。

政治新人恰普托娃的反腐败运动在斯洛伐克引起了广泛共鸣。目前该国仍在尽力调查 2018 年 2 月发生的记者扬·库恰克被谋杀一案。这起谋杀案引发了斯洛伐克转轨后最大规模的抗议活动，也是促使恰普托娃首次参加总统竞选的主要原因之一。

恰普托娃在选票一路飙升之前默默无闻。她谴责肆虐横行的腐败，誓要为正义而战。早在记者库恰克被谋杀很久之前，恰普托娃就与他有联系。此前恰普托娃是一名律师，与马利安·科楚内（Marian Kočner）的公司打了一场长达 14 年的官司。科楚内的公司被指要在恰普托娃的家乡佩济诺克（Pezinok）建造一个非法填埋厂。最终恰普托娃赢得了这场官司。

竞选期间，恰普托娃没有效仿邻国匈牙利和波兰的民粹主义政党的做法，没有选择与之类似的议题，如难民和家庭价值观。在当前视同性婚姻为非法的斯洛伐克，她呼吁给予同性恋者、双性恋者和变性者更多权利。显然，选民对这些问题很感兴趣，在对战欧盟委员会委员马洛什·谢夫乔维奇的第二轮选举中，恰普托娃以 58% 的选票获胜。

在此次总统选举中，除了恰普托娃成功当选，还有其他的积极消息。一些持极端政见的总统候选人在 3 月 16 日第一轮选举后便被淘汰。恰普托娃的当选对希望在 2020 年的大选中取代方向党的各个反对党均有利。然而，一些反体制的选民在第一轮中把票投给了代表极右主义的马利安·科特勒巴（Marian Kotleba）和最高法院法官史杰凡·哈拉宾（Štefan Harabin），二人共赢得了约25%的选票，这也预示了一种潜在的威胁。

与斯洛伐克的某些邻国相比，这次胜利显然是独一无二的。恰普托娃的胜利昭示着中欧自由主义力量罕见的成功。近年来，民粹主义和民族主义政党在中欧取得了一系列胜利，并推动了一些非自由主义的改革，这使欧盟产生恐慌，认为中东欧正在失去其民主根基。

斯洛伐克的欧洲议会选举

在选举前夕，各方曾预测斯洛伐克的议会选举将会十分激烈。亲欧和疑欧阵营会发生冲突，而欧洲议会中新一届的斯洛伐克代表团会四分五裂。对新政党而言，该选举对于巩固其在斯洛伐克政治舞台的存在性尤为重要，例如：极右翼政党我们的斯洛伐克—人民党（L'SNS）的党首科特勒巴在最新的总统选举中就试图有更多突出表现。

进步的斯洛伐克党和在一起党（两党在3月举行的总统选举中支持苏珊娜·恰普托娃）联盟在选举中获胜，击败了方向党。极右的我们的斯洛伐克—人民党排名第三。此次选举的投票率为22.74%，远高于2014年的水平。2014年的投票率仅为13%。

尽管斯洛伐克的投票率自2014年以来几乎翻了一番，但在欧盟成员国中这一水平仍然垫底。欧洲国家的平均投票率接近51%。所以这不是件值得斯洛伐克人骄傲的事，但它确实显示出了积极的趋势。斯洛伐克扭转了过去3次欧洲议会选举中不断下降的投票率。这在一定程度上说明了斯洛伐克公民关心国际社会，而不只是关注自己的问题。

斯洛伐克欧洲议会选举结果清楚地表明并证实了亲欧势力的胜利。在未来的5年里，斯洛伐克人选择了亲欧政治家作为其在欧洲议会的代表。在选举中，选民已不再支持执政联盟中的政党。欧洲议会选举意味着方向党的两个联盟伙伴（桥党和斯洛伐克民族党）彻底出局，二者在欧洲议会中没有得到任何席位。斯洛伐克在欧洲议会中获得的14个席位（英国脱欧后斯洛伐克获得13＋1个席位），只有3个席位由执政联盟的候选人获得，还有6个席位由议会外的反对党获得，2个席位由极右翼政客获得，3个席位由议会内的反对党获得。

进步的斯洛伐克党和在一起党这两个新政党组成的联盟在欧洲议会选举中获得胜利。在选举马图什·瓦洛（Matúš Vallo）为布拉迪斯拉发市长和苏珊娜·恰普托娃为斯洛伐克总统后，该联盟在欧洲议会选举中赢得了4个席位。然而，极右翼政党的我们的斯洛伐克—人民党也取得不菲战绩，获得了12%的选票，即欧洲议会中的2个席位。

宪法法院法官的选举

2019年2月，宪法法院法官一职出现了9个空缺。议会应该推举出两倍的候选人，总统应从其中任命9名法官。然而，议会未能或只是不想选出所需数量的法官。这一失败主要归咎于执政联盟。

议会推举失败的直接原因是执政联盟内的3个政党之间的分歧。执政联盟中最小的政党桥党反对罗伯特·菲佐竞选宪法法院法官。因此，方向党试图秘密选举候选人，使菲佐能更加轻易地建立其幕后联盟。然而，另一个联盟伙伴，斯洛伐克民族党反对这一提议。由于很有可能失利，菲佐最终退出了竞选活动。方向党的议员则投了无效票，因而阻碍了法官的推举工作。

宪法法院瘫痪在很大程度上是因为罗伯特·菲佐的野心遭到了时任总统安德烈·基斯卡（Andrej Kiska）的反对。菲佐担任总理多年，由于抗议浪潮引发了政府危机，不得不在2018年春季下台。他选择了宪法法院首席法官的职位作为他政治退休前的好去处。最有可能的是，他打算与前总统基斯卡达成妥协。然而，这样的交易将破坏基斯卡竭力打造的、反对幕后交易和政治腐败的形象。基斯卡当时准备在总统任期结束后利用这一形象开启其新的政治生涯。

通过阻止宪法法院法官的推举工作，方向党当时极有可能想造成这样一种局面：至少有部分法官由新总统提名。菲佐一直在寻找一个合适的职位，以便在下一阶段的政治生涯中担任某个职务。但显然这个计划并不成功，因为方向党总统候选人马洛什·谢夫卓维奇输掉了选举，而苏珊娜·恰普托娃成为斯洛伐克的新总统。

Threema短信泄密事件

2020年的议会选举将在2020年2月底进行，这也是记者库恰克和未婚妻古什妮洛娃被杀两周年。鉴于此次选举将是这一改变了斯洛伐克的可怕事件以来的首次大选，可以预料的是，这将是一场前所未有的竞选活动。根据当前情况，任何关注斯洛伐克时事的人都需要在未来6个月内保持一颗强大的心脏。在这次竞选中，人们最常听到的将不会是某个政治家的名字。几十年的"辛苦工作"使马利安·柯楚内成为此次议会选举的主要因素，但他不会成为参选人，而仅仅是一个话题。根据泄露的解密信息，他与阿莱娜·苏佐娃（Alena Zsuzsova）存在联系。据警方称，苏佐娃是多起谋杀案的幕后策划者，其中也包括库恰克被谋杀一案。这些信息表明，柯楚内准备进入政界，而不是在幕后操纵。但根据当前的情况来看，柯楚内铁定要在监狱里投票了，问题是还有谁会成为他的狱友。

马利安·柯楚内被控指使谋杀了扬·库恰克。这些信息源于警方8月初刊登在《N日报》（Dennik N）上的一份警方报告。该报告披露了柯楚内在Threema（一款加密短信息软件）上的通信记录。在欧洲刑警组织（Europol）的协助下，斯洛伐克警方已对柯楚内在2019年5月使用Threema发送的信息进行了破解。

Threema上的记录表明，柯楚内是罗伯特·菲佐的忠实助手，为了方向党牺牲自我，用各种手段支持方向党继续执政。他甚至出资操纵媒体影响舆论、操纵政界人士并利用某些当时尚未被媒体曝出的信息。根据在其手机上发现的消息，柯楚内过去常致电前内政部部长罗伯特·卡里涅克（Robert Kaliňák）和前总检察长多布罗斯拉夫·特尔恩卡（Dobroslav Trnka），并会见前总理罗伯特·菲佐。不幸的是，情况甚至可能更糟，因为通讯记录表明，还有更多政治家和"重要人物"参与其中。很明显，除了议会选举之外，Threema通信信息调查将是斯洛伐克最重要的话题之一，并将在2020年给斯洛伐克政治舞台带来重大的改变。

（作者：Peter Csanyi；翻译：张嵘皓；校对：马骏驰；审核：刘绯）

第二节 2019年斯洛伐克经济发展概况

概况

根据主要经济指标，斯洛伐克经济在2019年表现良好。2019年第一季度的经济增长与2018年的预期相符。工业生产、销售和出口增长表明，净出口是斯洛伐克经济的主要驱动力。2019年年初，经济同比增长3.7%

（2018年第四季度为3.6%），环比增长0.9%。非金融部门，尤其是工业生产和工业销售较2018年已经强劲复苏。但这种强劲增长在一定程度上受到了其他方面（金融机构和家庭）经济活动放缓的影响。

然而，2019年第一季度的强劲增长并未持续到下一个月。2019年第二季度经济增长水平同比大幅下降至1.9%（第一季度为3.7%）。虽然工业生产、销售和出口在4月和5月仅仅只是增速放缓，但在6月却出现下滑。汽车行业前几个月的增长本可抵消其他领域的放缓，但同期也出现下滑。经济活动放缓主要是因为工作日缩短导致工作时间减少。国外需求降温则主要影响了金属生产部门，该趋势在整个欧洲已存在较久。导致2019年第二季度经济放缓的另一个原因是石油化工行业内有计划的技术淘汰。与净出口在第一季度中是主要因素不同，第二季度GDP增速放缓在一定程度上被表现更好的家庭消费所抵消。

第三季度，经济同比增长保持在1.3%（低于第二季度的1.9%）左右。经济继续放缓主要是因为国外需求持续疲软。欧洲工业的不利情况和汽车需求下降影响了在斯洛伐克从事生产的工业企业的经济活动。消费需求的增加则带动了服务业的发展，内需积极增长。

经济活动

2019年1月经济指标同比增速加快，主要是因为汽车行业从业者与上年相比假期更短。然而，与斯洛伐克经济密切相关的德国工业在1月表现不佳且走势不定，因此在之后的一个月中，斯洛伐克经济增长仍有可能放缓。2月的部分经济指标有所改善。如前所述，1月经济表现强劲，主要是因为汽车行业、机械生产和出口自年初以来逐渐恢复。

2019年4月，经济增速继续下降。工业生产增长放缓主要是因为欧洲对金属、机械设备的需求下降，而这些是汽车行业需要的产品。电子设备产量的增加也无法弥补上述经济部门的下滑。经济部门销量整体下降反映出工业放缓和零售贸易疲软的现象。货物出口对此帮助不大。这些因素导致出口同比停滞不前。5月实体经济各项指标继续下滑。工业产量同比增长下降，主要是因为石化企业大量停产以及工作日缩短导致金属产量下降。

6月经济指标的下滑趋势在7月有所放缓。工业生产恢复同比增长的水平，但货物出口和销售增长仍为负数。经济活动放缓也体现于国内贸易，批发和零售销售额的同比降幅仍在继续扩大。另外，餐厅和宾馆营业额的增加抵消了上述部门销售额的下降。2019年8月，经济指标同比下降。斯洛伐克的几个关键经济部门比一年前更加疲软。工业部门的生产和销售达到过去三年来的最低点，工业生产下降了8.1%。汽车部门生产大幅下降。此外，批发和零售下降趋势恶化。

2019年第三季度，斯洛伐克的月度指标延续了前几个月的负增长。尽管9月的工业生产、销售和出口略好于前几个月，但经济活动并未因此显著恢复。特别是在汽车行业（迄今为止主要的增长部门）于2018年推出新产品并带来积极影响之后，国外需求的下降产生了重大影响。GDP增长放缓的主要因素是净出口（与2019年年初不同），部分净出口的下降为国内需求增长所抵消。2019年10月经济依然疲软。由于国外需求及国内零售和批发需求下降，关键行业和贸易都出现了下滑。10月工业生产和出口同比下降。经济活动放缓也反映在了内需方面。10月的零售额创下了2019年的最大跌幅。

劳动力市场

2019年第一季度，斯洛伐克的就业率同比增长1.8%，环比增长0.3%，增长率与2018年年底的水平基本持平。然而，与前一年的总体态势（2%）相比，2019年就业增长更为缓慢。根据月度指标，建筑业和服务业是斯洛伐克的主要经济部门，对就业增长贡献突出。旅游业日益增长的需求也对服务部门产生了积极影响。另外，工业领域就业增长放缓，主要是受到全球经济发展状况不佳的影响。与此同时，企业也不再像前几年那样能轻易地找到劳动力填补职位空缺。另一个原因是，不断上涨的劳动力成本使雇主试图提高生产效率和自动化程度。劳动力成本变化和人员短缺等因素也导致了商业领域的就业水平止步不前。

第二季度就业率明显降低，之后几个月则继续下滑。第二季度，斯洛伐克就业率同比下降1.4%（第一季度为1.8%），环比下降0.3%。就业疲软的现象在过去两年最为突出。尤其是工业和商业活动导致了第二季度的就业率下降：工业方面主要是机械制造和运输设备制造出现下降。然而，其他行业也有下降趋势，如纺织和化学工业。另外，建筑业和服务业的就业（分别增长9%和7%）发展向好。由于旅游业、信息技术业和其他市场服务业的强劲增长，服务业就业发展良好。

第三季度，斯洛伐克的就业率同比增长1.0%，与前一季度（1.4%）相比有所下降。在公共部门的支撑下，就业率季度环比增长0.2%。第三季度单月的就业水平均无增长。造成这种情况主要有两个原因：一是国外需求减弱；二是为了应对劳动力成本增长，追求更高的效率。

物价上涨

2019年1月，通货膨胀率上升至2.2%（2018年12月为1.9%），主要是由于能源和食品价格受到调控。家庭用电费用和供暖费以及加工食品价格的上涨，都导致物价上涨的加速。1月的食物价格较上年12月大幅上升，可能是因为对连锁企业新征的特别税反映在了食物价格上。由于食品和能源价格上涨，通货膨胀在接下来的几个月里略有加快，2月和3月分别达到了2.3%和2.7%。食品价格持续上涨，主要是未加工食品价格上涨3.1%，加工食品价格则略微下降0.4%。这些变化的部分原因可能是夜班和周末工资的变化以及零售业工资上涨。然而，4月通货膨胀率下降至2.4%，主要是因为服务、酒精饮料和烟草的价格。自5月以来，服务业和食品业导致通胀再次加快。由于干旱天气、国内产量低、国内储存能力不足以及进口土豆价格上涨等原因，土豆价格上涨。此外，亚洲市场猪肉供应下降导致肉价上涨，均符合预期。6月的通胀率为2.7%（与5月相同）。能源价格增长放缓，但服务类价格上涨加快。接下来的几个月里，通胀再次加速并在11月达到了峰值3.2%，主要是因为这几个月内食品价格的变化以及服务和行政类项目价格上涨。

小结

2019年年初，斯洛伐克经济符合2018年的预期，继续增长。然而，由于国外需求下降、全球经济发展状况和国内消费变化等因素，2019年第一季度的强劲增长趋势在之后几个季度逐渐消退。在就业方面，就业增速放缓。2019年下半年失业率低于6%。由于工资上调和经济增长疲软，雇主雇用新员工的意愿下降。2019年斯洛伐克的物价上涨高于欧盟平均水平，主要是由于全年食品和能源价格的上涨以及2019年下半年以来服务和行政类项目价格的变化。

（作者：Martin Grešš；翻译：张嵘皓；校对：马骏驰；审核：刘绯）

第三节 2019年斯洛伐克的社会问题

2019年斯洛伐克应对了众多严肃的问题。总体而言，2019年斯洛伐克一直践行社会行动主义的精神。这种精神尤其体现在30年前争取自由与民主的斗争中。而且这种斗争看上去似乎一直持续到了今天。腐败、法治以及即将在2020年举行的议会选举是分化斯洛伐克社会最严重的问题。

"天鹅绒革命"30周年

2019年11月，"天鹅绒革命"30周年的庆祝活动在斯洛伐克全国引起轰动。纪念活动有一种甜蜜的苦涩，因为斯洛伐克人30年来梦寐以求的变革仍未完全实现。"天鹅绒革命"最初的发起者是学生，随后参与的有演员等各类群体。公众反对暴力的民主政治运动在斯洛伐克形成。在东欧，旧政权瓦解的原因有很多，最突出的是东西方在经济和军事方面的差距，公众对政权不满的示威活动增加，东欧国家旧政权无力改革政权或维持政权。

1989年11月17日，学生示威活动拉开序幕，随后在布拉格和布拉迪斯拉发举行了非法学生集会。尽管"天鹅绒革命"纪念日是11月17日，但是并不是在那一天取得成功的。自1989年11月20日起，在捷克斯洛伐克各地的城市广场上每天都有游行示威。规模最大的示威出现在布拉格瓦茨拉夫广场和布拉迪斯拉发斯洛伐克民族起义广场上。大罢工导致政权垮台，前异见人士哈维尔成为新总统。

2019年春季，位于科希策的帕沃尔·约瑟夫·沙法里克大学（Pavol Jozef Šafárik University）进行了一项研究，即人们如何看待斯洛伐克最近30年以及1989年11月17日那天带来的变化。该大学研究人员与居住在斯洛伐克多个地区的人们进行了交谈。根据这项研究，大多数受访者认为与"天鹅绒革命"有关的事件是积极的，但积极的程度与斯洛伐克民族起义等事件相比稍逊一筹。从长远来看，人们认知中最积极的方面是能够学习、工作、出国旅行、有宗教自由和表达意见的自由。但是人们对政权改变的认知还持一定的消极态度。持消极态度的主要是在旧政权统治下生活已久的老年人。他们怀念更多的社会保障、年轻人的住房或医保。许多人在转型过程中失去了工作，或者社会地位降低。

学术道德、少数群体权利和选举

2019 年，斯洛伐克还发生了若干起与新闻记者被谋杀有关的抗议活动。调查过程在 2019 年 12 月刚刚结束。被告很可能会通过一种新技术被定罪——即一部可以记录多个元数据的手机。如今，公众可以看到聊天软件记录的一些对话，这可以作为指控被告的证词。被告手机中的聊天软件揭示了被指控的企业家在几个公共机构中的影响力，其中以其与法官和政客的联系为主。被告还涉及了其他几起案件——尤其是与有争议的金融交易有关。斯洛伐克社会对这些案件感到厌倦，并在抗议活动中表示不满。

2019 年斯洛伐克社会讨论的另一个重要问题是出版道德问题。剽窃论文的政治丑闻引发了有关设立新法案的讨论，以及对未经授权获得学术头衔的行为进行处罚。但是，这涉及一个更严重的学术问题。学术道德问题不仅是适应新的社会和经济条件的问题，而且首先取决于社会观点的改变。高等教育已成为更好的就业、更高的收入和更好的生活的代名词。因此，越来越多的人想要接受高等教育。作为大学学习必要组成部分的毕业论文，只是需要完成的任务而已。不过，与此有关的社会讨论被成功纳入议会会议日程，可能意味着社会对于学术工作意义的理解出现转变。

除了选举以及最近有损斯洛伐克形象的丑闻之外，有关 LGBTI 的讨论也很热烈。斯洛伐克希望成为欧洲药品管理局（European Medicines Agency）的所在地。然而，该机构的若干名工作人员公开表示，他们认为该机构不应该设在那些不承认 LGBTI 权利的国家。在选举前夕，有关此类少数群体权利的讨论十分活跃。各个政党，无论是执政联盟还是反对派，都在争相发表关于如何解决少数群体权利问题的意见。因此，这个话题在政治上经常被滥用。如往年一样，两场游行在 2019 年夏季的同一天举行。"骄傲游行"（PRIDE）强调 LGBTI 群体的权利。由家庭联盟（Alliance for Family）组织的第二场游行则强调家庭是每个社会的核心单元。

2019 年上半年的热点是总统选举，下半年的热点是即将在 2020 年举行的议会选举。总统大选使斯洛伐克拥有了其历史上第一位女总统。苏珊娜·恰普托娃成功当选总统后，这位社会自由主义总统被外国媒体与法国总统马克龙相提并论。恰普托娃的胜利被归因于成功利用了公众对腐败的不满，而且她拒绝对竞争对手进行人身攻击并承诺改变斯洛伐克的不良政治氛围，还人民以体面。

议会选举前的竞选活动已如火如荼地展开。许多新老政客已经登上了政治舞台。根据相关民调，一些新的自由派政党已经获得了不少支持，这也许意味着改变的希望。然而，各反对派政党未能团结起来。尽管它们之间有一些合作，但其中许多政党将单独参加选举，并向选民提供自己的方案。值得注意的是，2019年10月，斯洛伐克政府通过的一项法律将带来新变化。根据新法律，暂停民意调查的时间将从14天延长至50天。尽管该法律被总统否决，但执政联盟拒绝接受。反对派批评对该修正案的批准，声称执政联盟侵犯了公民的知情权。

（作者：Kristína Baculáková；翻译：张瑞琪；校对：马骏驰；审核：刘绯）

第四节　2019年斯洛伐克外交回顾

2019年，斯洛伐克外交一直笼罩在国内政局日益两极化的阴影之下。国内的政治分歧影响了外交政策，两大政治阵营在外交政策上各持己见。一方是坚定的亲西方阵营，由中间派和中右党派组成，包括进步主义者、自由主义者、基督教民主主义者。这个阵营在意识形态上比另一阵营更亲欧盟和北约，对俄罗斯和中国等其他大国持敌对态度。另一方由保守主义者、民粹主义者和民族主义者组成，通常属于右翼党派。这一阵营成员的立场更务实或者更民粹，对欧盟和北约的态度从冷淡到敌对有所不同，但都把自己描述为斯洛伐克主权和传统价值观的守护者，反对西方自由主义精英的干涉。他们认为西方自由主义精英试图通过渐进式和同质化的议程改变欧洲大陆并削弱民族特性和价值观。出于对务实经济合作的期待，他们更愿意与同其他大国发展良好关系。令人惊讶的是，这个阵营甚至得到了激进左翼分子的支持，因为他们共同的敌人是西方自由主义者。右翼更关注自由主义对传统社会价值观的威胁，激进左翼分子则更反对经济自由主义。政治光谱这两端的互相靠近，也体现在右翼支持左翼式的福利政策上。

但更准确地说，斯洛伐克政治光谱应被视为一个连续的统一体，因为一些亲西方的政党在某些问题上也开始批评欧盟，如对难民配额、欧盟企图在欧洲安全事务中发挥更大作用进而损害北约利益问题。这种政治发展趋势与政治理论是相符的。未来发达国家的主要政治分歧不是传统的左右之分，而是基于全球化、难民和区域一体化等议题的国际主义和民族主义之分。无论这种演变是否真的会发生，斯洛伐克的政治似乎正朝着这个方向发展。这种分裂实际上可以追溯到20世纪90年代。当时的总理弗拉基米尔·梅恰尔（Vladimír Mečiar）领导着由左右两翼的民族主义者和民粹主义者组成的联合政府。反对党则是一个由中右和中左派内亲西方的自由主义政党组成的联盟。这种政治分歧已超出了西方世界传统的左右之分，并对斯洛伐克人的政治意识产生了重大影响。总之，近年来这种民族主义与国际主义的两极分化在斯洛伐克日益严重，2019年的趋势也是如此。2019年3月的斯洛伐克总统选举和5月的欧洲议会选举都体现了这一趋势。

处于这两个阵营之间的政党是斯洛伐克最大的政党，即中左的方向党。作为斯洛伐克最主要的政党，方向党在过去14年中执政了12年（除2010—2012年），并一直在议会中占据多数席位。尽管该党自认为是欧洲标准的社会民主党，但在许多社会问题上相当保守，可以称为一个左翼民族主义政党。虽然方向党坚称自己属于坚定的亲西方阵营，但在实践中，它经常发表保护国家主权和传统价值观的民粹主义言论，并且务实地发展与非西方国家的关系。一个表面上是"社会民主党"的中间偏左政党持此态度似乎很奇怪，因为其他欧洲国家的此类政党往往持进步主义且高度亲欧的立场。之所以情况不同，是因为西方进步主义或左翼自由主义在斯洛伐克从未形成具有强大吸引力的政治思潮。所以方向党在文化政策上要采取更加保守主义或民粹主义的立场，以获得更为保守的农村工人阶级的支持。涉及实际决策而不是政治理论时，方向党则往往会按照欧盟和北约的共识行事，这也是其实用主义的体现。因此，尽管方向党在国内政治问题上通常更倾向于民族主义阵营，但在执行外交政策时，更倾向于亲西方阵营。该党温和、务实的形象使其能够获得选民的广泛支持。总的来说，斯洛伐克外交界显然是亲西方的，而方向党对外交的控制表明，它与外交界人士合作顺利。

外交政策两极化和政治化，在2019年3月的总统选举中得到了一定程度的体现。在早期的几位候选人中，有亲西方阵营推举的来自进步的斯洛伐克党和在一起党联盟（Progresívne Slovensko & SPOLU）的进步主义政客苏珊娜·恰普托娃，以及由方向党推举的斯洛伐克的欧盟委员会委员马洛什·谢夫卓维奇。两人最终在第二轮选举中成为主要竞争者。谢夫卓维奇是一名职业外交官和亲西方路线的坚定支持者。两人的竞争几乎完全围绕国内问题展开。恰普托娃坚持亲西方的思想路线，谢夫卓维奇和他所在的方向党则批评欧盟的难民配额和非异性恋（LGBT，即同性恋、双性恋和跨性别恋）问题，并谴责恰普托娃对这些政策的支持，以此争取民族主义阵营的选票。这体现了方向党希望赢得两大阵营支持的民粹主义策略，但引起了人们对于谢夫卓维奇和方向党的质疑，因为作为欧盟委员的谢夫卓维奇一直倡导自由主义的欧盟共识。谢夫卓维奇因此受到了机会主义者的指责，最终未能从右翼阵营赢得足够的选票。由于这两位候选人在不同程度上都均属于亲西方阵营，就使另一阵营的候选人获得了空间。最终排在第三和第四位的竞选者，是来自家乡党（Vlas'）的民粹主义者史特凡·哈拉宾（Štefan Harabin）和来自我们的斯洛伐克—人民党（L'udová strana Naše Slovensko，以下简称"我们的斯洛伐克党"）的极端民族主义者马里安·科特莱巴（Marian Kotleba）。如果将他们的选票加在一起，该阵营的右翼候选者足以取代谢夫卓维奇进入第二轮与恰普托娃竞争。这是斯洛伐克民族主义者和国际主义者在外交政策上分歧不断扩大的又一例证。

恰普托娃就任总统后开展的一系列外交活动与其亲西方的政治信仰相符。例如，在对捷克进行礼节性访问之后，她在布鲁塞尔与北约秘书长延斯·斯托尔滕贝格（Jens Stoltenberg）和欧盟委员会主席容克会晤。恰普托娃总统肯定了斯洛伐克对北约和欧盟目标的承诺，并批评俄罗斯在乌克兰的行动以及"传播虚假新闻"等行径。紧接着，她访问了匈牙利和波兰，以表明对维谢格拉德集团的承诺。然而，恰普托娃总统婉转地批评匈牙利和波兰政府将维谢格拉德集团作为在人权、难民和法治等问题上与占主导地位的欧盟共识相抗衡的平台。维谢格拉德集团作为欧盟共识的一部分，是一个联合起来保护民主、人权和法治的平台，因而坚决反对这两个邻国和欧洲其他国家正在掀起的"非自由民主"浪潮。预计她会继续开展类似的总统外交。当然，由于斯洛伐克是议会制共和国，总统的外交活动纯粹是礼节性的，因此对外交的真正影响有限。

2019年对斯洛伐克外交来说是不平凡的一年。2019年1月1日，斯洛伐克成为欧洲安全与合作组织的年度轮值主席国。斯洛伐克外交和欧洲事务部部长米罗斯拉夫·莱恰克（Miroslav Lajčák）担任欧安组织代理主席。担任欧安组织主席对斯洛伐克外交来说是一项挑战，因为它不习惯在国际舞台上发挥如此重要的作用，而且必须设法解决诸如人员配备不足等问题。斯洛伐克任期内的三大优先事项是预防冲突、确保安全的未来和有效的多边主义，重点关注普通民众的困难。实际上，斯洛伐克的工作重点还包括缓解乌克兰东部冲突和管控冲突双方的和平进程。由于在解决乌克兰问题上一直没有取得重大突破，没有人对斯洛伐克抱有过高期望。斯洛伐克外交和欧洲事务部表示，任职期间斯洛伐克取得的最重要成就是在行政方面，例如，就未来的融资模式和欧安组织高级官员任命提出了建议。无论如何，担任欧安组织轮值主席国一事在斯洛伐克没有引起太多关注，因为该组织权力较小，且相比于欧盟和北约知名度较低。

与担任欧安组织轮值主席国相比，斯洛伐克更为习惯担任维谢格拉德集团轮值主席国。这是斯洛伐克自1991年维谢格拉德集团成立以来第五次担任这一职务。斯洛伐克在任职期间的3个首要任务是"强大的欧洲、安全的环境和明智的解决方案"。对于第一要务，斯洛伐克必须应对近年来维谢格拉德集团在欧盟声誉下降的问题。这是因为，西欧国家和欧盟精英认为该集团偏离了西方就高度民主和法治达成的共识（主要指匈牙利和波兰）。另一个原因是，维谢格拉德集团的不合作态度和缺乏团结精神，这体现在难民问题以及在其他欧盟希望采取超国家行动的问题上。的确，在斯洛伐克任职期间，维谢格拉德集团的目标之一就是强调政府间合作的重要性，即支持欧盟理事会发挥更大的作用（国家元首或政府首脑达成一致的模式），而不是支持欧盟委员会发挥更大的作用（超国家的一体化）。维谢格拉德集团确实实现了部分目标，例如：加强欧盟对陆地和海洋边境的控制，以采取由难民来源国解决难民问题的方式替代强制性难民配额政策。然而,欧盟的这些政策变化在多大程度上是由维谢格拉德集团引起的值得怀疑。它可能仅仅是从欧盟决策中获利而已。该集团的不良声誉被认为是斯洛伐克未能完成其他重点工作的部分原因,例如原计划在欧洲议会选举之后,四方共同推选一位候选人竞选欧盟的最高职位(下文将详述)。总之,虽然维谢格拉德集团依旧被其成员视为一个有效工具,即不仅能够协调重大地区事务,也能在欧盟决策层面扩大影响并发挥协同效应。然而,欧盟的精英们和一些有影响力的西欧领导人并不看好维谢格拉德集团。

担任维谢格拉德集团轮值主席国期间,斯洛伐克在第二要务"安全的环境"上取得了较大成功,重点关注了地区安全。最显著的成果是,克罗地亚加入了维谢格拉德战斗群,成为欧盟快速反应部队的一部分。这是在2019年11月维谢格拉德集团成员国和克罗地亚国防部部长会议上确定的。在安全领域,维谢格拉德集团的政策比较容易协调,更多地肯定了在欧盟框架下就地区外交与安全政策达成的共识,例如:支持欧盟"东部伙伴关系"计划,加快西巴尔干地区国家入盟进程,建立防务领域的永久结构性合作,反对削弱北约的作用并支持欧盟共同安全计划。斯洛伐克精英仍然视北约为本国安全最重要、最可靠的保障。另外,由于法国总统马克龙否决了与阿尔巴尼亚和北马其顿开启入盟谈判,维谢格拉德集团遭遇了一定的挫败。

除了担任这两个组织的轮值主席国之外,斯洛伐克外交面临的最重要挑战来自2019年5月的欧洲议会选举。此次选举引发了持续数月的关于欧盟机构主要和次要职务任命的紧张谈判,也扰乱了斯洛伐克的政局。原本最有可能获胜的方向党排名第二(获得3个欧洲议会席位),落后于进步的斯洛伐克党和在一起党联盟(获得4个席位)。后者的获胜归功于总统苏珊娜·恰普托娃。更重要的是,我们的斯洛伐克党位居第三,获得2个席位。该党成功利用了人们对精英的不满以及对难民配额的愤慨。另外3个属于亲欧阵营的政党也获得了席位。这3个政党中有1个要等到英国脱欧之后才能获得席位。与此同时,代表匈牙利少数民族的两个政党失去了欧洲议会的席位。除了斯洛伐克的极右势力获得席位之外,另一个令政府感到尴尬的事实是,斯洛伐克仍然是欧盟成员国中投票率最低的国家。斯洛伐克的投票率为22.74%,而整个欧盟的投票率为50.62%。斯洛伐克的投票率实际上相比于 2014 年欧洲议会选举时有所提高，并且媒体进行了大量宣传来鼓励投票，但仍然不足以摆脱最后一名的命运。因为斯洛伐克选民认为，欧洲议会选举或欧洲议会本身与他们的生活和面临的问题没有关系。欧盟通常被视为是一个遥远的官僚机构，而不是一个真正民主的机构，而且对他们的日常生活来说通常无关紧要，除非欧盟范围内的争议影响到国内政治，如难民危机或欧元区债务危机。然而，与前几年相比，这两大危机已经在很大程度上得到平息。当欧盟层面的问题不再重要时，选举往往成为国内政治和内部问题的延伸。2019 年的情况也是如此。总之，斯洛伐克在欧洲议会的影响力可能会减弱，因为除了两名议员外，其他议员都是新加入的，那些最有影响力和长期任职的议员都未能连任。

　　欧洲议会选举会影响欧盟最高职位的分配，包括欧盟理事会主席、欧盟委员会主席、欧洲议会主席和欧盟外交与安全政策高级代表，有时也包括欧洲中央银行行长。欧洲议会选举刚刚结束，5 月 28 日在罗马尼亚西比乌举行的峰会上，维谢格拉德集团四国一致同意不让本国的候选人与其他三国的候选人竞争，甚至协商共同推出一位候选人来增加获得最高职位的机会。四国一致认为，前任欧盟高级官员并未充分考虑四国的利益。最初斯洛伐克希望在欧盟机构内获得一个高级职位，尤其是希望欧盟委员马洛什·谢夫卓维奇能担任欧盟委员会主席。斯洛伐克作为维谢格拉德集团轮值主席国，希望在外交上获得另外三个成员国的支持。但是其他三国反应冷淡，不愿做出承诺。于是斯洛伐克建议让谢夫卓维奇担任欧盟外交与安全政策高级代表，但同样未得到足够支持。最终，没有一位来自维谢格拉德集团的候选人获得最高职位。然而，即使维谢格拉德集团能共同推举出一位候选人，该人也不太可能获得足够的支持并成功当选。因为如上所述，维谢格拉德集团在欧盟的声誉很差。虽然这可被视为外交失败，但斯洛伐克的竞选意愿从一开始就太过雄心勃勃。但最终结果于斯洛伐克而言也许是成功的，因为谢夫卓维奇继续担任欧盟委员会副主席的职务，负责协调各机构之间的关系。他的新职责具有潜在的影响力。2019 年 9 月 30 日，谢夫卓维奇在欧洲议会通过了"拷问"般的听证会，最终赢得了这一个职位。但他的胜利并没有在斯洛伐克引起反应，这也说明了斯洛伐克人对欧盟漠不关心。

在欧盟和英国脱欧问题上，斯洛伐克最关注的是欧盟聚合政策的未来。英国脱欧意味着欧盟在失去一个富裕的净出资国后，未来预算会出现资金缺口。一些富裕成员国的领导人呼吁相应减少聚合基金。该基金主要用于帮助欧盟较贫穷国家和地区或弱势群体的趋同进程。斯洛伐克作为一个在基础设施和其他项目投资方面严重依赖欧盟基金的成员国，一直强烈反对这些建议。斯洛伐克尤其反对将基金与其他政策挂钩，例如接受强制的难民配额。从斯洛伐克担任维谢格拉德集团轮值主席国和"凝聚力之友"（Friends of Cohesion）成员时期的活动也可以看出这一立场。"凝聚力之友"由相对贫穷的欧盟成员国组成。这些国家希望维持一个强大且资金充足的欧盟聚合政策。斯洛伐克于2019年11月29日主办了"凝聚力之友"峰会。会议通过了一项关于欧盟多年度财政框架的宣言，以实现这一组织的目标。

由于斯洛伐克是一个小国，外交利益和能力局限于区域和欧洲层面，较少涉及与遥远国家的关系。但2019年年初斯洛伐克出现了一个少见的情况，即与美国签署了防务合作协议。美国对这一合作深感兴趣，即在斯洛伐克西部的古其那（Kuchyňa）和中部的斯拉赤（Sliač）地区修建空军基地。该防卫合作协议将成为北约框架内落实欧洲威慑倡议（European Deterrence Initiative）的基础，尤其是加强北约东翼的力量，以抵御来自俄罗斯的威胁。

防务合作协议清楚地体现了斯洛伐克国内亲西方阵营和民族主义阵营之间的分歧。执政联盟中较小的政党斯洛伐克民族党（Slovenská národná strana，以下简称"民族党"）对此表示抗议。民族党被认为是民族主义阵营中最重要、最有影响力但也是最温和的政党。与方向党非常相像，民族党声称支持斯洛伐克作为欧盟和北约成员国承担义务，但却通过批评这些组织获取政治支持。此外，在斯洛伐克所有政党中，民族党对俄罗斯的态度最为积极。该党领导人兼斯洛伐克议长安德雷·丹科（Andrej Danko）曾多次访问俄罗斯杜马并会见俄高级官员。由于这些访问和会晤并不是在政府支持下进行的，斯洛伐克外交和欧洲事务部对丹科十分不满，并一再表示这些活动不代表官方外交立场。不过，民族党的支持率下降，民调显示该党将无法保留其执政党的地位。该党支持率下降在很大程度上是由其成员的个人丑闻导致的。在民族党衰落的同时，强烈反对亲西方阵营的极端右翼政党,即我们的斯洛伐克党取得了发展。这一趋势使得斯洛伐克民族党更努力地争取右翼选民的投票,再加上我们的斯洛伐克党的崛起,斯洛伐克政治的两极化进一步加剧。

斯洛伐克与中国的关系在斯洛伐克媒体和社会中并未得到太多关注,因为中国太过遥远,不会对其构成一个政治问题。双边贸易和投资规模也不足以吸引人们密切关注中国的发展以及中斯关系。2019年10月斯洛伐克与中国建交70周年也没有引起媒体的关注。只有斯洛伐克外交部网站上的一份简短声明表明了这一事实的存在。2019年11月,仅有两家斯洛伐克企业参加了在上海举办的第二届中国国际进口博览会。斯洛伐克与中国的经济合作取得了一项成果。2019年4月12日,在克罗地亚杜布罗夫尼克举行的中国—中东欧国家领导人会晤上,斯洛伐克和中国签署了一项认证协议,使斯洛伐克能够向中国出口乳制品。这一成就在斯洛伐克媒体上得到了相对广泛的宣传。斯洛伐克还参加了在北京举办的第二届"一带一路"国际合作高峰论坛,不过仅有外交部部长莱恰克出席而非总统或总理。莱恰克大力推广了多个项目,希望斯洛伐克能成为中国在欧洲的铁路枢纽。

综上所述,由于斯洛伐克的体量和由此带来的利益有限,2019年斯洛伐克的外交重点是区域和欧洲事务。斯希望在欧盟获得更大影响力并保持当前聚合基金的规模。这是斯洛伐克的首要任务。斯洛伐克还因为担任欧洲安全与合作组织轮值主席国和维谢格拉德集团轮值主席国而外交任务繁重。2019年是斯洛伐克多边外交的重要一年。此外,斯洛伐克外交政策还受到国内日益严重的政治两极化影响。这些趋势预计在2020年会持续。

(作者:Juraj Ondriaš;翻译:张瑞琪;校对:马骏驰;审核:刘绯)

第十五章

斯洛文尼亚

第一节 2019年斯洛文尼亚政治回顾：少数党新政府步履蹒跚、寻求平衡

2018年选举后组建的斯洛文尼亚政府在很多方面都显得有些不同寻常。它是由一个不谙国家政治的政坛新秀领导、由许多政党组成的少数党政府——最初是由马里安·沙雷茨（Marjan Šarec）通过与政府外伙伴政党达成协议的方式组建。2019年新政府开始执政以来，斯洛文尼亚政坛发生了政府人员下台和腐败丑闻等一系列事件。2019年年末，政府外合作伙伴中断了与政府的联盟关系。尽管如此，政府在民意调查中仍然拥有很高的支持率。

更换部长和高级政治代表

每届政府都会有部长和高级政治代表下台的情况，然而，所谓的"新面孔政党"遇到的问题，似乎更多地与其过去的背景以及缺乏政治经验有关。2014年选举前不久才成立的米罗·采拉尔（Miro Cerar）政府（即上一届政府）也曾遇到过这样的问题。许多部长此前在政治领域也默默无闻，而在政府成立不久，不少人便辞去了职务，最终超过三分之一的部长被替换，而其中一些部长是因为与腐败有关的问题被替换的。

在组建政府的过程中，与"新面孔"有关的问题是媒体和公众关注的焦点之一，似乎新任总理马里安·沙雷茨也在竭力避免遇到同样的问题。候选人的甄选速度慢得出奇，在达成联盟协议之前，沙雷茨谨慎地选择不公布本政党的候选人名单，以免在组建政府之前在媒体上出现丑闻。

但在部长名单基本尘埃落定后，沙雷茨仍不得不在最后一刻更换了两名候选人。最终的选择似乎很保守，因为新政府中有很多人们熟悉的面孔。沙雷茨做出这样的选择不仅是因为担心政坛新人可能会带来麻烦，也是政治联盟伙伴过多的结果。有5个政党竞争部长职位，并且其中4个政党在选举中的支持率旗鼓相当。因此，联合政府的3位领导人担任了3个关键部门的部长。11月，团结部部长（Minister of Cohesion）马尔科·班代利（Marko Bandelli）因几度在媒体发表不当言论而被迫辞职。2019年，更多的辞职接踵而来，不仅因为新总理希望展现对腐败零容忍的形象，来自联盟伙伴的压力也是原因之一，即无论政府代表来自哪个政党，都应该用相同的标准要求。2019年1月，文化部一名雇员自杀的悲惨案件引发了公众对文化部部长德扬·普雷西切克（Dejan Prešiček）的激烈批评。有人指控他在文化部内实施和默许霸凌行为。尽管总理最初在处理这一丑闻时犹豫不决，且普雷西切克所在的社会民主党也极力否认，但最终普雷西切克还是于1月底辞职。第二次辞职发生在一桩被媒体称为"三明治事件"的离奇事件之后。在一次议会委员会会议上，来自马里安·沙雷茨名单党（LMŠ）的议员达里·克拉切奇（Darij Krajčič）承认从附近的一家杂货店偷了一个三明治。丑闻立即令舆论哗然，为了挽救名单党的声誉，沙雷茨总理不得不采取强有力的措施。2019年1月，一次更令人意外的辞职发生了。沙雷茨政府中最引人注目的部长之一，环境和空间规划部部长尤雷·莱本（Jure Leben）受到了警方调查。警方调查了莱本担任基础设施部部长时发生的一起腐败丑闻。出于政治责任，莱本决定辞职。由于莱本及其在环境和空间部的团队曾强烈反对为造成环境问题的产业提供支持，因此媒体和公众认为，他的辞职是这些产业施压的结果。当另一个敏感的部级职位换人时，类似的情况也被媒体公之于众。一般而言，由于卫生部是游说压力最大的部门之一，在往届政府中都会有一些官员辞职。就沙雷茨政府而言，据称卫生部部长萨莫·法金（Samo Fakin）因健康状况辞职，但许多人认为，他是在总理的压力下辞职的，因为总理对医疗改革的进展速度不满。2019年9月，发展和团结部部长伊兹托克·普里奇（Iztok Purič）决定辞职。他辞职的原因尚不明确，其中一个原因可能是阿伦卡·布拉图舍克党（SAB）内部的分歧。总理在政府中最亲密的顾问之一沃伊米尔·乌勒普（Vojmir Urlep）的辞职也出乎人们的意料。尽管官方的说法是，做出这一决定是考虑到沃伊米尔的健康状况，但最可能的原因是沃伊米尔不赞成政府干预国有企业——最能证明这一点的是，他不赞成更换斯洛文尼亚电信公司和 Petrol 石油公司的高层管理人员。

政府联盟及其与左翼党的伙伴关系

虽然每一次辞职都有不同的原因，但这一切似乎体现了现任政府的 3 个主要问题：联盟伙伴之间令人头疼的关系，面对利益集团（如健康机构）的压力政府能否推进其议程，以及国有企业管理战略不明确。在政治领域，第一个问题似乎最为棘手。联盟伙伴之间的分歧在上述每一个事件及其他几个问题中都显得尤为尖锐。

2019 年 10 月，一个政府联盟伙伴的举动引发了联盟内 5 个政党之间的关系危机。退休人员民主党（DeSUS）提出了一项平衡养老金支出与经济增长的预算法案修正案，将增长率从 3% 调低至 2.5%。阿伦卡·布拉图舍克党（SAB）对退休人员民主党的这一举动反应最为强烈，因为该党也把退休人群作为其支持基础。最终几个政党就联合修正案达成一致并解决了分歧。

贯穿整个 2019 年的另一个不稳定因素是少数党政府（minority government）不得不依赖政府外伙伴——即左翼党（The Left）——的支持，左翼党希望政府遵循与其在 2018 年秋季建立合作关系时商定的联合方案。前斯洛文尼亚民主党成员达米尔·切尔尼奇（Damir Črnčec）于 2018 年被任命为沙雷茨政府国家安全部国务秘书之后，首次分歧便出现了，且政府和左翼党的合作关系在 2019 年逐渐破裂。2019 年 7 月通过预算提案的过程表明，政府和左翼党存在一定的分歧。左翼党不赞成减免最高收入群体的税收、情报部门预算翻倍、不增加研发预算和削减文化预算等一系列措施。左翼党还强烈反对修改对"穷忙族（working poor）"的帮扶制度。而严重的分歧发生在 11 月，当时左翼党提交了一份废除补充性医疗保险制度的提案。此举原本是政府联盟与左翼党达成的初步协议的重点之一，但联盟在最后关头对法案做出了修改，阻止了法案通过。这导致左翼党正式结束了与政府联盟的合作，少数党政府也不得不在议会中寻求其他党派的支持。

当政府提出预算法案时，发现很难在议会获得支持，因而只好与极右翼反对党斯洛文尼亚国民党（Slovenian National Party）达成一项特别协议。尽管退休人员民主党议员威胁说，因为他们不同意养老金平衡制度，所以不会支持预算法案。但在12月初，联盟还是凭借48票的支持通过了预算法。12月底，阿伦卡·布拉图舍克党提名了一位新的候选人来接替已辞职的团结部部长，这是对联盟内部关系的另一个考验。候选人在一定程度上令人惊讶——奥地利籍斯洛文尼亚裔的安格利卡·姆利纳尔（Angelika Mlinar），此前也站在阿伦卡·布拉图舍克党的立场上参加过欧盟的选举。尽管在投票前几天她被给予了斯洛文尼亚公民身份，但议会中的反对派仍对她的候选人资格提出了质疑。甚至退休人员民主党的一名议员也决定不支持这位候选人。但安格利卡·姆利纳尔最终以44票对43票成功当选。

尽管沙雷茨政府寻求平衡的过程并非一帆风顺，但仍然获得了极高的公众支持率。最初该政府获得了60%的支持率（这一支持率对历届政府来说都是很高的），而后在11月的危机中，支持率下降略低于45%的水平，但在12月支持率再次上升，超过50%。

结语

鉴于沙雷茨政府的特殊性，2019年的斯洛文尼亚政坛显得不同以往。在拥有5个几乎势均力敌的联盟伙伴的情况下，少数党政府想要保持内部团结和外部支持并非易事。虽然沙雷茨政府与其政府外伙伴左翼党的关系破裂，但似乎成功地渡过了难关，并且一如既往地得到了公众的大力支持。在未来的一年内，该政府面临的最大挑战将是如何为政治联盟的关键项目赢得支持，诸如养老金改革和医疗改革。

（作者：Helena Motoh；翻译：盐芷清；校对：郎加泽仁；审核：刘绯）

第二节　2019年斯洛文尼亚经济发展回顾

2019年斯洛文尼亚经济状况不错，保持着略低于3%的增长率，失业率明显较低，家庭收入不断增长。尽管如此，仍有一些问题有待解决，如：消费者信心下降，对外出口目的地经济低迷，税收制度改革战略不明确，以及国有企业管理不善。

概述

斯洛文尼亚宏观经济分析与发展研究所（Institute of Macroeconomic Analysis and Development，IMAD）2019 年前三个季度的报告显示，2019 年斯洛文尼亚经济增长放缓，但仍存在一些积极因素。2019 年前三个季度 GDP 同比增长 2.7%，低于原来预测的 2.8%，更低于 2018 年 4.1% 的增长率。出口增长明显放缓，而私人消费仍在增长。另外，自 2018 年以来，消费者信心指数急剧下降。尽管在 2019 年 12 月消费者信心指数略有上升，但与 2018 年同期相比仍然低了 10 个百分点，与 2018 年的平均值相比甚至低了 12 个百分点。消费者信心指数下降，主要是受预期失业率（下降了 19 个百分点）和财政状况预期值（下降了 15 个百分点）的影响。报告还显示，斯洛文尼亚人对家庭财务状况的预期不再那么乐观（下降了 4 个百分点）。据专家分析，这种不安全感在很大程度上是由外部因素造成的，英国脱欧及其可能给欧元区带来的影响便是不安全感的来源之一。一些大经济体采取贸易保护主义措施、地缘政治紧张局势加剧和全球经济放缓也是不安全感的来源。斯洛文尼亚面向的主要出口市场是德国和意大利，而这两个国家的出口也在放缓，因而导致中间产品和车辆出口增长明显放缓。人们对斯洛文尼亚国内经济形势的预期也受到了负面影响。

根据宏观经济分析与发展研究所的分析，在 2019 年前 3 个月，服务业活动趋于活跃。在良好的开局之后，建筑业活动有所萎缩，但贸易和绝大部分市场服务保持进一步增长。高科技产业生产加强，但由于外需低迷，中等技术产业的增长出现了停滞，中间产品出口减少。受天气状况影响，年初建筑业表现强劲，但随后出现下滑，而旧有合同存量和新合同存量的价值仍在上升。家庭消费增加，可支配收入也在增加。这在一定程度上与劳动力市场状况良好有关——就业人数增加、失业率与前几年相比大幅降低。与 2018 年第三季度相比，就业率增长了 1.1%，失业率与 2018 年同比降低了 5.4%，其中男性失业率上升了 5.8%，女性失业率下降了 15%。个体经营者人数下降了 6.1%，这表明企业的雇佣策略发生了变化。受金融危机影响，许多企业采取分包而非雇佣的方式作为一种半合法的降低成本的战略。从就业合同中还可以看出另一种显著的趋势，即全职就业人员较2019年第三季度同期增长2%。这意味着只有8%的人是兼职的，而兼职者中约一半选择兼职的原因是疾病、残疾或退而不休（意为在满足一定条件的情况下领取部分或全部养老金，但同时又继续工作。——校者注）。

2019年前三个季度的工资水平较2018年同比增长约4%，公共部门工资增长是部分原因——公共部门工资增长率超过5%、私营部门工资增长率低于4%。与此同时，家庭消费也出现了较高增长。家庭支出取决于消费商品的类型，非耐用品消费出现增长，而耐用品消费维持在适度水平。这一现象无疑与上述消费者信心指数有关。支出维持在一定水平和工资增长使家庭储蓄得到了额外增长。

马里安·沙雷茨政府最近提出了一项税收改革的初步战略，这是前几届政府未能圆满完成的任务（在2016年实行了所谓的小型税收改革，即mini tax reform）。尽管存在一定分歧，斯洛文尼亚国民议会仍于10月下旬通过了政府提出的4项税收法案修正案。此次税收改革的两个主要内容是减免个人所得税和提高资本利得税。一方面，改革上调了个人所得税税率，且鉴于中等收入人群对斯洛文尼亚经济增长至关重要，降低了中等收入者的个人所得税税率；另一方面，改革提高了资本性收入个人所得税。这两项措施都受到了批评，其中所得税税率的调整受到了左翼党人的批判，而提高资本利得税则主要遭到右翼政党和企业代表反对。

经济面临的挑战

随着就业率增长和经济的稳定增长，合格劳动力短缺的问题也随之而来。尤其是在与奥地利接壤的边境地区，由于那里的斯洛文尼亚人可以直接前往奥地利并在奥地利找到薪水更高的工作，所以许多斯洛文尼亚企业很难找到劳动力。年轻人去欧盟其他国家的情况更是屡见不鲜。高科技行业也存在优质劳动力短缺的问题，一些部门难以招聘到和留住员工。由于受工资制度的限制，公共部门的一些专业机构（尤其是研究与创新部门）也难以留住合格的员工。由于工作条件不佳和工资较低等原因，建筑业、加工业和服务业也存在劳动力短缺问题。虽然股东尚未达成共识，但可以明确的是，拟议的措施为：允许高素质劳动力在法律允许范围内流动，缩短接受教育时间，防止出现双重劳动关系（尤其是在学生中）和促进人才早日进入就业市场。

限制消费贷款也引起了公众的广泛讨论。2019年11月，斯洛文尼亚银行通过实施两项附加措施，加强了对消费贷款的监管。附加措施限制了消费贷款期限，对消费贷款和住房贷款，则限制了年度偿债成本与净收入的比例。一方面，这项措施可能导致许多较贫困的家庭无法获得住房贷款，并且有许多人质疑这项措施的长期影响；另一方面，斯洛文尼亚银行表示，这项措施旨在限制银行为个人提供超出其实际还款能力的贷款。

然而，2019年暴露出的最严峻问题，是一个更加系统性的问题，即国有企业经营的战略、方法和长远眼光的问题。国有企业和原国有企业决策和管理不善的几个案例将这一问题推到了台面上。有两个例子最能说明问题，一个例子是：总部位于斯洛文尼亚的航空公司亚德里亚航空公司（Adria Airways）倒闭。2016年，这一国家航空公司被出售给德国4K投资基金。此后，该航空公司陷入了更糟糕的境地。一系列错误的商业决策导致亚德里亚航空公司被吊销执照，并在2019年10月初宣布破产。另一个例子是斯洛文尼亚龙头能源公司Petrol管理委员会的变动。值得一提的是，Petrol公司三分之一的产权为斯洛文尼亚国有。这一决定在2019年10月下旬发布，据称，该决定是在监事会和管理委员会达成一致的情况下做出的。鉴于辞职的管理层取得了不菲的业绩，这一决定出乎很多人的意料。随后的批评大多聚焦于变更管理委员会的政治压力。以这两个例子为代表的国有企业和原国有企业管理问题，引发了一场关于国有企业管理战略的讨论。有人提出，在保持国有企业部分优势的同时，应该防止政治因素干预；也有人建议出售国有企业时在战略上要保持谨慎、灵活，不仅要关注最终达成的价格，也要考量这个决定会带来的中长期后果，并且选择合适的买方。

（作者：Helena Motoh；翻译：盐芷清；校对：郎加泽仁；审核：刘绯）

第三节 2019年的斯洛文尼亚社会发展

概述

2019年是斯洛文尼亚新政府成立的第一年，在经济增长放缓、英国脱欧后欧盟的形势难以预测以及其他全球事务发展不确定的背景下，斯洛文尼亚的社会问题主要集中在医疗体系、教育和环境等方面，其中，国家在相应体系建立和监管上扮演的角色引发了诸多争论。《2019一般医疗保健协议》的通过进一步推动了医疗改革，政府也正试图执行2014年斯洛文尼亚宪法法院对私立小学公共资助问题的裁决。在可持续水资源和食物供应方面，一次危害水安全的铁路事故和多个食品安全方面的丑闻提出了更多的挑战，而废弃物管理危机则表明斯洛文尼亚在废弃物处理方面仍需要一个可持续的国家战略。

医疗问题

年初，迟迟未能开展的医疗体制改革再次成为重要议题。上届政府未能开展必要的医疗改革，而新政府高度重视并承诺加以解决。其中的主要问题之一是广受批评的保险制度。该制度由两部分构成：一为强制性保险，仅涵盖基本的医疗需求和急救服务；二为补充性保险，涵盖了更广泛的服务。补充性保险由3家垄断保险公司经营，而它们曾被指控在最高补充性保险收费上达成了卡特尔协议（cartel agreements）。左翼党（The Left）提出了一项旨在废除补充健康保险的法案，但在政党联盟多次修订下最终未获通过，而这一问题在2019年下半年再次被提出。尽管这是马里安·沙雷茨政府2018年联盟协议的一部分，但是该政府仍有可能迫于压力而维持现状。主要问题之二是全科医师紧缺。斯洛文尼亚现有的全科医师无法满足患者的需要，每名医师服务的患者人数快速增加，因而导致了2019年2月的一次危机：在达到为患者提供服务的极限后，一些医疗机构开始停止收治新患者。这些医疗机构称，超负荷运转会导致一系列后果（如患者安全、侵犯员工权利和组织问题等），并很快获得了相关组织的支持。为解决该问题，医疗领域的联合组织提出了一些建议，尤其侧重于配额变动、更加灵活的支付系统以及更为合理的人力资源规划。作为本年逐步实施的战略之一，斯洛文尼亚正在进一步吸纳邻近国家的从业医师，特别是那些来自前南斯拉夫国家（克罗地亚、波黑、塞尔维亚）的医师，语言高度相似使得这些医师与斯洛文尼亚患者几乎不存在沟通障碍。

《2019一般医疗保健协议》于当年2月获得通过，其被视为斯洛文尼亚医疗体系改革的开端。另一个紧迫的长期遗留问题（专家号候诊时间过长）也有望得到解决。此外，医疗改革亟须解决的一个重要问题，是协调公共卫生系统、特许经营权制度和私人执业制度（有时由同一个人开展这3方面的医疗服务）之间的关系。斯洛文尼亚卫生部部长萨莫·法金因私人原因于3月正式辞职引发了广泛批评，其职位由斯洛文尼亚最大医院卢布尔雅那大学医学中心（University Medical Centre Ljubljana）的院长阿莱什·沙贝德（Aleš Šabeder）接任。沙贝德面临着进一步推进医疗体制改革的重任。

私立小学资金筹措

2019年3月，当斯洛文尼亚总理马里安·沙雷茨领导的政府执行2014年宪法法院关于私立小学经费筹措的裁决时，国家与私立机构之间的关系再次引发了激烈讨论。宪法法院的裁决与《教育组织和资助法案》(the Organisation and Financing of Education Act) 有关。这部法律对公立和私立学校进行了区分，对实行义务教育的私立学校，赋予其获得85%公共资助的权利，并明确规定优先在公立学校中实行公共教育制度。《教育组织和资助法案》已于2011年和2014年就不同问题分别移交至宪法法院裁决，而两次裁决内容间出现了一些矛盾。2014年的裁决称，该法案"违反了宪法原则"。根据该宪法原则，小学教育属于义务教育并受公共资金的资助。尽管该裁决要求立法部门于1年内对该法进行相应修订，米罗·采拉尔政府在2017年的两次努力均未能就该问题达成协议。

大选后，教育部新任部长、社会民主党（Social Democrat）人士耶尔内·皮卡洛（Jernej Pikalo）尝试通过一项新提案来解决该问题，该提案可追溯到2017年提出的一项解决方案。该版《教育组织和资助法案》修正案赋予私立小学获得全额义务教育资助的权利，从而确保该法与宪法相一致。然而，上述范围之外的教育项目将无法获得国家资助。7月初，该修正案在议会获得通过，但很快被国民委员会（National Council）否决，在第二次投票中也未获通过。因此，教育部部长皮卡洛不得不重新寻找其他解决方案。2019 年 9 月，他提出了一个能够就该问题达成共识的策略。该策略旨在建立一个由各利益相关方人士组成的工作组，以便取得可能的妥协。

环境与食品安全问题

2019 年，一些环境与食品安全问题作为议题被提出。4 月，斯洛文尼亚东北部的一家废弃物回收厂再次发生火灾，致使废弃物管理这一长期性问题再次引发了激烈讨论。过去几年发生的一些类似事故导致了灾难性的后果，因此急需对相关企业运作加强有效监管。在无害废弃物回收上，垃圾焚烧厂数量不足成为 2019 年的一个严重问题。根据废弃物管理规定，可回收废弃物运至焚烧厂之前，需由城市垃圾处理中心对其进行预处理，然后再焚烧。由于斯洛文尼亚垃圾焚烧厂数量不足，不得不到国外寻找能够提供该服务的企业。然而，一些国外企业会将价格提高至不可持续的水平，再加上斯洛文尼亚垃圾焚烧厂无法应对不断增加的半处理废弃物（half-processed waste material），对健康安全构成了巨大危害。

6 月下旬，斯洛文尼亚西南部贺拉斯托列（Hrastovlje）附近隧道内发生的一起铁路事故导致了水安全危机。同时，国家发展缺乏可持续性的问题被再次提及。尽管相关部门在出轨火车车厢发生煤油泄漏后迅速采取了行动，但一些煤油仍然流至地表，危及了该地区的主要供水安全。经反复检查和采取相应措施后，这次事故最终没有成为一次危害公众健康的事件。此次事故说明，斯洛文尼亚更加有必要完善可持续发展战略。在 2019 年发生几起与肉类相关的丑闻后，食品可持续性问题也受到了关注。在一些波兰屠宰场，病畜被非法屠宰并销往整个欧洲地区，其中也包括斯洛文尼亚。同样是在 10 月，一些奥地利屠宰场的肉也被非法出售，而这些肉可能已供应给斯洛文尼亚消费者。所有这些事件使得食品可持续性问题成为人们关注的焦点。相关部门应当将食物的可持续要求提升至更高水平，以便更好地确保食品可追踪性和食品安全。

结论

在社会发展方面，医疗系统、教育经费筹措以及环境和健康安全问题在2019年尤为突出。在亟须的医疗改革以及为私立教育提供公共资助方面，严重的政治分歧使得改革的需求变得愈加模糊，所有问题也均未能得到有效解决，因而成为政府在新的一年里不得不面对的一项艰巨任务。此外，在环境方面，尤其是废弃物管理、水与食品可持续性和食品安全问题，斯洛文尼亚亟须采取更有力的总体战略，以确保更高、更智能化的可持续性，特别在未来气候变化不确定性的背景下。

（作者：Helena Motoh；翻译：何岷松；校对：郎加泽仁；审核：刘绯）

第四节　2019年的斯洛文尼亚对外关系概况

概述

2018年，斯洛文尼亚外交部的组织结构出现变化。随之，斯洛文尼亚外交政策有望调整本国与世界大国关系的平衡，尤其是与美国以及俄罗斯的关系。然而，由于2019年还发生了其他重大事件，特别是与克罗地亚的边界争端、与其他邻国的关系，以及英国脱欧、欧洲议会选举引起的欧盟内部的变化等，所以外交政策调整导致的变化并不明显。

与克罗地亚的争议

经过自2009年11月达成仲裁协议后开始的漫长过程，仲裁法院（the Arbitration Court）于2017年6月就斯洛文尼亚与克罗地亚边境划界争议做出了裁决。在仲裁过程中，双方就已出现分歧。2015年，在未经授权的情况下，在斯洛文尼亚代表、仲裁法院法官和斯洛文尼亚经纪人（Slovenian agent）之间泄露了相关机密信息。克罗地亚宣布退出仲裁进程，随后拒绝承认仲裁法院2017年裁决的法律效力。斯洛文尼亚于2017年12月底开始执行仲裁法院的裁决，但克罗地亚拒绝执行，因而导致边防卫兵和渔民在皮兰湾（Bay of Piran）发生一系列正面冲突以及两国的政治冲突。尽管斯洛文尼亚呼吁克罗地亚执行仲裁法院的裁决，但最终还是不得不依据《里斯本条约》（the Lisbon Treaty）第259条，将这一问题提交至欧盟委员会（European Commission）。欧盟委员会于2018年5月举行了听证会，但最终未能在规定的3个月内做出有理有据的决定。2018年7月，斯洛文尼亚就克罗地亚违反执行义务问题向欧洲法院（European Court of Justice）提起诉讼，称克罗地亚拒绝执行仲裁裁决的行为违反了《欧洲联盟条约》（Treaty of European Union）第2条和第4条。

2018年7月8日，在欧洲法院大审判庭（Grand Chamber）举行了首次听证会，15位法官出席了此次听证会。该案的欧洲法院总检察长是普利特·皮卡迈伊（Priit Pikamäe），由马雅·梅纳德（Maja Menard）率领的斯洛文尼亚代表团和由戈丹娜·维多维奇·梅萨雷克（Gordana Vidović Mesarek）率领的克罗地亚代表团，分别由律师让·马克·图文宁（Jean-Marc Thouvenin）和杰米玛·斯特拉特福德（Jemima Stratford）提供法律协助。克罗地亚的立场是，由于边界问题是国际问题而非欧盟法律框架内的问题，欧洲法院对此案无管辖权，并强调克罗地亚不承认仲裁法院裁决的有效性。斯洛文尼亚方面则强调，该法律诉讼与边界划定无关，仲裁法院具有约束力，自动生效的最终裁决已经解决了边界划定问题，克罗地亚拒绝执行该裁决的行为违反了欧盟法律。2018年12月11日，欧洲法院总检察长普利特·皮卡迈伊对此案发表了无约束力意见，宣布该诉讼不属于欧洲法院的管辖范围。在法官兼报告员克里斯托弗·瓦伊达（Cristopher Vajda）发表意见后，科恩·雷纳特（Koen Lenaerts）主持的大审判庭（the Grand Chamber）做出了决定。

与邻国的关系

2019年3月，由斯洛文尼亚和匈牙利政界人士发起的一系列活动引发了有关两国政治和经济关系的讨论。在所有邻国中，匈牙利与斯洛文尼亚的经济往来最少。这一情况在斯洛文尼亚—匈牙利商业论坛（the Slovenian-Hungarian Business Forum，3月27日在斯洛文尼亚莫劳斯克托普利策举行）和企业间电子商务会议上得到了解决。该活动由斯匈两国地区和国家机构联合举办，主要针对斯洛文尼亚和匈牙利欠发达边界地区的经济发展，旨在加强双边联系并提供新的商机。同时，两国政党之间的关系也在一定程度上引发了疑问，即：上述经济计划是否包含了其他政治议题。2019年，斯洛文尼亚和匈牙利的两个政党之间的紧密联系表现得尤为明显。斯洛文尼亚右翼政党斯洛文尼亚民主党（Slovenian Democratic Party，SDS）给予了维克多·欧尔班（Viktor Orbán）强大支持，当时两者都面临着来自欧洲人民党（European People's Party，EPP）的批评。欧洲人民党中止了匈牙利青年民主主义者联盟（Fidesz）的成员身份。斯洛文尼亚左翼批判性杂志《青年》（Mladina）刊载了一幅讽刺漫画——画面中欧尔班与斯洛文尼亚民主党（SDS）的3名主要政客纠缠在一起。杂志出版后，匈牙利驻斯洛文尼亚大使馆向斯洛文尼亚外交部进行了交涉，此举被斯洛文尼亚媒体和政界视为对本国新闻出版自由和内部事务的干涉。

移民非法越境导致斯洛文尼亚与意大利之间的边境管制问题日益复杂。尽管与经海路或其他巴尔干路线抵达意大利的人数相比，从斯洛文尼亚跨越陆地边界到达意大利的移民人数很少，意大利一些右翼政客仍然借此施压，其中主要包括意大利内政部部长马尔泰奥·萨尔维尼（Matteo Salvini）和弗留利—威尼斯—朱利亚大区（Friuli Venezia Giulia）主席马西米利亚诺·费德里加（Massimiliano Fedriga）。斯意两国已同意组建混合边境巡逻队，在两国边境地区巡逻并加强边境管控。即便如此，意大利右翼政客仍将此举视为开始关闭边界的一个必然过程。很多人批评组建边境巡逻队违反了申根法规，但萨尔维尼和费德里加却直言不讳地要求在两国边界设置"技术壁垒"。这一要求遭到了斯洛文尼亚和意大利政客的广泛批评。

斯洛文尼亚与奥地利的关系存在一些悬而未决的问题，其中尤为紧迫的是解决跨境企业和跨境工人面临的诸多困难，包括接受不同的减税标准和集体劳动协议（collective labour agreements），甚至被双重征税。奥地利的斯洛文尼亚少数民族地位仍然是一个挑战性的问题，其主要与充分执行双语标准、奥地利逐步减少为斯洛文尼亚少数民族组织正常运作提供的资金有关。奥地利右翼政治代表提出斯洛文尼亚应承认讲德语的少数民族的权利，要求斯洛文尼亚约2千名讲德语的居民后代（大部分是巴伐利亚中世纪封建殖民地居民的后代）也享有相应权利，并将此作为满足斯洛文尼亚提出要求的条件。与意大利一样，斯洛文尼亚与奥地利也存在边境管制问题。2015 年,奥地利重新推行边境管制措施,因而暂时避开了有关申根国之间开放边境的规章制度。但是,奥地利此后一直延长这项政策,因而引发了斯洛文尼亚方面的担忧。斯洛文尼亚与奥地利承诺将在 2019—2020 年解决这些问题,届时两国将在 2019 年 10 月正式启动的"邻国对话年"(Year of Neighbour Dialogue)框架内加强政治和文化交流。

欧盟面临的多重挑战

随着英国决定继续执行脱欧计划,特别是英国保守党(the Conservative Party)在 2019 年 12 月大选中赢得议会多数席位之后,欧盟的预期变化引起了斯洛文尼亚的关注。在英斯洛文尼亚公民和在斯英国公民的身份问题成了关注焦点,英国脱欧将给斯洛文尼亚经济和金融带来何种影响也引起了关注。尽管与英国的直接经济往来不多,作为出口导向型经济体的斯洛文尼亚仍担心会受到英国脱欧对欧盟主要经济体产生的间接影响,尤其是对斯洛文尼亚最重要的出口对象国德国。对于企业而言,英国脱欧对关税、海关法规和运输系统的影响尚不清楚;另外,英国脱欧将对欧洲金融体系的构成产生直接影响。作为欧盟预算的第三大贡献国,英国脱欧可能会对接受欧盟资助的国家产生严重影响,例如导致欧盟凝聚基金(EU cohesion funds)减少。除此之外,英国脱欧对欧盟净贡献国(net contributors)和净接受国(net recipients)的构成会产生何种影响,仍是一个未知数。

2019 年 5 月下旬,欧洲议会(the European parliament)举行选举。议会选举在一定程度上也反映出了对欧盟前景的不安全感。斯洛文尼亚的选举结果表明,左翼和右翼政党得票数相当,疑欧派政党和极端政党的得票数相对较低。右翼主权主义(right-wing sovereigntist)政党、疑欧派政党以及极左翼政党左翼党(The Left)均未在选举中获得成功。然而,在邻国,特别是在意大利和匈牙利,右翼主权主义政党和民族主义政党抬头趋势愈加显著,这被许多人视为未来该地区国家间关系的一个令人担忧的信号。

(作者:Helena Motoh;翻译:何岷松;校对:郎加泽仁;审核:刘绯)

第十六章

希　腊

第一节　2019 年希腊政治总结

在激进左翼联盟（SYRIZA）执政了 4 年半之后，希腊政坛在 2019 年终于发生变化。保守派的新民主党（New Democracy Party）赢得了 7 月 5 日举行的大选，其党首米佐塔基斯（Kyriakos Misotakis）成为新一任总理。大选带来的政坛起伏构成 2019 上半年的主旋律，相比之下，下半年则趋于平稳。新民主党政府度过了一段没有重大政治考验的蜜月期，而其成功推动立法改革、允许希腊海外侨民参与投票的措施也广受支持。

2019 年是希腊大选年。几乎所有民意调查都显示，激进左翼联盟将在大选中输给其最大反对党——新民主党，而这也在 7 月大选中成为现实。大选前希腊政坛跌宕起伏。年初，激进左翼联盟和独立希腊人党（Independent Greeks）组成的联合政府在密切合作近 4 年半后分道扬镳。这主要是因为独立希腊人党、前国防部部长帕诺斯·卡梅诺斯（Panos Kammenos）反对希腊同北马其顿共和国达成的《普雷斯帕协议》。当这一协议被提交希腊议会进行投票时，卡梅诺斯拒绝支持政府的立场。然而独立希腊人党的一些议员也未支持卡梅诺斯。他们选择离开该党以保留其在政府中的职务，这也是激进左翼联盟政府分崩离析后仍能控制政权的主要原因。

前总理阿莱克西·齐普拉斯（Alexis Tsipras）在挽救政局方面显示出了极高的技艺。在卡梅诺斯明确表示不再支持执政联盟后，齐普拉斯决定同独立希腊人党的其他议员合作，其中包括时任旅游部部长的海伦·库图拉（Elena Kountoura）和前外交部副部长特伦斯·魁克（Terens Quick）。

新民主党意识到，《普雷斯帕协议》的签订对激进左翼联盟政府造成了极大打击。因此该党在议会中投了反对票，以反对激进左翼联盟政府对诸如"国家"和"语言"等问题做出的让步。然而在赢得大选后，新民主党一改此前的反对态度，称达成该协议是北马其顿共和国加入北约和欧盟的重要前提。

由于新民主党在所有民意调查中都具有极高的支持率，2019年1月齐普拉斯面临一个窘境，即：是否需要提前举行大选。他多次表示大选会在9月或10月如期举行（在其政府任期结束后）。尽管民间广泛猜测大选将会于5月与欧洲议会大选同时举行，但当时齐普拉斯决定按原计划举行大选。齐普拉斯的支持者认为，民众的愤怒将会释放在欧洲议会大选和地方选举中，而并不会过多影响议会选举。齐普拉斯也认为，即使在欧洲议会选举中激进左翼联盟小败给新民主党，这也不足挂齿。他有信心在几个月后的议会选举中逆转颓势。在此期间，齐普拉斯始终坚信，经济持续复苏和游客大量增加给实体经济带来了积极影响，进而会使民众投票支持自己。然而齐普拉斯的判断出现了失误。新民主党在欧洲议会选举中大胜。

此次失败对齐普拉斯造成了极大打击。因此，他决定于7月提前举行大选。然而，仅仅几周的时间不足以让他改变局势。米佐塔基斯领导的新民主党在赢得5月的选举后，显然会乘胜追击并轻松赢得议会选举。7月5日公布的选票结果也证实了这一切。新民主党赢得了39.85%的选票，而激进左翼联盟只赢得了31.53%的选票。虽然相较欧洲议会大选，激进左翼联盟在此次国家议会选举中赢得了更多的选票，但新民主党最大的胜利体现在其单独执政，而无须拉拢诸如变革运动党（Movement for Change）等小党派。希腊议会最新的议席分布情况为：新民主党158席、激进左翼联盟86席、变革运动党22席、希腊共产党15席、希腊解决方案党（Greek Solution）10席、欧洲抵抗先锋党（DiEM25）9席。

希腊政坛的另一重要变化是，金色黎明党（Golden Dawn Party）未达到进入议会的3%的门槛。在2012年和2015年两次选举后，金色黎明党首次未能获得席位。落选的主要原因是希腊经济相比2012年和2015年时明显好转，因此民众不会通过支持一个极端政党来表现自己对主流政党的愤怒。此外，该党主张的极端措施被国内外媒体广泛曝光。

米佐塔基斯领导的希腊新政府拥有多达51名内阁成员，还包括了一部分技术官僚和非新民主党人士。主要内阁成员如下：副总理帕纳约蒂斯·比克拉梅诺斯（Panagiotis Pikrammenos）、国务部部长乔治·耶拉佩特里蒂斯（Giorgos Gerapetritis）、国务副部长阿基斯·斯凯尔佐斯（Akis Skertsos）、财政部部长赫里斯托斯·斯泰库拉斯（Christos Staikouras）、外交部部长尼科斯·登迪亚斯（Nikos Dendias）、国防部部长尼科斯·帕纳约托普洛斯（Nikos Panagiotopoulos）、公民保护部部长米哈利斯·赫里索希季斯（Michalis Chrisochoidis）、发展和投资部部长斯皮里宗·阿佐尼斯·乔治亚季斯（Spyridon-Adonis Georgiadis）、文化和体育部部长莉娜·门佐尼（Lina Mendoni）。为应对难民危机，米佐塔基斯决定在2020年重新改组移民部，由诺蒂斯·米塔拉基斯（Notis Mitarachis）领导。

多年以来，处于经济危机中的希腊政治缺乏稳定性。新民主党胜选和拥有的158个议席，以及显而易见将圆满完成的4年任期，这三大因素将结束人们对希腊政治不稳定的担忧。尽管与土耳其关系恶化等不确定因素会对政局造成影响，但新民主党的胜选将在希腊经济复苏过程中扮演重要角色。米佐塔基斯总理在国内发表讲话以及同外国元首会见时，始终强调"政治稳定"的重要性。尽管在推行改革方面希腊一向迟缓，但国际市场正在对希腊重拾信心。

2019年下半年，新民主党政府相对平稳。除与土耳其的关系紧张外，并未发生其他较大的政治博弈事件。这是因为，新政府一般都会经历一段时间的"蜜月期"。而最大反对党（激进左翼联盟党）党首齐普拉斯在此段时间保持了低调。毕竟，在刚刚经历了三连败后去挑战米佐塔基斯总理领导的新民主党是不明智的。齐普拉斯的首要目标是重组政党，以赢得下一次大选。在激进左翼联盟获得31.53%的支持后，他在党内的地位很难被撼动。当然，这并不意味着不会出现其他意见和批评。可以肯定的是，前总理齐普拉斯领导的激进左翼联盟是希腊政坛中左翼政党的中坚力量。

在国内政治处于稳定之时，希腊议会于12月通过了允许海外希腊侨民参与选举投票的法规。希腊海外侨民参与投票有三个条件：拥有希腊税号、在上一纳税年填交过报税单、过去35年曾在希腊本土至少逗留过2年。当前希腊政府的目标是争取各党派的广泛支持。因此，在起草海外侨民参与投票提案的过程中，新民主党接受了其他党派的一些建议。最终，有288名议员投票支持了该议案。

总之，齐普拉斯未将国家议会选举和欧洲议会选举安排在同一天举行，这是一个重大失误。新民主党在欧洲议会选举中获胜，迫使齐普拉斯不得不在7月提前举行大选。最终，新民主党再次轻松胜选，获得了158个议席并单独执政。2019年下半年的挑战有限，新政府在2020年将面临艰巨的任务。激进左翼联盟需要在新的一年里及时纠正错误，重新打造一个新的中左政党形象。

（作者：George N. Tzogopoulos；翻译：潘梓阳；校对：马骏驰；审核：刘绯）

第二节　2019年的希腊经济

2019年是希腊大选年。激进左翼联盟（SYRIZA）政府为使选民满意而采取的一些经济措施成功缓解了严峻的经济形势，并最终使希腊没有脱离实现既定财政目标的轨道。赢得7月大选的新民主党政府保留了这些措施，但进一步压缩了预算。同样，新民主党也在继续努力实现私有化。希腊经济的进展得到了欧盟和国际货币基金组织的认可。当前希腊仍处在债权人的监督下，但相关条件更加灵活。

希腊在2018年8月退出了救助计划。根据第472/3013条法规的规定，政府的经济政策继续接受增强型监管框架（Enhanced surveillance framework）和欧洲学期（European Semester）的机制监管。具体来看，欧洲学期机制使希腊能够与欧盟委员会开展合作，以确保实现既定的公共财政目标。第472/3013条法规下的增强型监督框架，旨在通过支持后救助计划时代的改革，以促进希腊经济正常化。欧盟在2019年仅于2月公布了一次希腊国别报告，却分别于2月、6月和11月公布了3次监管报告。

欧盟委员会最新数据显示，希腊2019年经济增长率将达到1.8%，其中消费和投资对经济增长的贡献最大。或许国家大选给经济带来了不稳定性，上半年希腊经济增长率仅为1.5%；此外，就业率有望提高2%，而失业率将从2018年的19.3%降至17%。10月的失业率更是从9月的16.8%降至16.6%，这一水平是2011年以来的新低。值得一提的是，就业率的上升有季节性就业红利的影响。希腊劳工和社会福利部的数据显示，2019年10月失业人数达到12.5668万人，创下了2001年以来的新高。

2019年希腊房价飙升，成为欧盟内房价涨幅最大的国家。希腊中央银行数据显示，希腊房价在第一季度同比增长5.3%，在第二季度达到了7.7%。此外，1—9月全国房价上涨了7.4%，其中雅典地区房价上涨了10.3%，市中心附近的Ambelokipi地区房价最高。相比之下，2018年全国房价增长率仅为1.8%。更多的外国资金为购买房产和短期租赁而涌入，导致2019年希腊房价飙升。

目前，希腊政府正逐步实现2019年占GDP3.5%的财政盈余目标。新政府延续了上一届政府采取的若干经济措施，例如：13个月的养老金制度计划、降低税基和降低增值税等。新民主党政府还决定调整偿还债务的方式、减少征收房产税，并推迟对新建房屋征收增值税。此外，新民主党政府还压缩了预算。因而，希腊债权人预计，希腊的财政盈余将比3.5%的原定目标高出0.3%。

希腊银行业的流动性有所提高。2019年前三个季度，银行存款总额上升了3.5%，紧急流动性救助资金已全部偿还。更重要的是，正如希腊中央银行行长扬尼斯·斯图纳拉斯（Yannis Stournaras）在8月提到的，希腊的资本管控已解除，这将使希腊国民经济回归常态。由于此前激进左翼联盟—独立希腊人联合政府未能同债权人就财政改革计划达成一致，希腊资本管控自2015年7月开始实施。前总理齐普拉斯就此曾进行过全民公投。当时财政部部长扬尼斯·瓦鲁法基斯（Yanis Varoufakis）也曾宣布关闭银行，以防止民众大规模挤兑。这或许是希腊经济危机中最为戏剧性的一幕。

此外，新民主党政府决定提高公共收入管理局（Independent Authority for Public Revenue）的人员配置水平和行政能力。政府承诺将继续推行机构改革，以招募资质更高的员工并分配所需预算。但在结构性改革方面，往年常见的一些问题再次出现。例如：电子拍卖在实施方面取得了一些进展，但大多数交易被取消或暂停。法院积压的家庭破产案件数量仍较多，且仍远落后于计划目标。与此同时，新民主党政府大力推进私有化进程，包括出售雅典国际机场、部分港口及国有天然气公司30%的股份，以及转让希腊埃格纳蒂亚公路项目等，但效果还有待观察。新民主党政府还计划出台救助国有电力公司的方案。能源部部长科斯蒂斯·哈齐扎基斯（Kostis Chatzidakis）表示，希望能够借此提高能源领域的公共收入。

新总理米佐塔基斯表示，需要实行具有更高目标的计划，才能让希腊经济恢复可持续增长。因此，总理办公室宣布，将成立一个由一些具有市场知识和经济政策制定经验的知名经济学家组成的专业小组。该小组将由伦敦经济学院教授、诺贝尔奖得主克里斯托弗·皮萨里德斯（Christopher Pissarides）担任组长，经济与工业研究基金会总干事尼科斯·维塔斯（Nikos Vettas）担任副组长。小组的其他成员包括：伦敦经济学院教授迪米特里斯·瓦亚诺斯（Dimitris Vagianos）、耶鲁大学教授科斯塔斯·梅吉尔（Costas Meghir）。目前不确定的是，该小组起草的计划是否会和前政府的计划有所重叠。

总之，虽然欧盟和IMF在希腊后救助时期的2019年内发挥的作用有限，但与各方都有紧密的联系。与欧盟相比，IMF对希腊经济前景可能持更加怀疑的态度。虽然IMF2019年度报告聚焦希腊经济重回增长，但也关注了公共投资低等问题。鉴于此，为确保未来能够应对挑战，希腊经济需要实施更彻底的改革。

（作者：George N. Tzogopoulos；翻译：潘梓阳；校对：马骏驰；审核：刘绯）

第三节　2019年的希腊社会情况

激进左翼联盟和独立希腊人党联合政府呈现疲态，这在2019年尤为明显。大多数希腊人希望更换政府，并在7月的大选中将选票投给了新民主党。对激进左翼联盟不满，并不必然意味着这些人会拥护新民主党，但后者的确经历了一段少有批评声音出现的"蜜月期"。多数希腊人对新任政府的表现表示满意，并接受了诸如反吸烟令在内的新法规。民众尽管仍对希土关系感到担忧，但似乎接受了现任政府对当前状况的处理方式。

2019年，希腊政府进行了换届选举。新民主党赢得了大选并将独立执政4年。尽管新民主党以39.85%的支持率赢得大选，但这并不意味着希腊社会将变得保守，因为激进左翼联盟也赢得了31.53%的支持率。此外，激进左翼联盟对希腊造成的政治伤害并不意味着希腊人将不会投票给其他中左翼政党。例如，在此次选举中变革运动党获得了8.10%的选票。由前财政部部长亚尼斯·瓦鲁法基斯（Yanis Varoufakis）创立的欧洲抵抗先锋党（DiEM25）也赢得了3.44%的选票。其他未达到3%门槛的中左翼政党也赢得了部分支持。

在地方选举、欧洲议会选举和国家议会选举同时进行的选举大年（2019年）中，人们有更多机会表达意见，因此游行示威和罢工等公众抗议活动较少发生。新政府的表现能否让民众满意以及满意到什么程度，均值得关注。最近的民调则揭示了其他一些发展趋势。由一家民调公司11月进行的一项民意调查显示，63%的人认为希腊正朝正确方向前进，而31%的人持相反看法。该公司在4月进行的调查则得到了完全不同的结果，即30%的人认为希腊走在正确的道路上，61%的人持相反观点。11月和4月的民调结果形成了极大反差。11月的民调表明，对自己的经济状况感到满意的人小幅增加，从4月的13%到了11月的14%。除此之外，在两次调查中均有47%的人认为他们的经济状况属于平均水平。

在12月的民意调查中，新民主党获得了40.5%的支持率，遥遥领先于其他政党。激进左翼联盟仅拥有23%的支持率、变革运动党5.3%、希腊共产党5.1%、希腊解决方案党4.5%和欧洲抵抗先锋党3%。在党首的支持率方面，新民主党领导人、总理米佐塔基斯获得49.9%的支持率，而激进左翼联盟领导人、前总理阿莱克西·齐普拉斯的支持率为16.8%。有29.8%的人认为没有人适合领导希腊。在针对部长的调查中，大多数希腊人对各部部长的工作感到满意。外交部部长尼科斯·登迪亚斯（57%）和公民保护部部长米哈利斯·赫里索希季斯（56.5%）得到了最高的支持率。国务部部长乔治·耶拉佩特里蒂斯（40%）和卫生部部长瓦西利斯·基基利亚斯（45%）的支持率最低。同时，民调还表明，70.5%的希腊人对反对党激进左翼联盟的政策主张不满意。

当选总理后，米佐塔基斯需要就是否继续提名普罗科比斯·帕夫洛普洛斯（Prokopis Pavelopoulos）为总统做出重要决定。民调显示，44.8%的希腊人支持帕夫洛普洛斯连任总统，而41.1%的人认为应该选出新的总统。外界普遍猜测，米佐塔基斯将会提名新的总统候选人。在可能的候选人中，科斯塔斯·卡拉曼利斯（Costas Karamanlis，26%）、安东尼斯·萨马拉斯（Antonis Samaras，11.2%）获得了较高支持率。30.4%的希腊人倾向于提名未被媒体广泛讨论的人选。最终，米佐塔基斯提名卡特里娜·萨克拉罗普卢（Aikaterini Sakellaropoulou）为总统候选人。

多年来，外交政策都是影响希腊民意的重要因素。尤其是在2019年，《普雷斯帕协议》的签署再次证实了这一点。上一届政府与北马其顿共和国进行了艰苦的政治谈判，也造成了希土关系紧张，而新民主党侥幸躲过了这一劫。民意调查显示，59.2%的希腊人认为未来一年希土之间会爆发小范围冲突，而对希土关系相对乐观的人占35.1%。另一家民调公司的调查结果显示，61%的希腊人担心土方会采取挑衅举动，54%的人认为政府处理希土关系得当，34%认为不得当。在认为得当的受访者中，81%是新民主党的支持者；在认为不得当的受访者中，54%是激进左翼联盟的支持者。由此可见，民意两极分化明显。

《普雷斯帕协议》的签署和希土关系的恶化影响了媒体舆论。希腊此前面临的核心问题是经济问题，但这一趋势在2019年出现变化。各大报纸的头版头条都集中报道爱琴海和东地中海地区的紧张局势。媒体讨论的话题是：向国际法庭提起上诉对希腊是否有益、是否能阻止与土耳其可能发生的小范围冲突。

另外，希腊社会普遍接受允许警察进入大学校园的新规定。禁止警察进入大学校园是先前执行的一项法规，旨在从理论上保护思想自由。而这一法律现在被废除。民意调查显示，66%的人接受这一改变，23%的人不接受。显然，民意在此问题上出现了很大分歧。在新民主党的支持者中，有93%的人支持这一改变；而在激进左翼联盟的支持者中，有40%的人反对这一改变。此前的法规确实造成了一些不良后果。雅典经济和商业大学（University of Economics and Business）内发生的袭击事件就是例证。

希腊社会也普遍接受了政府再次实施的禁烟令。新政府决定监管人们是否遵守禁止室内吸烟的法规，并设立了热线电话（1142），以方便民众对室内吸烟行为进行监督举报。在上文提及的民调中，75%的希腊人接受禁烟令，87%的新民主党的支持者、66%的激进左翼联盟的支持者支持这一法规。此外，64%的吸烟者和86%的非吸烟者也表达了支持态度。米佐塔基斯总理对比表示："我们的敌人并非吸烟者，而是烟草本身。"

总之，向保守派政府的转变是民众在经历激进左翼联盟和独立希腊人党联合执政4年半后的自然反应。2019年下半年，新民主党享受了所有新上任政府都会经历的"蜜月期"。在这段时期内，民众对政府新政的满意度很高。然而，希腊社会在诸如希土关系等重要问题上意见分歧很大。总体来看，由于2019年举行了多次选举，希腊民众获得了更多的表达机会，且社会相对平稳。

（作者：George N. Tzogopoulos；翻译：潘梓阳；校对：陈思杨；审核：刘绯）

第四节　2019年的希腊外交政策

2019年是见证希腊外交政策重大发展的一年。相继进行的重大活动包括：签订《普雷斯帕协定》，与以色列和塞浦路斯召开第六次三边首脑会议，基里阿科斯·米佐塔基斯总理访问法国和德国，美国国务卿迈克·蓬佩奥访问希腊，中国国家主席习近平访问希腊，以及希腊外交部部长尼克斯·登迪亚斯访问俄罗斯。此外，土耳其采取了强硬的外交政策来对抗希腊，土耳其和利比亚签署的专属经济区划界协议使地中海局势出现重大变化——体现了土耳其政府为防止其被排除在相关能源交易之外而不惜违反国际惯例的决心。

2019年可以以7月5日全国大选划分成前、后两个部分。上半年，激进左翼联盟政府在其执政伙伴右翼政党独立希腊人党决定收回此前的支持态度后，着手筹备《普雷斯帕协议》。时任外交部副部长乔治·卡特鲁加洛斯（George Katrougalos）认为，该协定不仅与希腊和北马其顿有关，也向东南欧其他国家发出了和平解决该地区各类冲突的明确信号。《普雷斯帕协定》为北马其顿加入北约和欧盟铺平了道路（尽管几个月后法国总统决定推迟欧盟在西巴尔干国家的扩大进程）。该协议签订后，希腊又申请加入"17+1"合作倡议。最终希腊于4月在克罗地亚中国—中东欧国家领导人会晤期间成为"17+1"合作倡议的一员。

3月底，希腊参加了与以色列和塞浦路斯共同主办的三边首脑会议。上一届会议于2018年12月在贝尔谢巴（Beersheba）举行。本届会议则在耶路撒冷举行。本届会议最大的特点在于美国国务卿迈克·蓬佩奥的出席。美国原本就赞成在东地中海建立希、以、塞三边合作机制，而蓬佩奥的出席使美国的支持得以落实。美国的兴趣主要在于对黎凡特盆地（Levantine Basin）的天然气勘探。如能发现天然气，不仅可以带来商机，还可以保障能源安全。美国要求其合作伙伴推行多元化政策，即西方国家从那些由美国认定的安全来源（例如黎凡特盆地）进口的能源越多，这些国家对俄罗斯的依赖就越少。

这三个国家（尤其是希腊和以色列）可以从这一良好势头中获益。三国还讨论了"一带一路"倡议在东地中海的实施以及中国投资的进展。希腊和以色列对中国企业都非常感兴趣。上海国际港务集团（SIPG）已与以色列政府签署了一项协议，从2020年开始运营海法港（Haifa Port）。该集团与中国远洋运输集团合作促进集装箱运输业务的发展。在中国被西方视为竞争对手的特殊时期，中远集团在比雷埃夫斯港口的成功投资对西方构成了挑战。

2019年上半年以一场重要的会议结束。6月，乔治·卡特鲁加洛斯升任外交部部长后，在圣彼得堡与俄罗斯外长谢尔盖·拉夫罗夫（Sergey Lavrov）会面。会议在第二十三届国际经济论坛（23rd International Economic Forum）期间举行。在希腊做出将4名俄罗斯外交官驱逐出境的决定大约1年后，双方试图使双边关系回归正常。2018年12月，希腊前总理阿莱克西·齐普拉斯访问莫斯科，与弗拉基米尔·普京总统商讨关系正常化问题。尽管希腊和俄罗斯发生了严重的外交危机，但两国仍拥有诸多共同点，即因历史和宗教原因缔结了长久的友谊。此外，2017年希腊与欧亚经济委员会（Eurasian Economic Commission）签署了联合声明。鉴于媒体做出了积极的反响，卡特鲁加洛斯谈及了多维外交政策的丰硕成果。

较为保守的新一届希腊政府于2019年7月上台，期望为希腊"重返"欧洲做出贡献。在此背景下，新任总理基里阿科斯·米佐塔基斯在当选几周后便于8月启程前往法德两国。米佐塔基斯试图向欧洲最强大的伙伴表明：希腊已经从经济危机中恢复过来，在他的总理任期内，希腊的国际形象将得到显著改善。在巴黎会见法国总统时，两人谈到了投资、气候变化、失业、塞浦路斯问题以及欧盟成员国共同面临的挑战。此外，两位领导人还提到了文化交流问题，重点讨论了卢浮宫的帕特农神庙雕塑。

法国总统埃马纽埃尔·马克龙同意在2021年，也就是希腊1821年独立战争两百周年庆典之际将卢浮宫的帕特农神庙雕塑借给雅典卫城博物馆展览。

希腊总理在德国访问期间会见了德国总理安格拉·默克尔，并希望她能帮助处理土耳其在塞浦路斯专属经济区的非法行为。希腊总理表示，解决该事件既可以改善难民在希腊的生活条件，也可以加速将难民遣返回土耳其。希腊和德国最终就确保有效执行2016年欧盟—土耳其协议达成一致。

美国国务卿蓬佩奥访问希腊是10月的大事件。在蓬佩奥访问期间，希腊和美国签署了新的国防合作协议，其主要内容包括：对苏达湾港口（Souda Bay）的使用，对亚历山德鲁波利斯港口（Alexandroupolis）部分区域的使用，在希腊中部地区建立直升机训练基地，以及希腊武装部队对美国无人驾驶飞机的使用。美国借此扩充了其在希腊的军事力量。蓬佩奥在公开讲话中警告希腊与中国开展密切合作的风险。他在演讲中表示："我相信希腊人民和希腊政府将在何时、如何以及是否接纳中国投资这一问题上做出正确的决定。"这是华盛顿首次公开批评希腊与中国的友好合作。

然而对于中希关系而言，11月是历史性的一页。在短短的几天内，米佐塔基斯与习近平主席在上海和雅典进行了两次会晤。希腊总理重视中国与希腊的关系并决心进一步加强联系。习近平主席在对希腊进行国事访问期间传达了将双边合作伙伴关系提升到新高度的信号。这也是时隔11年后中国领导人再次对希腊进行国事访问。虽然希腊和中国都处在"一带一路"之上，但这并不意味着希腊准备挑战其传统的外交政策。中希关系的发展处于希腊和美国双边关系的战略新高度时期。经济利益与地缘政治选择不能相互混淆。

最后，希腊新任外交部部长尼克斯·登迪亚斯于11月前往莫斯科与拉夫罗夫进行首次会晤。登迪亚斯希望这次会晤能够开启希腊与俄罗斯双边关系的新篇章。两位部长签署了《2020—2022年希腊—俄罗斯协商计划》（2020–2022 Programme of Greek-Russian Consultations）。该计划规定了在官方和政治层面的各类定期会谈。登迪亚斯在接受俄罗斯国际新闻通讯社（RIA Novosti）采访时重点强调了希腊的立场："俄罗斯是欧洲安全体系的一个内在组成部分。"这表明希腊愿意支持那些旨在改善欧盟与俄罗斯关系的倡议。与此同时，雅典还关注土俄之间关系的改善以及这一转变对东地中海地区稳定的影响。

在开展上述外交活动的同时，希腊在整个 2019 年都高度关注土耳其船只侵犯塞浦路斯专属经济区的动态。土耳其对叙利亚采取的果断外交政策进一步惊动了希腊政府。米佐塔基斯和土耳其总统塔伊普·埃尔多安（Tayyip Erdogan）进行了两次会晤（9 月在联合国大会期间，12 月在北约峰会期间）。第二次会晤尤其矛盾重重，因为它发生在安卡拉和的黎波里签署谅解备忘录之后。该备忘录对土耳其与利比亚在地中海的专属经济区进行了划分。11 月和 12 月，土耳其战机不断侵犯希腊领空，引发了公众对爱琴海以及整个东地中海希土冲突升级的担忧。在向国际社会阐释该谅解备忘录非法性质的尝试中，希腊结束了 2019 年的外交任务。

（作者：George N. Tzogopoulos；翻译：李佳祺；校对：马骏驰；审核：刘绯）

第十七章

匈牙利

第一节 2019年匈牙利政治回顾

2019年，匈牙利国内政治在很大程度上受到了5月欧洲议会选举和11月地方选举的影响。这两次选举对民主联盟（DK）和动量运动党（Momentum）十分重要，并使它们成为2019年的主要赢家。与此同时，青民盟—基民盟（Fidesz-KDNP）也稳固了其执政基础，即：积极的经济发展趋势，有利于家庭的激励措施，以及温和且可信的竞选口号。本节将聚焦于这些选举的结果及其引发的政治格局变化。

匈牙利的欧洲议会选举及其结果

匈牙利43.7%的合格选民（共计340.9785万人）参与了2019年5月26日的选举。在匈牙利欧洲议会选举史上，此次选举的参与率为最高（2015年为28.92%、2011年为36.1%）。执政党青民盟—基民盟在欧洲议会赢得了13个席位，获得了52.14%的选票，较4年前更为成功，因为上次选举只赢得了12个席位。最成功的反对党是拥有4个席位的民主联盟，获得了16.26%选民的支持，相比于4年前2个席位的成果也取得了进步。动量运动党第一次有资格参选并赢得了欧洲议会的2个席位。社会党—对话党联盟（MSZP-Párbeszéd）和尤比克党（Jobbik）分别获得了1个席位，公众支持率都很低。4年前，它们都取得了更好的成绩：2014年，社会党有4个席位，尤比克党则有3个席位。

表 17—1　各党派在 2019 年欧洲议会选举中的支持率（%）

青民盟—基民盟	尤比克党	社会党—对话党联盟	"政治可以是另一个样"党	民主联盟	动量运动党
52.14	6.44	6.68	2.19	16.26	9.9

资料来源：笔者整理。

2019 年 5 月，观察人士尚不确定反对党支持率的这种转变是一次性的，还是长期发展趋势的第一个迹象。现在回顾这一整年的发展，可以发现这种突然的变化与以前相比似乎是持久和根本性的。然而，目前还不能准确预测未来的发展，因为执政党很可能会就此采取措施。

另一个可能会给匈牙利国内政治和对外关系带来长期影响的关键因素是关于青民盟—基民盟在欧洲人民党成员身份的激烈辩论。在欧洲议会选举之前，匈牙利的政治辩论围绕着将青民盟—基民盟驱逐出欧洲人民党的话题展开。这一事件曾是竞选活动的一个重要部分，迄今仍未结束。虽然这场辩论并没有对执政党的支持率造成严重影响（支持率反而大幅上升），但其欧洲人民党成员身份可能会影响该党在欧洲议会中维护自身利益。

如上文所述，更重要的一点是，欧洲议会选举重塑了反对党阵营中的权力关系。两个曾不太重要的政党得到了越来越多选民的支持。从表 17—2 的数据可以看出，匈牙利政治格局的这些变化可能是根本和永久性的。青民盟—基民盟基本维持了其支持率，尤比克党、社会党和"政治可以是另一个样"党的实力则因民主联盟和动量运动党支持率的突然上升而被大大削弱。民意调查机构 2019 年的两次预测出人意料地不准确，对欧洲议会和地方选举的结果均未做出正确的预测。

表 17—2　各政党在合格选民中的支持率（%）

	青民盟—基民盟	社会党	尤比克党	"政治可以是另一个样"党	对话党	民主联盟	动量运动党
2019 年 1 月	32	7	11	3	1	5	4
2019 年 11 月	32	5	6	1	1	9	8
变化	0	−2	−5	−2	0	4	4

资料来源：笔者根据益普索（Ipsos）公司调查结果整理。

匈牙利的地方选举

地方选举于 2019 年 10 月 13 日举行。选举结果坐实了青民盟—基民盟的执政党地位。与 2015 年地方选举相比，2019 年的总票数和参与率均有所增加。但是，支持反对党的选票在地区分布上更加集中，因此反对党候选人在布达佩斯市、布达佩斯的各个区以及其他几个城市的选举中取胜。另一个与以往选举的显著区别是，反对党在竞选期间形成了合作，从而集中了力量。他们采取的策略是不与其他反对党候选人竞争，只与青民盟—基民盟的市长和地方候选人竞争。这一策略被证明是成功的。在 2019 年 10 月，青民盟—基民盟布达佩斯市长候选人获得了比 4 年前（29.0675 万票）更多的选票（30.6608 万），但他仍未当选。

地方选举之后，就如何解释选举结果展开的政治辩论十分激烈。反对党的新闻门户网站将本次选举称为"反对派压倒性的胜利"，而其他媒体网站则提及了表 17—3 中的数据（票数、占比等），后者的做法更加低调和微妙。久尔市前市长丑闻的曝光使得对选举结果的最终解释愈发复杂。久尔市市长因此辞职，新的选举将在该市举行。

表 17—3　　　　　　　　2019 年匈牙利市政选举结果

	青民盟—基民盟		反对党	
	票数（万）	占比（%）	票数（万）	占比（%）
州	136.4048	57.23	97.9056	41.08
州级市	34.6385	49.08	33.2408	47.10
首都	30.6608	44.10	38.4565	55.32
总计	201.7041	53.30	169.6029	44.82

资料来源：HVG.hu。

从更广泛的角度来看，可以认为，迫使反对党之间进行合作所造成的局面已变得更加复杂，主要有三个原因。

——虽然反对派的合作在首都的竞选中行之有效，但不意味着这种合作可以继续下去，因为这些政党的政治理念和措施差异极大。

——事实上，如果继续合作，情况会变得更糟，因为反对党很容易受到执政党的攻击。执政党可以说，这些政党只顾及权力和政治立场，而不在意原则。

——布达佩斯新市长和反对党代表面临的第三个挑战是，必须与中央政府在财政方面做出一定的妥协，以便执行计划和履行在竞选期间所做出的承诺。税收收入是在高度集中的制度下征收的，因而意味着匈牙利地方政府的财政独立性一直很弱（2017年，地方政府只征收了总税收的5.8%）。换言之，地方政府在财政上必须依赖中央政府，因此可能会被迫放弃某些想法。

总结

匈牙利2019年的政治格局导致反对党阵营发生了激烈的变化。民主联盟和动量运动党从这一剧变中受益颇丰。然而，目前尚无法明确致使匈牙利政治格局发生这一重大转变的真正原因。只能推测，目前社会党和"政治可以是另一个样"党的党内分歧和领导不利是两党支持率下降的真正原因。但必须补充的是，不进行相关研究，很难找到这些推测的科学依据。

不难看出，执政党基本能够在匈牙利的大部分地区保持其领先的政治支持率。与此同时，执政党在市政选举中的战果不佳也表明，动员青年一代支持青民盟—基民盟愈发困难。该党的政治主张并不总是能够在年轻选民中引起强烈共鸣。一些政治评论家指出，青民盟—基民盟试图通过赋予年轻政客，特别是女性政客重要的政治职务来解决这一问题。而这些措施是否足以在未来稳定该党的支持率，还是个未知数。

（作者：Csaba Moldicz；翻译：刘卓尔；校对：马骏驰；审核：刘绯）

第二节　2019年匈牙利经济增幅居欧盟成员国之前列

2019年匈牙利经济增长十分强劲，年增长率预计为5%，涨幅在欧盟中位居前列，很可能超越了欧盟和其他经济研究机构的预测。这种快速增长是多个潜在因素共同作用的结果：制造业迅速发展，服务出口不断增加，欧盟转移支付和国家计划都致力于促进经济繁荣。与此同时，匈牙利通货膨胀在可控范围内，年度通货膨胀率为3.3%左右，而且这并非匈牙利央行干预的结果。2019年匈牙利税收收入很高，有助于达成1.8%的公共债务目标，能够进一步降低公共预算赤字。但问题是，匈经济政策应该如何实施以及盈余将用在何处。2019年匈经济增长呈平衡状态，预计国际收支占GDP的比重为2.4%。本节将分析以下领域的主要趋势：经济增长、通货膨胀、贸易、投资和公共预算。

2019年匈牙利经济增长的决定因素

匈牙利经济研究院（GKI）和世纪之末研究院（Századvég）对该国2019年GDP增长率的预测分别为4.9%和4.8%，而欧盟委员会和国际货币基金组织的预期为4.6%。匈牙利央行2019年10月发布的通货膨胀报告显得尤为谨慎，预估2019年GDP增长为4.5%。

表17—4　　　　匈牙利GDP增长预测及增长因素

	2019 GDP增长预测（%）	增长的主要因素
匈牙利中央银行	4.5	·个人消费增长 ·企业投资扩大 ·制造业发展 ·建筑业繁荣
欧盟委员会	4.6	
国际货币基金组织	4.6	
经合组织	3.9	
匈牙利世纪之末研究院	4.8	
匈牙利经济研究院	4.9	

资料来源：笔者整理。

上述预测强调并说明了经济快速发展的原因。

——世纪之末研究院和匈牙利央行预计个人消费的增长将达到4.9%左右；

——匈牙利央行表示，向家庭和企业贷款增加是个人消费增长的主要原因之一；

——世纪之末研究院指出，可支配收入大幅增加的另一个原因是税后时薪和工资上涨约7%；

——投资的年增长率预计在15%左右,对经济的快速发展做出了重要贡献,这在各研究机构的分析中是最常见的因素;

——匈牙利经济研究院表示,制造业规模迅速扩大、服务出口增加、欧盟转移支付和国家计划的支持都是经济增长的主要原因;

——据匈牙利央行和欧盟委员会分析,匈牙利国内建筑业蓬勃发展是促进经济增长的重要因素;

——欧盟委员会强调,汽车产业复兴是匈牙利GDP快速增长的关键因素。

价格的稳定性

匈牙利经济研究院的数据显示,该国的通货膨胀率(与欧洲平均水平相比)相对较高,但处于可控范围内。世纪之末研究院指出,通货膨胀率已超出目标(目标为3.0%),但低于国家干预的警戒点(4.0%)。到2019年5月为止,匈牙利通货膨胀率一直呈上升趋势,并达到3.9%;但由于2019年8月油价下跌,通货膨胀率下降至3.1%。多个研究机构的预测和分析都强调了该指标剧烈波动的情况。世纪之末研究院预测的通货膨胀率略高(为3.4%)。他们认为,目前油价无法预测,同时该国货币疲软也导致匈牙利通货膨胀压力增大。

表17—5　　　　　　　2019年年度通胀率预测　　　　　　　单位:%

匈牙利中央银行	3.3
欧盟委员会	3.1
匈牙利世纪之末研究院	3.4
匈牙利经济研究院	3.3
国际货币基金组织	3.2
经合组织	3.0

资料来源:笔者整理。

欧盟委员会的秋季经济预测则显得更为乐观,预测2019年匈牙利的年通胀率为3.1%。欧盟委员在分析中指出,除油价波动外,强劲的消费增长、宽松的消费环境以及工资上涨是决定通货膨胀趋势的核心因素。

匈牙利央行表示，在世界经济需求低迷时，匈牙利国内需求却十分旺盛，这会对通货膨胀趋势造成反向影响。但由于欧元区经济放缓，通货膨胀率预计将稳定在3.0%左右。匈牙利央行和财政部曾就经济政策展开辩论，探讨停滞的欧元区经济将如何影响匈牙利经济的发展。匈牙利央行称，德国和匈牙利的经济联系仍然牢固，溢出效应不可避免。

国际收支和公共预算收支情况

2019年下半年，匈牙利国际收支顺差占GDP的比重为1.6%，经常账户赤字为1.1%，而资本账户的盈余为2.7%。大量的货物进口和库存积累是造成经常账户赤字的原因，而强劲的服务出口和外国直接投资弥补了经常账户的赤字。2019年第二季度，匈牙利的净外债占GDP的8.8%，而外债总额占GDP的58.8%。

表17—6　　　　　　　　　　2019年收支预测　　　　　　　　单位：%

	经常账户收支	一般政府收支
匈牙利中央银行	-0.9	1.8
欧盟委员会	-1.2	1.8
匈牙利世纪之末研究院	0.0	1.6
匈牙利经济研究院	—	1.8
国际货币基金组织	0.5	1.9
经合组织	0.0	2.0

资料来源：笔者整理。

从表17—6中可以看出，不仅预测与实际经济增长和通货膨胀情况有所不同，而且各个机构的预测数值也有很大差异。需要补充的是，匈牙利央行的预测数据是最新发布的，且与实际情况最接近。尽管各个机构的预测不同，但都提供了相似的解释。

——大量外国直接投资的流入可以抵消经常账户收支的恶化；

——新的制造业产能与匈牙利的出口情况密切相关；

——货币贬值将再次促进出口；

——内需下降和工资增长放缓有助于重新平衡经常账户。

从外部融资角度看，虽然个人家庭和企业的净融资状况有所恶化，但形势仍旧良好，公共财政的融资状况大幅改善。一般政府收支的目标为GDP的1.8%，很容易实现。此外，一些分析还指出，赤字能否进一步减少，仅取决于预算中的储备金是否会全部用完。

总结

根据欧盟统计局的最新数据，与2018年同期相比，2019年第三季度匈牙利经济增长了4.8%。该数据表明，匈牙利是目前欧盟中经济增长最快的国家，但目前进行比较尚缺少其他国家的数据。这种经济快速增长在近年来尤为典型，是追赶西欧进程中的首要前提条件。1990年以来，追赶进程一直是各国政府经济政策议程中的重中之重，但匈牙利在2010年之后才有了真正的进步。自2010年，与欧盟平均水平相比，匈牙利按购买力平价计算的人均GDP从65%上升至70%，提高了5个百分点。

为追赶西欧国家，匈牙利经济需要资本和技术，这已成为匈经济学家的共识。然而，多元化在"原始资本和技术"中的重要性仍未有定论。从长远来看，多元化的投资和贸易关系，其中向亚洲国家，尤其是对中国的开放至关重要。因为当下一次经济危机席卷全球时，西欧国家将无暇顾及他国。因而，匈牙利以及其他中东欧国家想完全依赖西方是不现实的。当前经济力量关系的重大改变在于，匈牙利既可以从西方，也可以从东方引进技术。日本和韩国是匈牙利重要的合作伙伴，而真正的合作增加将来自中国。

（作者：Csaba Moldicz；翻译：张欣颖；校对：马骏驰；审核：刘绯）

第三节 2019年匈牙利劳动力市场趋势回顾

近年来，匈牙利劳动力市场显著改善。在过去几个月中，主要指标，即失业率和就业率均创下历史纪录。正如之前简报指出的那样，经济政策成功与否可根据劳动力市场的情况轻松判断。在2010年之前，匈牙利经济的致命弱点是劳动力市场低迷，导致在职人员的收入要在更多的人之间进行分配。换句话说，就是抚养比例较高，从而对生产人口造成了更大的压力。加入欧盟后，匈牙利曾在欧盟就业率排名中位列最后一名和倒数第二名，但现在的就业率（2018年为74.4%）高于欧盟平均水平（2018年为73.2%）。匈牙利中央统计局公布的最新数据显示，2019年第三季度，匈牙利20—64岁年龄段的就业率为75.4%，超过了欧盟的目标（2020年为75.0%）。本节将分析劳动力市场的主要指标（失业率、就业率）以及时薪和工资的相关数据。

匈牙利的失业和就业情况

2019年第二季度，匈牙利失业率为3.4%，达最低点，此后仅上升0.1%。这一数据在欧盟最低失业率排名中仅列第五位。季节效应是造成失业率略微增长的原因，但在农业和旅游业方面，季节性工作产生的影响并不是失业率变化的全部原因。几个月来，匈牙利经济中的空缺职位缓慢减少。第三季度，私营部门存在空缺职位5.35万个，比上年同期下降了9700个。最近一个月，公共部门的空缺职位没有显著变化，约为2万个。

长期存在的劳动力短缺问题得到缓解是未来经济增长的积极信号，以下观点为这一问题提供了解释。

——匈牙利企业认为，未来市场需求将更加疲软，或者他们已经经历了市场需求疲软的过程，因此在雇用新人和投资方面更加谨慎。

——工资和时薪的大幅增加将吸引在海外工作的匈牙利人归国，从而创造新的劳动力供应。

——匈牙利企业，尤其是在匈牙利的跨国公司，致力于推广自动化，利用节省劳动力的新机器和其他技术。

据我们分析，第一种观点最为合理。因为匈牙利企业的主要市场仍是欧盟成员国，尤其是欧元区国家，而这些国家的市场需求自2018年下半年以来一直低迷。（与上年同期相比，欧元区第三季度的GDP增长了1.2%）

表17—7　　　　　　　　按年龄段划分的失业率　　　　　　　单位：%

	失业率	与2018年第三季度相比的变化
15—24岁	13.0	2.5
25—54岁	3.0	-0.3

续表

	失业率	与2018年第三季度相比的变化
54—74岁	1.8	-0.7
总计	3.5	-0.2

资料来源：匈牙利中央统计局。

匈牙利2019年第三季度的就业率为70.3%，是自20世纪90年代初该国政治和经济转型后的历史最高值。匈牙利第三季度就业人数为452万人，比上年同期增长0.4%。国内劳动力市场就业人数增加3万人，其他劳动力市场增加1.1万人。

表17—8　　　　　按年龄段划分的就业率　　　　　单位：%

	就业率	与2018年第三季度相比的变化
15—24岁	28.7	-1.2
25—54岁	84.5	0.2
54—74岁	57.2	1.6
总计	70.3	0.5

资料来源：匈牙利中央统计局。

必须补充说明的是，匈牙利政府推行的劳动力市场措施有效地增加了就业人数，其中2018年生效的劳动力市场计划至关重要。该计划为求职者提供更有效的求职途径，成功帮助5万多人在私营劳动力市场就业。目前，该计划面向那些与匈牙利全国平均水平相比更难找到工作的地区，预计2020年年初将涵盖匈牙利所有的州。

表17—9　　　　年度净收入（欧元，不含子女的个人）

欧盟平均值	14176.68
斯洛文尼亚	7445.76
爱沙尼亚	7392.97
捷克	6130.78
克罗地亚	5281.28

续表

斯洛伐克	5045.95
立陶宛	4867.53
拉脱维亚	4805.31
波兰	4803.60
匈牙利	4293.47
罗马尼亚	3458.56
保加利亚	2723.55

资料来源：欧盟统计局数据库。

工资和时薪

匈牙利的税前平均工资和时薪在1—9月再次大幅上涨。因此，事实上在过去的81个月中，匈牙利税前平均工资和时薪一直呈稳定增长态势。据匈牙利中央统计局的数据，2019年9月，税前平均收入为36.07万福林，增长11.8%，税后平均收入为24.73万福林，增长11.9%。

如在之前简报中指出的，收入大幅增加是匈牙利经济增长最重要的原因之一。由于通货膨胀较为温和，税后平均工资和时薪与上年同期相比可能会增长7.3%。尽管最近匈牙利工资和时薪水平有所改善，但收入水平仍落后于西欧国家，与其他中欧国家相比，也有很大的提升空间。

匈牙利政府出台的政策措施不仅促进了经济增长，还支持了整体的发展。除上述劳动力市场计划外，匈牙利政府还制订了其他计划来促进职业培训体系改革和现代化，包括创业培训和资助计划，还为促进养老金领取者及有子女的年轻母亲就业制定特殊的激励措施。改革措施的总体目标是增强劳动力市场活力。职业培训计划改革是匈牙利经济现代化计划的重要支柱之一，与其他领域的政策，如数字化和自动化紧密相关。

总结

匈牙利劳动力市场面临的主要困境是主要市场需求低迷，进而无法解决劳动力短缺的问题，市场需求可以在教育部门推行的其他政策改革（尤其是职业培训方面）见效之前，使劳动力短缺的问题得到缓解。教育部门推行的政策改革，旨在提供那种能够适应经济结构不断变化且具备相应技能的劳动力，以此来减轻劳动力市场的紧张状况。同时，必须指出的是，近年来最低工资增加不仅使民众的生活水平提升，而且也成为私营企业的定心丸，使一般时薪和工资也有所上涨。匈牙利原来的最低工资标准很低，上涨空间仍然很大。上述政策措施到目前为止成效显著，然而2020年的加薪幅度尚不清楚。根据最初的工资协议（由匈牙利政府、雇主、企业家和工会联合会共同执行），预计2020年的工资增长率为8%，而如工会所言，增长率可能会更高，至少为10%。匈牙利雇主和企业家联合会表示，需要根据财政部的经济预测报告来决定同意或拒绝该协议。

从以上数据可以看出，劳动力市场是近年来政策实施效果最显著的领域之一，状况明显改善，从而促进了匈牙利社会生活水平的大幅提高。与此同时，劳动力市场还存在很大的改进空间，特别是在工资和时薪方面的政策改革必须继续进行，就业率也有待进一步提高。对数据的比较也表明，劳动力市场趋势可能会继续改善，而被视为不利迹象的劳动力短缺问题则是可以加速发展的信号。

（作者：Csaba Moldicz；翻译：张欣颖；校对：马骏驰；审核：刘绯）

第四节 匈牙利2019年外交回顾

匈牙利外交政策在2019年一直以实用主义为中心思想。正如先前周报所述，匈牙利外交政策的主导原则是实用主义，这意味着外交政策的方针与任何意识形态信仰或思想无关，而是追求匈牙利基本、主要的经济和政治利益。欧洲主流外交政策强调了西方价值观（如民主、人权等）的重要性。在所谓"以价值观为基础"的外交政策实践中，我们常常看到理论与实践之间的巨大鸿沟。这似乎是不可避免的，因为经济和政治利益凌驾于意识形态之上。与此相反，匈牙利外交政策的务实态度不仅可以有效地维护国家利益，而且对其他国家来说是可衡量且可预测的，这使匈牙利成为可靠和稳定的合作伙伴。本节将重点分析匈牙利与中国、欧盟、俄罗斯以及美国的外交关系。

匈中关系

匈牙利外交政策注重经济互利且在 2019 年年末收获颇丰。这主要与 2019 年 11 月举办的中国国际进口博览会,以及匈牙利外交与对外经济部部长和技术与创新部部长访华有关。匈中双方达成了以下合作。

——匈牙利技术与创新部同清华大学签订创新和技术转让合作协议;

——中国携程公司将在考文纽斯大学设立办公室和培训中心;

——扎霍尼(Záhony)物流和工业区联合体与中欧商贸物流合作园达成合作协议;

——签订布达佩斯—贝尔格莱德铁路项目融资合同;

——上海复旦大学将在布达佩斯建立分校;

——中国东方航空公司将新增从中国直飞匈牙利的两条新航线(西安/成都—布达佩斯)。

基于上述合作项目清单和近几年取得的成就,我们可以很容易地判断出匈牙利政府感兴趣的主要合作领域。加强互联互通一直以来都是两国取得的主要成就之一,两年前匈牙利和中国之间没有直飞航线,现在中国东方航空公司不仅运营布达佩斯—上海的航班,还将增设上文提及的两条航线。若没有直飞航班,匈牙利旅游业很难得到发展,而在布达佩斯成为中国游客的欧洲入境点后,匈牙利获益颇丰。另一个关键领域是两国间的投资以及促进贸易往来的各类协议。最后,教育合作有助于增进两国文化的互相了解,因此也是重要领域之一。

总体而言,两国关系的发展是积极的,布达佩斯—贝尔格莱德铁路的融资协议似乎表明两国关系十分紧密,但中国对外直接投资的比重仍然很低,并未取得重大突破。我们认为,由于其他领域(如政治)的发展是积极和迅速的,双边关系的这一要素应该及时跟进。

匈美关系

匈美两国关系发展的高峰是美国国务卿的访问。匈美双方主要讨论了以下议题。

——双方更新了防务协议,此后匈牙利议会通过了此项协议;

——乌克兰加入北约的进程受到匈牙利的阻拦。匈方坚持乌克兰必须修改其现行教育法，因为现行教育法禁止使用匈牙利语或其他少数民族语言教学。匈方还明确表示，匈牙利不愿为乌克兰的欧洲一体化进程牺牲本国利益；

——区域能源供应。匈方希望实现能源供应多样化，然而时至今日在这一方面似乎仍未取得任何新进展。除了克罗地亚的液化天然气接收站以外，匈方提议在与第三方合作伙伴进行价格谈判时，应联合两国的天然气市场以扩大谈判空间。匈方的这一思路可以解决或至少缓解液化天然气价格居高不下的问题。

在过去一年中，匈美双边关系略有改善。这种改善或许基于难民问题中类似的做法，也可能是基于北约国家提升防务能力的努力以及随之增加的军事开支。同时，也应考虑到，美国总统对外交政策问题的态度和管理方式是非常规的，因此美国的立场和动向难以预测。

匈俄关系

基于目前欧盟和美国双双对俄罗斯进行制裁，以及乌克兰东部和克里米亚局势紧张的地缘政治大环境，我们可以说匈牙利是与俄罗斯关系较好甚至是最好的伙伴之一。2019年年底，匈俄开辟了新的合作领域。除了为帕克什（Paks）核电站提供贷款和技术援助以及建立俄罗斯国际投资银行分行外，俄罗斯还同意启动匈俄空间研究项目，并在莫斯科开设一个匈牙利出口促进署（Hungarian Export Promotion Agency）的分支机构。关于空间研究项目，匈方表示，2024—2025年将宇航员送入太空计划的开支将被匈牙利在研究项目中的附加值所抵消。

正如我们所见，若干项目正在筹备之中。匈牙利竭尽全力维持和深化与俄罗斯的政治和经济关系。进一步改善贸易关系具有重要意义，因为2018年两国的贸易额为64亿美元，而在2015年俄罗斯被制裁前贸易额约为100亿美元。尽管2018年的贸易额增长了17%，但数额仍然很低，这可能是匈牙利出口开发署在莫斯科开设分支机构的主要原因。

欧盟对匈牙利的政策

除了执政党在欧洲议会选举中获得胜利（相比2015—2019年，匈牙利执政党在此次选举中获得了更多席位）外，主要的争论围绕着萨尔根蒂尼报告的落实和随后针对匈牙利启用的《欧盟条约》第7条款程序的展开。欧盟理事会总务委员会第一次听证会于2019年9月16日举行，第二次听证会于12月10日举行。截至目前尚未做出任何重大决定，但该程序2020年还将继续。克罗地亚和德国将会确定会议议程，因此，这一事件的进展在很大程度上将取决于这两个国家的目的。很明显，德国对这一问题的看法是，理事会需取得五分之四的多数票以实行对匈牙利的制裁。即使做出了制裁匈牙利的决定（不太可能），之后也要经过许多程序才能真正实施制裁。同样，青民盟的欧洲人民党成员身份岌岌可危。该党在人民党内部的权利尚在暂停之中。鉴于人民党新任主席唐纳德·图斯克在采访中的最新发言，青民盟似乎很有可能被驱逐出人民党。

2019年的主要成就是任命了新的匈牙利籍欧盟委员会委员（负责睦邻政策和欧盟扩大）。虽然根据现行欧盟规则，欧盟委员会委员不能代表派遣国的利益，但显而易见的是，促进巴尔干国家入盟是匈牙利对外贸易政策的关键要素之一。匈牙利除了可以从西巴尔干国家的成员身份中获得明显的经济利益外，还可以借助这些国家缓解自身的难民压力，它们还可以在关于欧盟未来的讨论中成为坚定的盟友。既然英国迟早会退出欧盟，那么匈牙利在这场讨论中显然需要盟友。德国和法国打算在一体化进程中采取措施以减少成员国在各类新领域的主权，而匈牙利对欧盟未来的设想是基于民族国家间的合作，而不是"更紧密的欧盟"的概念。

总结

匈牙利的外交政策可以概括为一种在各政治与经济大国之间寻求政治与经济利益"平衡"的战略。这种战略是人类历史上"最古老"的战略之一，在各大国力量尚未形成平衡的和平时期中，这种平衡战略很容易被选择和使用。不过，通常较小的国家会选择加入某一大国的阵营，所以这一战略在匈牙利还能适用多久仍是个问题。

（作者：Csaba Moldicz；翻译：刘卓尔；校对：马骏驰；审核：刘绯）